HEILSPRACHE NATUR

Botschaften aus der Schöpfung

SADHVI SHANTI
Dr. med. Shanti Puri

Gewidmet DIR,

der du diese Zeilen liest

Mein Dank geht an alle meine Lehrer: den Kosmos, die Erde, die Bäume, die Berge, die Tiere, die Blumen, das Wasser, die Luft, das Feuer, den Himmel und an alle Menschen, die mir begegneten und mir Geschenke der Erkenntnis bescherten.

Besonderer Dank gilt meinem Yogameister Vishwaguruji, der mich in das Wesentliche einführte, um zu verstehen, was es an Wesentlichem zu erkennen gibt.

TITEL FOTO: Die Brahma Kamal Blume, Saussurea Obvallata, (Lotus von Brahma, dem Schöpfergott) ist die seltenste und heiligste Blume des Himalayas. Sie darf nur zu einer bestimmten Zeit gepflückt werden und dient als Gabe für ein großes Fest zu Ehren der heiligen Mutter. Die Brahma Kamal Blume wird auch als Medizin verwendet.

„Weisheit kommt zu demjenigen, der gemäß den wahren, ewigen Gesetzen der Natur handelt, meditiert und lebt." Rig Veda, 10.147.1

Sadhvi Shanti, Dr. med. Shanti Puri (geb. 1944 in Wien) ist Autorin, LifeCoach, Naturflüsterin und spirituelle Lehrerin. In all ihren Tätigkeiten verbindet sie ihren tiefen Zugang zur Natur, sowie ihr großes Wissen über die Lehren des Ostens, mit den westlichen Weisheiten und der Persönlichkeitsentwicklung. Als LifeCoach unterstützt sie Menschen dabei sich in ihr höchstes Potenzial zu entfalten, um die beste Version ihrer selbst zu werden und ihre einzigartigen Gaben zum Wohl der Menschheit zu verwirklichen Ihr Herz schlägt dafür, die Botschaften der Natur zu verbreiten, damit jeder einzelne Mensch die Verbundenheit mit Mutter Erde spürt und dazu beträgt sie zu lieben und zu schützen.

© 2024 Dr. med. Shanti Puri
Verlag: BoD · Books on Demand GmbH,
In de Tarpen 42, 22848 Norderstedt
Druck: Libri Plureos GmbH, Friedensallee 273,
22763 Hamburg
ISBN: 978-3-7597-1525-8

Inhaltsverzeichnis

I. Über das Buch

Dieses Buch will dich in deine freudvolle und inspirierende Welt führen. Dort wo alles möglich ist und nur du allein der Schöpfer bist.

Wenn Du wirklich aufmerksam bist kann alles, wirklich alles, dein Lehrmeister sein.

Die Meditation über ein Salatblatt ist möglicherweise wichtiger als ein stundenlanger wissenschaftlicher Vortrag, von dem du vielleicht maximal 5% mitbekommst. Doch in deiner meditativen Innenschau gewinnst du EIGENE ERFAHRUNGEN, und diese sind zu 100% authentisch und unvergesslich.

Egal von welcher Seite Du kommst: ob Christ, Moslem, Buddhist, Hindu, Astrologe, Geologe, Esoteriker, Bauer oder Intellektueller, Fatalist oder Feminist, Analytiker oder Pessimist, Optimist oder gemischt, ob du studiert hast, die Grundschule besucht oder ein Analphabet bist, ob Du schwarz, gelb, weiß oder braun bist, oder sonst was bist - egal welche Sprache du sprichst und aus welcher Nation du kommst – die Sprache der Natur ist allgemein gültig, verständlich und universell. Sie ist an keine Religion, kein Dogma, keine Nation, an keinerlei Unterschiede, welcher Art auch immer, gebunden. Sie ist für uns alle gleichermaßen erfassbar und auch umsetzbar.

Daher wendet sich dieses Buch an DICH, als Mensch, als Seele, als Schöpfer, als Einheit in der dualen Welt, als das Eine, das in allen Menschen gleichermaßen wohnt. Deshalb verwende ich auch, wenn du gestattest, das du Wort, als Zeichen der Gemeinsamkeit und inneren Verbundenheit.

Die Reise

Meine Seele trägt Blumen des Meeres
und Früchte des Himmels,
die Leichtigkeit des Windes
und den Frieden von Mutter Natur
sie spiegelt das große Eine, das so Seiende
im Vielen das Eine
meine Seele geht nun auf die Reise zu mir selbst.

Natürlich bin ich, die Schreiberin, durch mein Leben geprägt und manche meiner Überzeugungen wirst du vielleicht nicht teilen können. Das ist auch dein gutes Recht – dann übergeh einfach was dir nicht gefällt und lies weiter. Mir liegt vor allem daran dich ganz nahe an die Natur heranzuführen und dich zu ihren geheimen Wegen und Gesetzen hin zu leiten.

Daher: nimm was zu Dir passt und überspring, was nicht zu Dir passt.

Aber vergiss nicht die praktischen Beispiele und Übungen in diesem Buch zu nutzen. Mache damit deine eigenen Erfahrungen - du wirst überrascht über das Resultat sein. Ich bin sicher, dass du noch viel mehr als ich an Erkenntnissen finden wirst und freue mich, wenn du sie mir mitteilst.

Nur theoretisch vor mich hinzuplaudern ist mir zu wenig. Eine theoretische Abhandlung über das Schwimmen ist zwar sehr nett, aber schwimmen lernen kannst du nur wenn du im Wasser bist. Du wirst viel mehr profitieren, wenn du aktiv an den einzelnen Ausführungen teilnimmst und die gestellten Selbsterkenntnisfragen beantwortest. Ein spannendes Aktivprogramm, ein Seelentraining mit Herz, Geist und Hirn, das dich ganz sicher bereichern wird. Optimal ist es, wenn du dir eine Art Erfahrungsbuch anlegst um schriftlich die einzelnen Anregungen und Fragen im Stillen zu beantworten. So hast du jederzeit Einsicht in deinen Reiseplan der Heilsprache Natur und schreitest Schritt für Schritt weiter bis ans Ziel.

Es geht mir nicht darum dich zu irgendeiner Philosophie zu bekehren, sondern dich vielmehr an das Naheliegende, Reine, allgemein Zugängliche, Gesetzmäßige der Natur heranzuführen, welches absolut frei von jeglichem Dogma ist.

Sieh die Natur, das Universum, als deinen allerbesten Freund, Ratgeber, Schatztruhe von Schönheit und Weisheit, Freude, Inspiration und Heilung an.

Fühle Dich also jetzt ebenso frei als würdest du in deiner Lieblingsgegend draußen in der Natur spazieren gehen. Du atmest die Freiheit des Raumes, du pflückst jene Blume die dir gefällt und lässt jene aus, die dir nicht gefällt, berührst die zartgrünen Knospen der Tannenzweige, du riechst den betörenden Duft der wilden Erdbeeren und Pilze, dein Fuß berührt das weiche Moos und somit lässt du alles los. Du atmest Schönheit, Freiheit, Leben, Licht, Leichtigkeit, Vollkommenes, Machtvolles in dich ein. Die Resonanz in dir gibt dir Kraft und Klarheit, die dich glücklich erschauern lässt.

Es darf so sein und so ist es.

Ich lade dich nun ein mit mir eine Wanderung durch die Natur zu machen und dabei erzähle ich Dir so manches, was ich durch sie erfahren durfte.

Doch gestatte mir, dass ich in meinen theoretischen Ausführungen meine eigenen Überzeugungen (z.B. über Karma und Wiedergeburt) zu Hilfe nehme, sie sind ein Teil meiner Denkweise und äußerst hilfreich im Verständnis der großen

Zusammenhänge. Da ich seit 40 Jahren „Yoga im täglichen Leben" übe, ist mir die Philosophie, die dem Yoga zugrunde liegt und die Aussagen der 4000 Jahre indischen Urschriften sehr nahe. Doch bin ich als Europäerin mit unserer Philosophie ebenso verbunden, wie mit den Philosophen der ganzen Welt, denn Weisheit gibt es nur eine, sie hat nur verschiedene Gesichter. Du wirst das aus den verschiedenen Zitaten entnehmen, die mir zugeflogen sind im Laufe meines Denkprozesses für das Buch.

Ich habe mich sehr bemüht eine allgemein verständliche Sprache zu finden, wobei ich zum Beispiel den Gottesbegriff meide, damit auch Skeptiker und Atheisten dem Gesagten folgen können, ohne das Buch gleich zuzuschlagen. Ich hoffe es ist mir halbwegs gelungen eine Sprache zu finden, die allgemeine Akzeptanz findet.

"Die Natur ist das einzige Buch, das auf allen Blättern großen Inhalt bietet."
Johann Wolfgang v. Goethe

So wünsche ich dir, dass du das schönste Buch der Welt (die Natur) von nun an mit etwas anderen Augen lesen kannst. Du wirst viele wunderschöne Anregungen finden, die dir im täglichen Leben zur Bewältigung der vielfältigen Anforderungen eine Hilfe sein werden. Blättere oft und intensiv in diesem Buch, denn der Zugang zur Natur wird dich unermesslich reich beschenken. Und noch etwas: unsere Zeit ist sehr hektisch und oft sind wir überfordert. Etwa 80 % aller Erkrankungen haben einen psychosomatischen Ursprung. Ein bewusster Gang in die Natur, in Stille und Ruhe, wirkt Wunder, denn das Gleichmaß der Natur bewirkt Ausgeglichenheit und innere Ruhe.

Merke: Die Natur ist billiger als jede Therapie!

Zurück zur Natur zu finden, weg vom Künstlichen, vom intellektuellen Leben und der Elektronik, vom Lärm und stressigen Alltag - die Füße im Gras, Blumen riechen, Bäume berühren, Vogelgesang hören, Licht sehen und Wind spüren, still sein – nur fühlen und wahrnehmen. So können wir uns selbst in unserer Seelentiefe wieder finden, können in uns ruhen und neue Kräfte sammeln. Denn alles, was wir für ein ausgeglichenes und zufriedenes Leben brauchen, wird uns vom Universum geschenkt.

Im elektronischen Gewirr der Zeit bist du in ständiger Abhängigkeit und im Kontakt mit allen möglichen künstlichen Medien, welche dir deine Energien rauben und den Zugang zum Natürlichen abriegeln. Ausgleich und Auftanken deines Energiefeldes findest du im Kontakt mit der Natur. Eine einfache Regel, die auch einfach zu verwirklichen ist. Es ist deine Entscheidung, ob du das Naheliegende nutzt oder nicht.

Geh dorthin, wo die Stille wirkt
wo der zarte Hauch des Lebens dich umweht,
wo du das Natürliche sehen, riechen, fühlen, greifen kannst,
wo ein Zauber allem inne wohnt,
ja, das ist dein zuhause,
wo du sein darfst
der, der du bist,
eine Seele voll Licht.

Indem du den Himmel betrachtest in seiner Weite und Unendlichkeit, den Raum fühlst, kannst du dich selbst wahrnehmen in deinem Sein. Mit einigen ruhigen, tiefen, bewussten Atemzügen findest du deine eigene innere Gegenwart,

Weite, Unendlichkeit und Ruhe. Damit gleitest du in dein inneres Gleichgewicht, welches für dein tägliches Wohlgefühl unabdingbar ist.

Wer dieses Buch mit Liebe und Verständnis liest, wird vielleicht einen anderen Bezug zur Natur und zum lebendigen Wesen unseres Universums bekommen oder seine Verbindung zur Natur wird sich weiter vertiefen. Liebe macht sensibel und Sensibilität gegenüber unserem Planeten, unserer Mutter Erde, unseren Gewässern, Menschen, Tieren, Pflanzen wird uns zu bewussteren und aufmerksameren Bewohnern unseres Planeten machen. Es wird uns zu rechtem Handeln und liebevollerem Umgang mit all unseren Seelenverwandten veranlassen.

„Der Planet braucht nicht noch mehr erfolgreiche Menschen. Der Planet benötigt verzweifelt mehr Friedensmacher, Heiler, Wiederhersteller, Geschichten Erzähler und Liebende aller Art." Dalai Lama

Lasst uns Liebende sein und unsere wunderbare Schöpfung mit Achtung, Liebe und Respekt begegnen. Dich in einen Liebenden, eine Liebende der Schöpfung zu verwandeln ist Sinn und Zweck dieses Buches.

II. Leben und Wissenschaft

„Nur wer um das Geheimnis des Sichtbaren weiß,
die Wissenschaft der Schöpfung,
kann einen flüchtigen Eindruck des Unsichtbaren,
des Schöpfers hinter der Schöpfung bekommen. "
Atharva Veda, 10.8.37

In diesem Buch wirst du vermehrt Weisheiten aus allen Teilen der Welt und verschiedenen Zeiträumen finden. Ich bin eine Anhängerin der weisen Zitate und liebe es andere, gescheitere Leute aus aller Herren Länder und Zeitalter zu Wort kommen zu lassen.

Als ich begann an diesem Buch zu schreiben war ich im Himalaya, dort wo weder Fuchs noch Hase sich gute Nacht sagen können, weil es sie dort gar nicht gibt. Es ist ihnen in 3200 Meter Höhe einfach zu kalt. Es gibt weder Internet noch Fernsehen noch Bibliotheken zum Nachschlagen.

Nach 40 Jahren Yoga hatte ich noch nie einen Blick in die Veden, Upanischaden und die ältesten Schriften Indiens, die an die 4000 Jahre alt sind, getan. Doch was geschah hier in dieser völlig abgeschiedenen Region? Durch erstaunliche Umstände hielt ich plötzlich ein Buch mit Auszügen aus den Veden in Händen. So als wollte man mir sagen: „Meine Liebe, es ist hoch an der Zeit, dass du dich mit den Urschriften des Yoga auseinandersetzt, deshalb bekommst Du jetzt dieses Buch in die Hand." Und wirklich: Staunend las ich Zitate aus den Veden und stellte fest, dass sie genau mein Thema betrafen. Die ihnen zugrundelegende Philosophie besagt nämlich, dass die Natur besonders verehrungswürdig ist, da sie vom Schöpfer erschaffen wurde. Die Veden, die ältesten Schriften der Welt, enthalten keine Religion, keinen Monotheismus oder Polytheismus, keinen Aufruf zur Personenverehrung findet sich hier. Stattdessen trifft man auf Wissen und Weisheiten, die die alten Seher durch Beobachtung der Natur und des Universums erhalten hatten. Es war genial. Und so bin ich in der glücklichen Lage in diesem Buch Zitate aus den uralten heiligen vedischen Schriften zu bringen.

Die indische Philosophie gehört zu den ältesten philosophischen Traditionen der Welt. Sie geht zurück auf die Veden (=Wissen), eine Sammlung von geschichtlichen, naturwissenschaftlichen und religiösen Texten, die vor ca. zweitausend v.Chr. geschrieben wurden. Zu den vier Veden gehören neben dem Rigveda noch das Samaveda, das Yajurveda sowie das Atharvaveda. (siehe im Anhang: Zitate über die Natur aus den Veden)

Etwas Erstaunliches fand sich auch: die vedischen Seher (Rishis) hatten lange vor Kopernikus herausgefunden, dass die Erde sich um die Sonne dreht. In der Yajur Veda, 3. Kapitel 6, heißt es: „Die Erde mit all ihren Wässern umkreist die Sonne."

„Das Wasser ist die Mutter der Erde, so wie die Erde aus einer Mischung von Wasserpartikeln mit ihren eigenen Partikeln erzeugt wurde, bleibt sie schwanger mit Wasser. Die Sonne ist der Vater der Erde, denn der Sonne entstammt alles Licht und die Lebenserhaltung."

Lange Zeit vor Kopernikus (1473 - 1543), der in seinem berühmten Buch "Revolution der Himmelskörper" die damalige Astronomie auf den Kopf stellte, indem er bewies dass die Erde sich um die Sonne dreht. Dies hatten die Rishis bereits Jahrtausende zuvor herausgefunden.

Wie definieren wir NATUR?

Im Mittelhochdeutsch heißt es *natura*, im Lateinischen *natura* von *nasci*, das bedeutet wörtlich „entstehen, geboren werden," das, was nicht von Menschen geschaffen wurde im Gegensatz zum Künstlichen, was vom Menschen geschaffen wurde.

Alles was aus den 5 Elementen gebildet wird, ist Natur. Es ist das Produkt von den Elementen Erde, Wasser, Feuer, Luft, Raum und diese entwickeln in verschiedensten, neuen Kombinationen die Materie. Auch der menschliche Körper ist Teil der Natur und folgt ihren Gesetzen. All das, was wir Menschen an Wissen über die Natur bis jetzt erfasst haben, ist nur ein winziger Bruchteil dessen, was tatsächlich in der Schöpfung an komplexen Prozessen existiert.

„Wissenschaft kann die letzten Rätsel der Natur nicht lösen. Sie kann es deswegen nicht, weil wir selbst Teil der Natur sind und damit ein Teil des Rätsels sind, das wir lösen wollen." Max Planck

Es gibt Gesetze, die das Leben auf Erden und im Kosmos bestimmen. Alles läuft nach einem systematischen Plan ab. Unser Wissen beschränkt sich auf einen millionsten Teil vom Urwissen des Alls. Das Universum (Latein: *universus = gesamt)*, auch der Kosmos oder das Weltall genannt, ist die Gesamtheit von Raum, Zeit und aller Materie und Energie darin. Viele Wissenschaftler, Gelehrte, Philosophen, Seher, Medien, versuchten dem Geheimnis des Lebens und des Universums auf die Spur zu kommen. Seit Menschengedenken ist ihnen das nicht gelungen und kann auch nicht gelingen, da es das tiefste Geheimnis der Schöpfung selbst ist. Sie konnten zwar die WIRKUNG der Schöpfung untersuchen, jedoch nicht deren URSACHE erklären.

Wie wollen wir auch mit unserem begrenzten Intellekt erklären wie die Planeten ihre Bahn ziehen, wie aus Samen einmal ein Baum und ein anderes Mal ein Baby wird, wie der Herzschlag des Lebens beginnt oder wie Liebe entsteht?

In wissenschaftlichen Studien der NASA konnte man feststellen, dass die Sonne einen ganz speziellen Klang ausstrahlt, den der Mensch nicht hören kann. Das menschliche Ohr kann nur Lautfrequenzen zwischen 20-25 Herz wahrnehmen. Frequenzen, die darunter oder darüber liegen sind für uns Menschen nicht wahrnehmbar. Die NASA stellte fest, dass die Sonne eine tiefere Frequenz ausstrahlt als 20 Herz. Es ist ein sehr tiefer, gleichmäßiger Ton, der dem OM (dem Urklang) gleichkommt. Die alten Weisen in Indien beschrieben bereits vor Jahrtausenden diesen OM-Laut in den Veden im Zusammenhang mit dem Schöpfer und der Sonne:

„Das Antlitz der Wahrheit ist bedeckt mit dem schimmernden Lid aus Gold, dem Purusha, dem höchsten Geist, der ultimativen Quelle des bewussten Lebens, welches in der Sonne glänzt. Ich bin dieses OM, die höchste Einheit."
Yajur Veda 40.17

Auch sie konnten ja den Klang der Sonne nicht wirklich vernehmen, da sie ein menschliches Gehör besaßen. Jedoch scheint es, dass sie Zugang zu einem höheren Bewusstsein hatten und so Wahrheiten erfuhren, die mit einem normalen Geist nicht erfassbar sind. Kraft ihrer yogischen Übungen und Meditationen bekamen sie Zugang zu diesem Wissen. Vieles was wir heute mühsam erforschen, fanden die alten Rishis erstaunlicherweise bereits ohne technische Hilfsmittel heraus. In den Veden, den Upanishaden und den Puranas wird die Natur als Höchstes und Teil des Schöpfers angesehen und beschrieben.

Die Forschung besagt, dass das Universum vermutlich vor 13 Billionen Jahren begann. Aus dem Nichts entstand plötzlich ein unvorstellbarer heißer Ballon – der auf einmal zerplatzte – und so begann das Universum zu existieren mit der größten Explosion aller Zeiten, dem Big-Bang. Diese Explosion war so gewaltig, dass sie alles verdrängte und das Universum breitete sich endlos aus. Sogar heute, nach 13 Billionen Jahren können Astronomen noch ein schwaches Nachglühen, genannt die kosmische Mikrowelle, eine Hintergrund Strahlung, erkennen, die durch den Nachthimmel strahlt.

Doch wie kann man wirklich das Leben, seinen Ursprung und sein Bestehen, seine Geheimnisse und die Gesetze des Kosmos wissenschaftlich erklären?

Es gibt im Universum das Vergängliche und das Unvergängliche. Das Vergängliche ist uns bekannt und kann erforscht werden, da es alles Geschaffene, Materielle umfasst. Doch das Unvergängliche, Unmanifestierte, das Höchste Bewusstsein, entzieht sich allen wissenschaftlichen, physikalischen Untersuchungen und Messungen und doch ist es der Beginn von allem Geschaffenen. Die Ursache von Entstehen und Vergehen der Welt, des Lebens, seiner Prinzipien und tiefgreifenden Vorgängen, das perfekte Recycling System, die Gezeiten, die Mondphasen, die Jahreszeiten, das All mit seinen Gestirnen, der Lauf der Sonne und der Planeten, all das können wir zwar sehen und auch untersuchen. Wir können auch zum Mond fliegen und den Mars besuchen. Der

Mensch hat viel erreicht mit Hilfe der technischen Wissenschaften doch voll von Geheimnissen ist und bleibt das Universum.

Denn die höchste Intelligenz, die hinter all diesen Vorgängen steckt, bleibt uns verborgen, da sie in einer immateriellen Form existiert, fern unseres Fassungsvermögens.

„Am Anbeginn erschien der (göttliche) Wille des Schöpfers.
Das war der erste Samen vom Geist des Schöpfers.
Diejenigen, die dahinter sehen können, indem sie Kopf und Herz zusammenlegen
Fanden den verbindenden Link des Bestehenden im Nicht-Bestehenden,
Das Nicht- Bestehende existierend im Bestehenden."
Rig Veda, 10.129.4

„Erde, Wasser, Feuer, Luft, Raumäther, Denken, Verstand und Ichbewusstsein, dies sind die acht Elemente meiner niederen Natur. Darüber hinaus aber erkenne meine höhere Natur, die allem Leben einverleibt und dieses ganze Universum aufrechthält. Alle Wesen haben darin ihren Ursprung. Ich bin Entstehen und Vergehen der gesamten Welt."
Bhagavad Gita, 7.Kap., 4-6, so spricht Lord Krishna, eine Inkarnation des Erhalters der Welt, Vishnu.

So lasst uns versuchen Teile des kosmischen Spiels zu ergründen um daraus Lehren für unser tägliches Leben zu schöpfen. Sie ermöglichen uns stark und unabhängig unsere freie Entfaltung zu leben und ebnen die Wege zu einem erfüllten Dasein im Einklang mit der Schöpfung.

III. 37 Wegweiser zu den Erkenntnissen aus der Natur

„Schon dass wir leben, ist heilig, unser Sein ist ein Segen."
Rabbi Abraham Heschel

Allein der Oberregler, der Schöpfer, das höchste Bewusstsein, macht unser Leben auf dieser Welt möglich, steuert alle Vorgänge, hält alles in Bewegung und erhält uns dadurch am Leben. Daher sind wir alle ihm zu unendlichem Dank verpflichtet, denn er gab uns die Chance der menschlichen Existenz. Es liegt an uns was wir daraus machen.

„Alle Materie entsteht und besteht nur durch eine Kraft...so müssen wir hinter dieser Kraft einen bewussten, intelligenten Geist annehmen. Dieser Geist ist der Urgrund der Materie." Max Planck, der Vater der Quantentheorie

Dieses höchste Bewusstsein ist die Grundlage des unsterblichen und unwandelbaren Seins sowie der ewigen Ordnung und des absoluten Glücks. In diesem Universum sind wir die Samen der Wunder und das Wunder selbst.

„Wenn du am Morgen aufstehst, dann sage Danke für das Morgenlicht, für dein Leben und die Kraft die du besitzt. Wenn du keinen Grund siehst, Danke zu sagen, liegt das an dir." Tecumseh

Tipp: Es ist wunderschön und gibt dem ganzen Tag eine besondere Bedeutung, wenn du am Morgen ein großes „DANKE" sagst: an das Leben, an die Chancen, die du hier hast, danke einfach für alles, was es in deinem Leben gibt. In Indien begrüßen die Menschen den ersten Sonnenstrahl, den sie sehen und dem sie sich dankbar zuwenden, mit dem Gruß: "Om namo Narayan", „Ich verbeuge mich vor dem Erhalter der Welt, Lord Narayan", in Form der Sonne.

Im Rig Veda, 7.35.8 heißt es*: „Segne die Sonne, mit ihrer riesigen Strahlkraft, möge sie für den Frieden der Welt aufgehen. Mögen alle vier Vierteln des Horizonts glückverheißend für Frieden und Harmonie sein."*

Dieser Gruß und Dank an die Sonne ist ein wunderschöner Brauch, den du nach deinem eigenen Ermessen abwandeln kannst. Einfach beim ersten Anblick der Sonne ihr von ganzem Herzen danken, dass sie dir das Leben schenkt. Das bewusste Danken ist eine Anerkennung für das Geschenk des Lebens, das wir täglich erhalten. Durch unser Danken werden wir viel achtsamer und lernen zu geben, statt nur zu nehmen.

„Um lebendig zu sein, in diesem schönen, sich selbstorganisierenden Universum -- teilzunehmen am Tanz des Lebens mit Sinnen, die alles wahrnehmen, mit Lungen, die atmen,

mit Organen, die die Nahrung aufnehmen -- das alles ist ein Wunder jenseits der Worte. " Joanna Macy

Die 37 Wegweiser zur Natur:

Wegweiser weisen den Weg, sie weisen die Richtung, die zum Ziel führt. Ein solcher Richtungspfeil zeigt nach Osten, der andere nach Westen usw. Es ist ein langer aber wunderschöner Weg, der vor uns liegt um unsere Mutter Erde in ihrem Sein zu verstehen und ihren Hinweisen zu folgen. Folgt man den Wegkarten gelangt man an zahlreichen verschiedenen Landschaften vorbei, die uns immer wieder erstaunen. All diese verschiedenen Gebiete haben mit uns selbst zu tun, denn Natur, das sind auch wir. Ich wünsche dir eine wunderschöne Wanderung und viele Erfahrungen am Naturpfad der Erkenntnisse.

1. Wir können den Schöpfer nicht durchschauen

Wenn wir annehmen, dass es so etwas wie einen Schöpfer, ein universelles Bewusstsein, ein höheres Selbst, ein unendliches Sein, einen Urgeist, einen Spirit, einen Schöpfergeist, eine Schöpferkraft, ein Urgenie gibt, das diesen Kosmos mit all seinen Funktionen erschaffen hat, dann können wir versuchen Zusammenhänge zu verstehen. Alles auf dieser Erde und im Universum folgt bestimmten Regeln, Kreisläufen und Gesetzmäßigkeiten, die von einem höheren Intellekt als dem unseren geschaffen und erhalten wird. Es existiert ein höheres Bewusstsein, eine höhere Wirklichkeit, die uns weitgehend verborgen bleibt, die aber ursächlich in allem Geschaffenen wirkt.

Unsere materielle Welt als Wirklichkeit anzusehen, ist bloß „unsere" Wirklichkeit. Sie ist jedoch bedingt, das heißt sie benötigt materielle Teile, die ihre Existenz rechtfertigen. Die bedingungslose Wirklichkeit hingegen ist ohne jede Bedingung im Materiellen, sie ist nur absolute Wirklichkeit. Man könnte auch sagen relative und absolute Wirklichkeit. Das Relative ist für uns durchschaubar, das Absolute hingegen nicht. Das Absolute steht als Ursache des Relativen vor ihm, ist aber nicht ident mit ihm.

„Wenn wir die Natur auf das reduzieren was wir verstanden haben, sind wir nicht überlebensfähig." Hans-Peter Dürr

Der Schöpfer selbst ist nicht manifestiert, doch er manifestiert sich durch seine herrliche Kunst. Der Glanz hinter seiner Schöpfung ist sein Glanz, das Licht hinter allen Lichtern ist sein Licht. Wir können durch seine Manifestationen zur Quelle allen Seins vordringen.

„Seine Form ist nicht im Bereich des Sichtbaren Niemand kann ihn mit menschlichen Augen sehen. Er kann nur von einem reinen Herzen gesehen werden und von einem Geist mit reinen Gedanken. Jene die ihn kennen erreichen das ewige Leben." Katho Upanishad, III.,9

Überlege: Stimmen diese Gedanken für mich?

2. Der Schöpfer (ES, DAS) existiert als Ursache der Schöpfung

„Gott schläft in den Steinen, träumt in den Pflanzen, erwacht im Tier und handelt im Menschen." Indianisches Sprichwort

Statt „Schöpfer" kannst du auch DAS (das Absolute) verwenden oder ES (das Übergeordnete) um es ganz neutral zu halten. Der Einfachheit halber verwende ich im Moment den Begriff „Schöpfer" oder „Oberregler". Im Zitat oben ließ ich das Original, nämlich den Gottesbegriff bestehen, da ich dieses Zitat so schön und poetisch finde.

Im Körper regelt das Gehirn, als oberster Ordner, alle Vorgänge, ebenso gibt es im Universum einen Oberregler, der übergeordnet alle Kreisläufe und sämtliche Vorgänge regelt. Das Gehirn mit seinen Zentren und den endokrinen Drüsen regeln den Herzschlag, die Atem-, Kreislauf-, Nieren- und Stoffwechselfunktionen, übernimmt sämtliche Bewegungskoordinationen, sensible und motorische Nervenleitungen etc. Es existiert eine ganze Hierarchie an Unterreglern von den Gehirnzentren bis hinunter zu den sensiblen Tastkörperchen der Haut um nur einige zu nennen. Alle arbeiten in perfekten Regelkreisen zusammen, damit der Körper des Menschen so funktioniert wie er eben funktioniert. Allein das Nervensystem mit seinem zentralen und vegetativen Anteil, das unbewusst abläuft, arbeitet perfekt Tag und Nacht. Vierundzwanzig Stunden funktioniert es pausenlos und fehlerfrei, ohne dass wir uns dafür anstrengen müssen und ohne uns seiner Aktivitäten bewusst zu sein. Alle sieben Jahre sind wir – rein rechnerisch – ganz neue Menschen. Zwischen 10 und 50 Millionen Körperzellen pro Sekunde baut der menschliche Körper ab und ersetzt sie durch neue Zellen. Für nahezu jedes Organ oder Gewebe existieren Stammzellen, die ständig für Nachschub sorgen und zum Beispiel neue Haut-, Blut- oder Schleimhautzellen bilden. **Das ist doch alles wirklich sensationell und sollte eigentlich in die Schlagzeilen der Weltpresse gehören!** Wir nehmen dies alles als ganz selbstverständlich (etwas was sich von selbst versteht) hin und denken kaum an das Wunder, das hinter dem menschlichen Leben und unserem Körper steckt. Jeder, wirklich jeder ob religiös oder Atheist, wird zugeben, dass das Leben an sich kein Werk des Menschen sein kann, ist es doch ein Produkt des großen Ganzen. Es kann das Produkt nicht selbst die Ursache des Produkts sein. Das steht nicht im Einklang mit den Naturgesetzen.

Wer aber zieht hier die Fäden? So wie in einer Autofabrik der Chef die Anordnungen gibt, damit das gewünschte Endprodukt, das Auto entsteht: welche Maschine für welche Aufgabe eingesetzt wird und mit welcher Kraft, in welcher Zeiteinheit, mit welchem Material und in welcher Form, wie die Zusammenarbeit zu geschehen hat, so gibt es eine höhere universelle Kraft, die in der Weltenfabrik die Fäden zieht.

Ein menschlicher Körper mit seinen millionenfachen Funktionen und Aufgaben ist wesentlich komplizierter als die Mechanik eines Autos oder eines Computers. Das Vergängliche (Auto, Computer) ist für uns nachvollziehbar. Doch die Entstehung und das Funktionieren des lebendigen Körpers ist nur mit Hilfe des Oberreglers, dem Unvergänglichen, möglich, da er über einen unendlichen Schöpfergeist verfügt. Gleiches gilt für die vielen Abläufe in der Natur. Nur er kann den Erfolg der Produktion Kosmos gewährleisten – solange wir keine Steine und Sand in die Räder seiner Produktionsmaschinen werfen. Dann hört nämlich die kosmische Gewährleistungsgarantie auf und wir müssen für den Schaden selbst die Verantwortung übernehmen.

Du kannst gerne auch weiterhin glauben, dass DU der Chef bist - oder auch nicht.

„Man kann auf zwei Arten irren. Man kann glauben, was nicht wahr ist oder man kann sich weigern zu glauben, was wahr ist." Sören Kierkegaard

In den alten Schriften der Upanischaden (wörtlich: geheime Sitzung) die vor 700 Jahren v. C. als Dialog niedergeschrieben wurden und Teil der Veden sind, heißt es in der Brhadaranyaka Upanischad III, 7. - Uddalaka Aruni fragte den Weisen Yajnavalkya:

„Weißt du um den inneren Kontroller, der diese Welt, die andere Welt, und alle Wesen von innen her unter Kontrolle hat? Sag uns etwas über den inneren Kontroller, Yajnavalkya!"

Dieser antwortete: „Jenes welches, ruhend in der Erde, verschieden von der Erde ist; welches die Erde nicht kennt; von dem die Erde der Körper ist; welches die Erde von innen her kontrolliert: das ist dein Selbst, der innere Kontroller, das Ewige."

„Jenes welches, ruhend in den Wässern, verschieden von den Wässern ist; welches die Wässer nicht kennen; von dem die Wässer der Körper ist; welches die Wässer von innen her kontrolliert: das ist dein Selbst, der innere Kontroller, das Ewige" und so fuhr er fort, in zwanzig Versen, auch den Rest der kosmischen Kräfte, die Wesen insgesamt, so wie oben, zu beschreiben: das Feuer, die mittlere Luft, die Luft, den Himmel, die Sonne, die Richtungen, Mond und Sterne, den Raum, die Dunkelheit, das Licht, alle Wesen, den Atem, die Sprache, das Auge, das Ohr, den Geist, die Haut, das Wissen, den Samen. Schließlich fasste er alles zusammen:

„Es ist der unsichtbare Seher, der ungehörte Hörer, der ge-
dankenlose Denker, der unwissende Wissende. Es gibt kei-
nen anderen Seher außer diesen; es gibt keinen anderen Hö-
rer als diesen; es gibt keinen anderen Denker als diesen; es
gibt keinen anderen Wissenden als diesen. Das ist dein inne-
res Selbst, der innere Kontroller, das Ewige: was anders ist
als dies, ist Leid."

Die Wahrheit ist immer einfach. Allein am Beispiel des
menschlichen Körpers kann man verstehen, dass es eine
übergeordnete Macht gibt, die das Wunder Mensch zum Leben erweckte und auch erhält. Du kannst dieser Kraft den
Namen geben, der für Dich passt und mit dem du dich identifizieren kannst. Ebenso ist diese Urkraft als Ursache, Erhal-
tung und Zerstörung im ganzen Universum vorhanden.

„All die Wunder des Lebens, die wir als selbstverständlich
betrachten, beweisen die Existenz einer allgegenwärtigen
Intelligenz hinter den Naturerscheinungen." Paramhansa
Yogananda

Überlege: Was ist für dich die Ursache alles
Seins?

3. Es gibt den Oberregler - da DU existierst

"Sie können die Herrlichkeiten des Universums nicht verste-
hen, ohne zu glauben, dass eine höchste Kraft dahinter
steht." Stephen Hawking

DEINE Existenz, DEIN Lebenslicht, DEIN Bewusstsein,
DEIN Köper mit seinen Funktionen, DEINE Seele, DEIN

Geist, DEINE Gefühle, all das ist ursächlich nicht erklärbar. Es gibt also etwas außerhalb und auch innerhalb, das alles dirigiert. Wie in einem Orchester der Dirigent die einzelnen Musiker so dirigiert, dass aus der Gemeinsamkeit heraus eine wunderbare Musik entsteht, die alle Zuhörer begeistert. Ebenso ist deine Existenz, dein Hiersein, dein Körper, deine Individualität, dein Gesamtkonzept, das Gesamtkunstwerk Mensch das Werk eines Superdirigenten, eben das des Oberreglers.

Stell dir nun vor, es würde allein der menschliche Geist alle Körperfunktionen dirigieren - sozusagen eine gut entwickelte Software, die alles lenkt. Es könnte dann sein, dass das Blut statt ins Herz in den Magen läuft, dass der Harn statt durch die Nieren durch die Haut ausgeschieden wird, statt zu sprechen - wir sehen, statt zu hören – wir fühlen, statt die Füße nach vorne abwechselnd zu bewegen, wir sie zur Seite oder rückwärts führen, wir statt ein und auszuatmen nur mehr einatmen oder nur mehr ausatmen usw., usw. Kurz und gut wir hätten die totale Verwirrung. Diese Software ist eben nur begrenzt, da sie von Menschen erstellt wurde, die eine begrenzte Gehirnleistung besitzen. Durch diese Entgleisungen, diese Fehlleistungen und Irrtümer gäbe es für den Menschen unwiderrufliche tödliche Folgen.

Doch dies alles geschieht jedoch NICHT, da:

PERFEKTION der allerhöchsten, unbegrenzten Intelligenz des Oberreglers eigen ist. Deshalb funktioniert zum Beispiel unser Körper mit seinen tausenden Funktionen fehlerfrei. Das ganze Universum ist auf dem Prinzip der Perfektion aufgebaut und funktioniert als solches einwandfrei.

Laotse beschreibt den Schöpfer als das Tao, das man nicht beschreiben kann: *„Das Tao, das sich mit Worten beschreiben lässt, ist nicht das wahre Tao."* Laotse, Tao Te King.

Gemäß der chinesischen Philosophie wird durch das Wirken des Tao (das dem Kosmos, dem All innewohnende Prinzip) die Schöpfung durch die polare Zweiheit, das Yin und das Yang, Licht und Schatten, hervorgebracht, aus deren Wandlungen, Bewegungen und Wechselspielen dann die Welt hervorgeht. Yin und Yang stehen für polar einander entgegengesetzte und dennoch aufeinander bezogene Kräfte. Das Symbol dieses Prinzips ist das *Taijitu*☯, in dem das weiße Yang (hell, hart, heiß, männlich, aktiv, Bewegung) und das schwarze Yin (dunkel, weich, kalt, weiblich, passiv, Ruhe) gegenüberstehend dargestellt werden.

„Die Welle ist dasselbe wie das Meer, obwohl sie nicht der ganze Ozean ist. Jede Welle der Schöpfung ist also ein Teil des ewigen Ozeans des Geistes. Der Ozean kann ohne Wellen existieren, aber die Wellen nicht ohne den Ozean." Paramhansa Yogananda

Erfahre: Spüre dich in die Schöpfung hinein, erfahre den Schöpfer - so wie der Buddha sagt: *„Wenn du den Schöpfer kennenlernen willst, spüre den Wind auf deinem Gesicht und die warme Sonne auf deiner Hand."*

4. Der Oberregler ist perfekt

Der Oberregler ist perfekt, da seine Schöpfung perfekt funktioniert. Er kann nur außerhalb des begrenzten menschlichen Seins zu finden sein. Das ist so zu verstehen: diese unvergängliche Urkraft ist das Lebenslicht in dir, die Quelle allen

Lebens, ohne die wir nicht existieren können. Alles Lebendige trägt den Odem des Unendlichen in sich, aus dem es entstand und von dem es erhalten wird.

„Die Natur ist des Irrtums unfähig. " Thomas Hobbes

So wie aus einer Erdbeere wieder eine Erdbeere entsteht, aus einem Apfelkern ein Apfelbaum, aus einem Kaktus ein Kaktus, aus einem Elefanten ein Elefant, aus einem Menschen ein Mensch – denn Gleiches lässt wieder Gleiches entstehen. Genauso bist du ein Teil des großen Ganzen aus dem du entstanden bist und dieses Ganze ist in dir.

Das Shanti Mantra (Friedens Mantra) aus den uralten Isha Upanishaden erklärt das wunderbar:

"Om Purnamadam , Purnamidam, Purnat Purnamudacyate, Purnasya Purnamadaya, Purnameva Vashishyate. Om Shantih Shantih Shantih. "

„Der Schöpfer ist vollkommen und auch die Welt ist vollkommen, denn was aus der Vollkommenheit geschaffen ist, ist auch vollkommen. Jeder Teil der Vollkommenheit ist selbst vollkommen und wie viel auch immer aus der Vollkommenheit genommen wird – sie bleibt dennoch immer vollkommen. " (Übersetzung Vishwaguruji, „Yoga im täglichen Leben")

In den Veden wird der Schöpfer des Universums in Verbindung mit seiner Schöpfung, der Natur, auf Tausenden von Seiten dargestellt. Sozusagen eine Naturphilosophie, die ausschließlich das Universum und die Natur als Wirkung des kosmischen Urprinzips ansieht und keinerlei Person als

Schöpfer-Gottheit verehrt. Alle Religionen, die sich auf Personen-Gottheiten stützen, wurden erst viele tausende von Jahren später entwickelt.

In der Atharva Veda, 10.8.28, wird diese Perfektion so beschrieben:

„Der Schöpfer ist perfekt,
Er besitzt perfekte Macht
Woher wurde die perfekte Natur erschaffen?
Das perfekte Universum erschafft Leben
das der perfekte Schöpfer schuf
Lasst uns diese perfekte Kraft verstehen welche allen
Wesen Leben schenkt."

Diese beispiellose Meisterschaft des Universums bildet mein Vertrauen in den Schöpfer und die gesamte Schöpfung. Der Schöpfer ist kein Akt meiner Vorstellung, sondern wir sind ein Akt der Vorstellung des Schöpfers.

"Das Universum ist vollkommen. Es kann nicht verbessert werden. Wer es verändern will, verdirbt es. Wer es besitzen will, verliert es." Laotse

5. Auch Du bist perfekt

So wie der Ton einer Vase aus dem Lehm der Erde entstand, Goldschmuck aus Gold, eine Silberkette aus Silber, ein Holzkasten aus einem Baum – die Muttersubstanz ist einmal die Erde, dann das Gold, das Silber oder der Baum. Ursache und Wirkung bestimmen die Beziehung zwischen dem Tonkrug und dem Ton, zwischen dem goldenen Ohrring und dem Gold, der Silberkette und dem Silber, dem Kasten und dem Baum. Da die Vase, der Tonkrug, aus Lehm hergestellt wurde, ist der Lehm ihr Ursprung und ident mit ihm, nur in einer anderen physikalischen Form. Ebenso mit Gold und Goldschmuck, Silber und Silberschmuck, Baum und Holz.

Genauso ist die Beziehung zwischen dem höchsten Bewusstsein und dir, seiner Schöpfung. Da die Urkraft perfekt ist, bist auch du in deinem Innersten ein Abbild des Schöpfers und daher vollkommen.

Doch wir sind uns dieser Tatsache nicht bewusst. Aus irgendeinem unerklärlichen Grund ist es uns verwehrt mit diesem Wissen zur Welt zu kommen. Viele Ereignisse aus vergangenen Leben bestimmen unser jetziges Schicksal und lassen uns die eigene Seelenidentität vergessen. Diese Unwissenheit gilt es aufzulösen damit die Sicht auf unsere wahre Wesenseinheit, dem Selbst, frei wird. Wie hinter einem dichten Schleier oder einem undurchsichtigen Nebelvorhang verbirgt sich unser inneres Licht. Diesen Schleier zu lüften, die Nebelwand zu durchbrechen ist Gegenstand und Ziel sämtlicher spiritueller Richtungen.

Ob du es glaubst oder nicht: dein innerstes Wesen ist pure Seligkeit, absolutes Glück, Frieden und Freiheit. Ist doch wunderbar! Die lockende Aufgabe besteht darin, die Nebel und Schleier zu entfernen, damit das helle Licht der Erkenntnis sich ausbreiten kann und alles Dunkle vertreibt. Durch schmutzige Fensterscheiben kann man die Sonne nicht sehen. Dafür lohnt es sich die Scheiben zu putzen, denn die Sonnenstrahlen schenken dir Hoffnung, Glück und Freiheit.

Diese Lichtkraft des Schöpfers wohnt in jedem von uns und in jedem einzelnen Teil seiner Schöpfung. ER (ES) bedeutet das Absolute, das Höchste Bewusstsein, jenseits von Raum und Zeit, das Höchste Selbst, DAS was immer war und ewig da sein wird, die Ursache des Schöpfungsaktes und die Schöpfung selbst. Entstehen, Bestehen, Vergehen ist seins.

„Das Ewige regt sich fort in allen,
Denn alles muss in Nichts zerfallen,
Wenn es im Sein beharren will."
Johann Wolfgang von Goethe

Nachdenken: kannst du dich mit dem Gedanken identifizieren dass du ein perfektes Geschöpf bist?

6. Der Oberregler gebiert und vermehrt sich

Es gab den Oberregler schon seit ewigen Zeiten, ohne Anfang und ohne Ende ist sein SEIN. Unendlichkeit ist sein Haus, Vollkommenheit sein Prinzip, nichts Materielles ist seins. Er ist und ist auch wieder nicht. Er ist innerhalb und außerhalb der Wesen. Er schafft, erhält und zerstört. Er ist weder gut noch schlecht. Er kennt keine Zeit nur die Ewigkeit. Seine Transparenz macht ihn unerkennbar, er ist fern und nah zugleich. Er ist absolutes Wissen und Bewusstsein. Er ist die Fülle des Universums und dessen Geist. Endlos, immerwährend, reine Kraft, unbeweglich, unerschütterlich, ist er allgegenwärtig und jederzeit präsent.

Aus der endlosen Fülle seines Seins schuf er das Endliche, den Menschen, der in vielen Aspekten seinem Schöpfer ähnelt, aber doch keine Vollkommenheit erreicht hat. Warum das so ist, ist ein Geheimnis, das in der Christenheit mit dem Sündenfall von Adam und Eva erklärt wird, im Hinduismus wird es so erklärt, dass es der Wille des Schöpfers war, sich vielfach zu multiplizieren.

In der Natur entsteht aus einem kleinen Samen ein perfekter großer Baum, da im Keim die Kraft und die Potenz vorhanden sind, dieses Ziel zu erreichen. Genauso wird der Mensch als Keim des Unendlichen, Vollkommenen geboren um als Ziel seines Lebens zu dieser Vollkommenheit zurück zu gelangen.

Die Manifestation des Schöpfungsreichtums findet zum Beispiel Ausdruck in der unendlichen Artenvielfalt der Erde. Flora und Fauna nehmen millionenfach verschiedene Formen an. Die Menschen wurden als einheitliches Gesamtkunstwerk geschaffen, trotzdem erhält jeder seine eigene, unverkennbare Individualität. Unglaubliches geschah und geschieht vom Beginn der Schöpfung an bis heute.

Die Vielfalt und die Fülle sind Teile des Schöpferprinzips.

„Das Glück wohnt nicht im Besitz und nicht im Gold, das Glücksgefühl ist in der Seele zu Hause." Aus China.

Die reinsten und schönsten Diamanten entstehen im Erdinneren durch enormen Druck und hohe Temperaturen. Die unbedeutende Kohle wird dadurch in den kostbarsten aller Edelsteine transformiert. Es erfordert enormen Kraftaufwand um durch alle Erdschichten hindurch zu bohren und zu schürfen. So ergeht es uns Menschen auch in unserem Leben. Oft ist es der Druck der Schwierigkeiten, die Hitze der

Emotionen, die Schicksalsschläge, die das Feuer der Transformation anfachen und eine tiefgreifende Änderung in uns bewirken. Ebenso erfordert es viel Kraft, Ausdauer, Zielbewusstsein, Disziplin und Geduld die Juwelen in unserem Inneren durch all die vielen, verdeckenden Schichten zu finden und zu bergen.

So wie Kohle die Möglichkeit hat
sich in einen kristallklaren, reinen Diamanten
zu verwandeln
so hast auch du die Chance
dein individuelles Sein in
kosmisches Bewusstsein zu transformieren.

Eine anschauliche Geschichte zu diesem Thema aus Indien:

Das Löwenbaby

„Ein Löwenjunges, von seiner Mutter in der Wildnis im Stich gelassen, wurde von einer Ziegenherde aufgenommen. Es bekam von den Ziegen Milch zu trinken und wohnte mit ihnen im selben Stall. So dachte es natürlich, es wäre eine Ziege und benahm sich auch so. Es meckerte wie sie und fraß Gras wie sie. Eines Tages kam ein wilder Löwe, der sich zum Frühstück eine Ziege holen wollte. Alle Ziegen und auch das Löwenjunge, das sich für eine Ziege hielt, nahmen voller Angst Reißaus. Der Löwe wunderte sich sehr, dass sich da ein Artgenosse unter den Schafen befand, der sich wie eine Ziege benahm und so beschloss er sich diesen näher anzusehen. Er fing den kleinen Löwen ein, worauf dieser kläglich zu meckern begann. „Tu mir nichts zuleide! Ich bin nur eine arme, schwache Ziege.“ Der große Löwe entgegnete: „Was redest du da für dummes Zeug! Du bist keine Ziege, sondern ein Löwe, so wie ich.“ Der kleine Löwe aber glaubte ihm

kein Wort und jammerte unentwegt weiter. Schließlich schnappte der große Löwe den Kleinen am Kragen, trug ihn zu einer Wasserstelle und forderte ihn auf: „Schau in dein Spiegelbild im Wasser und sag mir ob du aussiehst wie ich oder wie eine Ziege!" Da endlich erkannte der kleine Löwe seinen Irrtum und benahm sich fortan nicht länger wie eine Ziege, sondern wie ein richtiger Löwe."

Aus „Die verborgenen Kräfte des Menschen" von Vishwaguruji Swami Maheshwarananda.

Diese Geschichte zeigt, wie wir durch ein falsches Selbstbild unsere wahre Natur oft nicht erkennen und sie sogar mitunter verleugnen.

Tipp: Glaube daran, dass du ein einmaliges, wunderbares Menschenkind bist. Und das ist so!

7. Die Entstehung des Lebens ist ein Geheimnis

Das größte Geheimnis der Schöpfung ist wohl die Entstehung und die Funktion des Lebens. Niemand weiß genau wie der Anfang dessen, was wir menschliches „Leben" nennen, begann. Man geht davon aus, dass sich einfache organische Moleküle im Ur-Ozean anreicherten, die sich unter dem Einfluss der Sonnenwärme zu langkettigen Molekülen verbanden. So entstanden Proteine, Nukleinsäuren, Fette und Kohlehydrate, welche die Bausteine des Körpers bilden. Anschließend jedoch müssen Informationen zur identischen Reproduktion der Moleküle weitergegeben worden sein. Über dieses geniale Informationssystem, der sich selbst fortpflanzenden Molekülsysteme, weiß man so gut wie nichts. Da liegt das Geheimnis des Lebens als solches verborgen.

Fast zwei Milliarden Jahre lang stellten einzellige Organismen die einzigen Lebewesen auf der Erde dar. 1,5 Milliarden Jahre später fand der nächste Evolutionsprozess statt als sich Protozoen, Algen und vielzellige Lebewesen entwickelten. Vor 600 Millionen Jahren entstand in den Ozeanen explosionsartig tierisches und pflanzliches Leben. Millionen Jahre später belebten die mächtigen Dinosaurier die Erde. Vor 440 Millionen Jahren krochen die ersten Gliederfüßler aus dem Wasser an Land und damit begann ein neues Kapitel in der Geschichte der Tierevolution. Sie beherrschten 140 Millionen Jahre lang die Erde bis sie auf geheimnisvolle Weise ausstarben.

Bedenke: *In der Entwicklungsgeschichte der Lebewesen ist der Erfolg einer Tiergruppe häufig an den Untergang einer anderen Gruppe gekoppelt!*

Das Ausstreben der Dinosaurier vor 65 Millionen Jahren machte den Weg frei für die Warmblütler, die durch ihre konstant warm gehaltene Körpertemperatur sich an die unterschiedlichsten Lebensbedingungen anpassen konnten. Sie verbreiteten sich rasch über den gesamten Planeten. Auch die Flora entwickelte sich, die dem jetzigen Zustand ähnlich war. Pflanzen, Bäume, Insekten, Vögel und Säugetiere bevölkerten die Erde. Zwischen 65 Millionen Jahren und 2,5 Millionen Jahren v.Chr. bildeten sich andere Lebensräume wie die Regenwälder, Mischwälder und Grasländer, in denen sich wiederum neue Lebensformen entwickeln konnten. Gleichzeitig verbreiteten sich die Säugetiere in unterschiedlichsten Formen über den ganzen Erdball. Die frühen Primaten eroberten die Bäume und durch die Gefahren, denen sie ausgesetzt waren, entwickelten sie besondere Fähigkeiten.

Ein besonders ausgeprägter Sehsinn, der kontrollierte Einsatz von Fertigkeiten der Hände und Füße, sowie eine Vergrößerung des Gehirns waren die Folge ihrer Anpassung an die Risiken und Anforderungen des neuen Lebensraums.

Der Mensch entwickelte sich aus Hominiden Vorfahren aus Afrika, welche sich aus den Affen entwickelten. Wahrscheinlich geschah diese Abspaltung der Hominiden von den Menschenaffen vor 7 Millionen Jahren v.Ch. Die Gattung Mensch entwickelte sich vom homo habilis (der geschickte Mensch) zum homo erectus (der aufrechte Mensch) schließlich zum Homo sapiens. Homo sapiens(lat.) bedeutet: verstehender, verständiger bzw. weiser, gescheiter, kluger, vernünftiger Mensch. Dieser wanderte vermutlich vor 40 000 Jahren aus Afrika ein, verbreitete sich über die Erde, verdrängte die Neandertaler und überlebte das Ende der Eiszeit vor 10 000 Jahren.

Warum dieser Ausflug in die Evolutionsgeschichte der Menschheit?

Um zu zeigen welch ungeheure Entwicklungen, Anpassungen und Weiterentwicklungen manche Lebewesen, trotz aller Hindernisse und Herausforderungen, erfolgreich gemeistert und überlebt haben. So hat es der homo sapiens geschafft, die höchste bisherige Entwicklungsstufe aller Lebewesen als Gattung Mensch zu erreichen.

In unseren Chromosomen sind folglich die Erfahrungen und das Wissen unserer Vorfahren von Milliarden Jahren gespeichert!

Wenn dieses Wissen allen dienen soll, erfordert es allerdings auch das Einhalten ethischer Prinzipien. Nur mit einer ethischen Einstellung ist es möglich, richtige Entscheidungen zu treffen zum Wohle unserer Gemeinschaft und unseres gemeinsamen Lebensraums, dem Planeten Erde.

Wir kamen aus der Erde (dem Wasser) und die Erde wird uns wieder zurückholen. Unweigerlich kehren wir wieder dorthin zurück woher wir gekommen sind. Sie ernährt uns lebenslang, daher verdanken wir ihr auch unser gesamtes Leben. Doch eben jetzt ist diese, unsere Mutter, in Gefahr und sie ruft um Hilfe. Doch was tun wir? In unserem täglichen Trott, versuchen wir diese Hilferufe nicht zu hören, da wir so weiter leben wollen wie bisher. Der Westen gilt als Vorbild für andere Länder des Ostens. Japan, Indien, China, sie alle wollen es uns gleichtun. Mehr und mehr Autos, Flugreisen, Fernseher, Handys etc. heben den Status und den Stolz der vermeintlich Arrivierten. Doch auch das wird bald ein Ende haben, denn die Ressourcen der Erde werden bald erschöpft sein. Zum Beispiel wird unter anderem auch das Erdöl bald zu Ende gehen. Doch die meisten von uns ziehen es vor den Kopf in den Sand zu stecken und so zu tun als würde unser üppiges Leben nichts mit dem Hunger und dem Elend am anderen Ende der Welt zu tun haben.

Wenn das Leben selbst eindeutig ein Geheimnis ist, so ist die Gegenwart KEIN Geheimnis, denn deutlich sichtbar stehen alle Zeichen derzeit auf Niedergang und Zerstörung unseres Lebensraums.

➢ **Folgendes Szenario:**

Unser Schiff, in dem wir uns alle befinden, ist vom Untergang bedroht. Doch dies war vorhersehbar, da schon längere Zeit das Schiff an drei Seiten leck war, doch niemand reparierte es, sondern man fuhr unbeirrt weiter. Man genoss das Leben am Schiff, tanzte und amüsierte sich, obwohl langsam aber stetig Wasser ins Schiffsinnere eindrang und manche von uns bereits im Untergeschoß bis zu den Knien im Wasser stehen und laut um Hilfe rufen. Es steht zu befürchten, dass das Schiff sinken wird.

- Was wirst du jetzt noch machen?
  Du hast nur noch 5 Minuten Zeit für deine Rettung!
  Was machst du als erstes?
- Um Hilfe rufen
- Schwimmwesten anlegen, aber nur, wenn du rechtzeitig für den Notfall vorgesorgt hast
- Kannst du etwas mitnehmen? – Nein

Du kannst bloß dein Leben und vielleicht noch das Leben deiner Nächsten retten und ins eiskalte Wasser springen, wobei du nicht weißt wie es weiter geht und ob du überleben wirst.

Das sind wahrlich keine schönen Aussichten. Doch genau so verhalten wir uns. Obwohl wir Menschen HOMO SAPIENS = die verstehenden, verständigen bzw. weisen, gescheiten, klugen, vernünftigen Menschen sind! Wir tun so als gäbe es außer uns und unserem Wohlergehen sonst nichts auf diesem Planeten.

➢ **Anderes, besseres Szenario:**

Sobald wir bemerken, dass das Schiff irgendwo leckt, richten wir sofort den Schaden um zu verhindern, dass das Wasser weiter ins Innere vordringt. Denn wir wollen nicht untergehen und unser Leben und das Leben aller Passgiere riskieren. So können wir alle überleben, da wir rechtzeitig richtige Maßnahmen getroffen haben um das Inferno zu verhindern.

Überlege: Welches Szenario wählst Du?

Die Antwort ist, glaube ich, nicht schwer….

*Fährst du lieber in einem intakten Schiff oder in einem lecken Schiff? Das ist die Kernfrage. Die Beantwortung dieser Frage hat mit **Aufmerksamkeit, Verantwortung, Bewusstheit, Weitblick, Vernunft, Lebensbejahung** zu tun. Willst du das Leck sehen oder lieber wegschauen? Willst du alles tun um Leben zu retten? oder ist es dir egal?* Schreib bitte hier deine Antwort:

………………………………………….

8. Alle Menschen sind wesensgleich und einheitlich geschaffen

Es ist Zeit zu verstehen, dass es nichts gibt, was du nicht bist. Was du dem anderen tust, tust du Dir selbst an. Denn wir sind All–Eins.

Das Gleichheitsprinzip

Folgende Tatsache: ob deine Haut schwarz oder weiß, gelb oder braun, ob du am Nord- oder Südpol lebst – unsere Körper sind identisch aufgebaut. Dasselbe Skelett, dieselben Organe, das gleiche Nervensystem, Atem-, Harnweg-, Herz-Kreislaufsystem, Fortpflanzungsorgane, dieselben Sinnesorgane; 5,5 Liter Blut fließt in unseren Blutgefäßen. Das Herz pumpt bei einem gesunden Menschen in Ruhe in einer Frequenz von 50 bis 100 Schläge pro Minute in jedem von uns, über den ganzen Erdball, die Lunge atmet täglich etwa 23.000-mal und wir atmen 10.080 Liter pro Tag ein und aus. Das menschliche Skelett hat ca. 212 Knochen, das menschliche Gehör kann bis zu 400.000 Töne wahrnehmen, der Sehnerv überträgt (wie ein Breitbandanschluss) Informationen mit einer Geschwindigkeit von 1 Mio. Bits pro Sekunde, unsere Beißkraft ist 80 kg stark, usw. und so fort. Diese Fakten sind bei allen menschlichen Wesen dieselben.

Wir sind somit alle körperlich gleich beschaffen. Es gibt wohl niemanden, der dem widersprechen kann.

DER SCHÖPFERGEIST HAT UNS MENSCHEN ALSO NACH DEM EINHEITSPRINZIP PRODUZIERT:

Produktionsstätte: Universum
Produzent und Manager: Urkraft
Vertriebsort: Erde
Zielgruppe: Menschen
Budget: endlose Fülle
Businessplan: genial, einmalig, gilt ewig
Vertrieb: durch Mann und Frau
Updaten: automatisch

Doch wir Menschen, die wir nicht in der Einheit, sondern in der Dualität leben, haben Ungleichheiten und Gegensätze geschaffen und dadurch den Zündstoff für Zwietracht gesät. Shambala soll ein paradiesischer Ort im Himalaya sein - jedoch:

Das Paradies ist dort wo du bist! Schaff es dir!

Nimm dir ein Beispiel aus der Natur: Die Äste eines mächtigen Baumes streiten nie miteinander – wer darf nach oben und wer darf nach unten wachsen, wer ist kräftiger und wer ist schwächer, wer hat mehr Blüten und wer weniger? Hast du je gesehen, dass die Äste sich untereinander bekämpfen?

Oder die Dornen des Rosenbusches die Blüten stechen? Das Moos sich gegen die Fichte stemmt, dass Grashalme sich um Wasser streiten? Jeder nimmt auf den anderen Rücksicht und entwickelt sich nach seinen eigenen Möglichkeiten, wie im Regenwald, wo kein menschliches Wesen in die Geschehnisse der Natur eingreift. Denn sie alle leben nach einem Grundgesetz der Natur – und dieses heißt HARMONIE. Sie leben im Einklang miteinander, ohne Zwist und Zank, in gegenseitiger Anerkennung.

Wenn man die unberührte Natur betritt, herrscht dort Frieden, Wohlgefühl und eine besondere, heilende Energie, die jeden entspannt, erhebt und glücklich macht.

Das bedeutet folgendes: wenn der Mensch heterogen, polar, dual, in Ungleichheiten und nicht homogen, unipolar, einheitlich, also in Übereinstimmungen, denkt und lebt, gibt es Krieg, Hass, Gewalt, Trennung und kein friedvolles Miteinander. Lebt er aber im Bewusstsein, dass alle Menschen im Grunde gleich beschaffen sind, lebt er in Frieden, Einklang und Harmonie mit der Welt. Der Homo (Mensch) lebt dann in Homogenität mit dem Kosmos.

Ist es nicht so, dass Geschlecht, Rasse, Aussehen, Stand, Nation, Kontinent etc. uns nur wie Kleider gegeben wurden, die den Körper der Gattung Mensch umgeben? Da Kleider nicht beständig sind, sind sie wie Verkleidungen – unbedeutend, unbeständig und zu vernachlässigen. Bedeutend hingegen ist das Selbst im Inneren jedes Menschen, das uns alle verbindet und gleichstellt.

Wer nach dem Prinzip der Gleichheit lebt, trägt den allergrößten Beitrag zu einer friedlichen Koexistenz aller Menschen bei.

„Wir haben deshalb keinen Frieden, weil wir vergessen haben dass wir zueinander gehören." Mutter Theresa

Wie schön wäre es, wenn dieser Weg der Einheit aller Menschen, sich in vielfacher Form in die Herzen einprägt. Wenn auf den Autos, im Fernsehen, in den Zeitungen, im Internet als Werbeeinschaltung zu lesen wäre: „Gleichheit der Menschen bringt Frieden" oder" Wir Menschen sind alle gleich geschaffen - lasst uns also Frieden schaffen" oder „Frieden durch Gleichheit". Das wäre doch besser und sinnvoller als die vielen negativen Bilder, die uns tagtäglich überschwemmen. Diese Werbung wäre auch billiger als alle Gewalt und Kriege, die überall stattfinden. Oder wenn als einziges Thema der vielen Friedenskonferenzen nur dieses eine Prinzip der Gleichheit und Gerechtigkeit behandelt wird? Vielleicht sogar als Motto für eine Klausur der Staatsmänner und Politiker? Wir sollten einen „PR-Berater der Sonderklasse Universum" zu allen Mächtigen dieser Welt entsenden um ihnen die wirtschaftlichen Vorteile von Frieden zu erklären (denn alles was mit Geld zu tun hat, werden sie sicher verstehen). Vielleicht würde dann so mancher beginnen darüber nachzudenken, aufmerksam werden und sein Weltbild verändern. Vielleicht…

Es ist nicht nur ein Gebet, das Frieden schenkt, sondern deine eigenen Gedanken und Taten bestimmen die Harmonie in unserer Welt.

„Wir können die Welt ändern und zu einem besseren Platz machen. Es liegt in deinen Händen, den Unterschied zu bewirken." Nelson Mandela

Aus der Rede des Indianer Häuptling Seattle an sein Volk, 1854, als Reaktion auf das Angebot der Weißen sein Land zu kaufen: *„Die Toten der Weißen vergessen das Land ihrer Geburt, wenn sie fortgehen, um unter den Sternen zu wandeln. Unsere Toten vergessen diese wunderbare Erde nie, denn sie ist des roten Mannes Mutter. Wir sind ein Teil der Erde und sie ist ein Teil von uns."*

„Die duftenden Blumen sind unsere Schwestern die Rehe, das Pferd, der große Adler sind unsere Brüder. Die felsigen Höhen, die saftigen Wiesen, die Körperwärme der Ponys und des Menschen – alle gehören zur gleichen Familie."

Welch wunderschönes Gedicht!

*Dieser Weg*weiser *besagt auch: da wir alle gleich sind, haben auch alle die gleichen Rechte.*

Die Menschenrechte gehören zu den elementaren, grundlegenden Rechten, ohne die ein geordnetes Miteinander der Menschen nicht möglich ist. Mit der „Allgemeinen Erklärung der Menschenrechte" vom 10. September 1948 haben die Vereinten Nationen eine Resolution verfasst, die als Absichtserklärung die darin enthaltenen Menschenrechte in möglichst allen Staaten durchsetzen und schützen will. Es heißt dort:

"**Alle Menschen sind frei und gleich an Würde und Rechten geboren.**" Näheres siehe https://www.menschenrechtserklaerung.de/

Warum sollte der eine mehr und der andere weniger haben? Hierfür gibt es absolut keinen plausiblen Grund. Es gibt nicht nur Menschenrechte, sondern auch globale Rechte jedes Menschen auf Respekt und Anerkennung, auf Grund und Boden, auf Nahrung, auf reines Wasser, reine Luft. Unsere

Gesellschaft müsste neben dem Abkommen über Menschenrechte auch das Recht jedes einzelnen Erdenbürgers auf seine Grundbedürfnisse garantieren. Diese Rechte müssten von allen Ländern der Welt anerkannt und weltweit durchgeführt werden, ebenso wie die Menschenrechte.

Wie Wolfgang Pekny es formuliert: *„Faire Ziele für EINE Welt verlangen nicht nach: „Zurück in die Höhlen" (so viele gibt es gar nicht für 7 Milliarden Menschen) sondern verlangen „Fortschritt" (Innovation und Exnovation), der aus technologischem Fortschritt (Effizienz, erneuerbare Rohstoffe), sozialem Fortschritt (Kooperation statt Konkurrenz) und menschlicher Reifung (Suffizienz, Werte) besteht."*

„Die Probleme, vor denen wir heute stehen, können nur auf einer neuen Denkebene gelöst werden." Albert Einstein

9. Der Schöpfer schöpfte für alle

„Der Schöpfer gab an alle Geschöpfe der Erde die weite Erde, den Frühling, die Flüsse und die Wälder, gab die Luft den Vögeln, das Wasser jenen die im Wasser leben, gab allen reichlich alles Lebensnotwendige zum Leben, nicht als deren privaten Besitz, nicht durch Gesetze beschränkt, nicht durch Grenzen geteilt, sondern für alle gemeinsam, reichlich und in großem Ausmaß." Gregory von Nazianzus (4. Jh. n.Chr.)

Wir hätten wahrlich das Paradies auf Erden, würden wir uns dessen bewusst werden. Denn dieser Grundgedanke ist richtig - es wurde uns allen gleichermaßen ein großes Geschenk gemacht: die heilige Mutter Erde mit all ihren Reichtümern.

Wenn eine Schulklasse eine große Torte geschenkt bekommt, dann wird man versuchen die Torte gerecht in so viele Teile zu zerschneiden, dass niemand von der Klasse zu kurz kommt, alle gleich viel haben und sich daran erfreuen. Es ist wahrlich traurig, dass von der wunderbaren Torte Erde ein Viertel der Menschen nichts bekommt und hungert, während die anderen sich daran satt essen. Gerechtigkeit sieht anders aus.

Der Schöpfergeist gab allen Alles, doch aus dem Vielen nehmen sich einige Wenige Alles.

10. Wir sind ein Teil des Ganzen

Wir wissen heute, dass es ein universelles Bewusstsein gibt, das sich auf die ganze Welt ausdehnt und sogar auf das ganze Universum. Dr. Roger Nelson gründete das „Globale Bewusstseinsprojekt" in New Jersey und konnte wissenschaftlich beweisen, dass Bewusstsein sich nicht nur auf den Körper beschränkt, sondern universell ist. Seit alters her haben die Weisen verschiedener Kulturen dies stets als Wahrheit angenommen und in ihre Systeme und Übungen auch integriert.

Auch die Quantenwissenschaft spricht von einer gleichen Matrix, die in allen Molekülen, der Materie und dem Menschen gleichermaßen vorhanden ist und wir alle in einem gemeinsamen Feld verbunden sind. Diese unsere Welt funktioniert wie ein dynamisch miteinander verwobenes Ganzes. Wir sind im Miteinander-Verbunden-Sein mit allem Leben ein Teil dieses großen Ganzen. Wir sind die Verwandten der Tiere und Pflanzen, der Steine und Lüfte dieser heiligen Welt und können uns mit ihren Kräften verbinden umso zur Heilung der Erde beizutragen. Dies ist die Botschaft der Naturvölker in allen Teilen der Welt.

Wir sind ein lebendiger Körper in einer lebendigen Welt, die untereinander vernetzt ist. Wir sind eine einzige große Familie, die die gleichen Rechte und auch Pflichten hat.

Kann es recht sein, dass ein Viertel der Weltbevölkerung drei Viertel der Welt beansprucht? Kann es recht sein, dass alle paar Sekunden ein Kind an Hunger stirbt, während auf der anderen Seite des Planeten Menschen Abmagerungskuren und Fettabsaugungen machen, die ein Vielfaches dessen kosten, was die Kinder der ärmeren Welt am Leben erhalten würde? Wir sehen meist nur UNSEREN kleinen Teil, aber nicht das GANZE, die Welt als Ganzes. Es fehlt die Einsicht, dass es mehr gibt als unser kleines Häuschen mit Garten und Zaun für das wir Verantwortung tragen. Es ist heute unbedingt erforderlich über den eigenen Tellerrand zu blicken und die Gesamtheit der Menschheit, der Tiere, der Felder, Berge, Wälder und Wässer der ganzen Erde in unser Blickfeld zu rücken. Nur so werden wir begreifen, dass es uns alle etwas angeht, wenn dort ein Kind stirbt oder ein Hurrikan ganze Dörfer samt Einwohner vernichtet, wenn Gletscher schmelzen und ganze Landstriche sich in Wüsten verwandeln.

Wir - Ich, Du, Sie - tragen Verantwortung, das Wohlergehen der gesamten Menschheit und unseres Planeten wieder herzustellen.

Es ist nur die Einsicht der Weitsicht, die uns retten kann.

„Wenn im Raumschiff, das zum Mond fliegt, kein Rauch- und Feuerverbot erlassen wurde, so wird es in kurzer Zeit zu einem akuten Sauerstoffmangel kommen, der für alle lebensbedrohlich ist. Es ist also im Raumschiff nötig, Regeln aufzustellen, die verhindern, dass durch unser Verhalten die anderen Menschen zu Schaden kommen." Wolfgang Pekny

Auch wir sitzen alle im gleichen Raumschiff Erde - wir sitzen alle, OHNE Ausnahme, im selben Boot. Willst du die Umstände ändern, musst du dich selbst ändern, das ist die einzige Chance!

ÄNDERST DU DICH SELBST, ÄNDERST DU DIE WELT.

Eines sollte uns allen klar sein: die starke aktive Kraft hinter der Zerstörung unseres Planeten ist unser Konsum, die menschliche Gier nach mehr und immer mehr. Denn in Wahrheit sind **WIR** das Problem!

Wenn WIR die Ursache der Zerstörung unseres Planeten, unserer Lebensgrundlage sind, so liegen die Lösungen dafür auch bei UNS! Das sollte uns Mut und Zuversicht verleihen.

Wenn WIR das vorläufige Endprodukt dieser Evolution und sogar die Spitze der Evolution sind, so lass uns auch Spitzenreiter sein bei der Beseitigung der Ungleichheiten in der Welt. Wir können also lösungsorientiert, konstruktiv und zukunftsfähig denken und handeln und unser Bestes geben.

Ein Organismus ist ein Lebewesen, das die Gesamtheit der Organe und Organsysteme enthält. Unsere Mutter Erde ist ein solcher Organismus und wir Menschen sind ein kleiner Teil davon. Es gibt aber nur diesen EINEN einzigen Organismus, der trotz der Vielfalt eine Einheit bildet. Wenn es

Störungen in einem Teil gibt, so leidet der gesamte Organismus darunter. Wenn unsere kleine Zehe schmerzt, weil wir sie gequetscht haben, wenn wir Kopfschmerzen oder Migräne haben, leidet der ganze Körper mit. Sogar der Biss einer Ameise oder eines winzigen Insekts verleidet uns das Leben.

Um wie viel mehr leidet der Organismus Erde darunter, wenn ihm an vielen Stellen Wunden geschlagen werden, die nicht behandelt und geheilt werden?

Frage: Wo bleibt der Erdendoktor? Bist du es?

11. Unsere Einheit

„Da sind wir also - alles Teile dieses großartigen Hologramms (dreidimensionales, lebensechtes Bild) namens SCHÖPFUNG, das aus dem SELBST von jedem besteht. Es ist ein kosmisches Spiel und es gibt nichts als Dich." Izhak Bentow

„Wir sind Berg. Wir sind Ozean. Wir sind Fluss. Wir sind Blume und Gras und Baum. Wir sind Teil von all dem, sodass immer, wenn die Umwelt an irgendeinem Ort bedroht wird, auch du bedroht wirst. Das musst du verstehen. Das ist es, was du bist. Das ist es, was wir sind." Dennis Banks~ American Indian Movement

In einem Hologramm existiert das Ganze in jedem einzelnen seiner Teile. Egal wie vielfach wir das Universum aufteilen – von Planeten über Menschen bis zu Atomen: in jedem Teil spiegelt sich immer das ganze Universum wider, in einem kleineren Maßstab. Die Forschungen der Quantenwissenschaft haben ergeben, dass eine einheitliche Matrix uns alle verbindet. Wissenschaftlich bezeichnet man es als Quanten

Hologramm. Ein Quant (Elementarteilchen) des Lichts, das Photon, ist ein masseloses Teilchen, das die elektromagnetische Wechselwirkung vermittelt und die elektromagnetische Strahlung bewirkt, vom Radio bis hin zu Gammastrahlen.

Dr. Eduard Mitchell, Astronaut, nennt es „der Geist der Natur", Stephen Hawking als „der Geist Gottes", oder es wird als das „Feld" bezeichnet. Max Planck, der Vater der Quantenphysik nannte es die „Matrix". In dem Hologramm des Kosmos sind wir alle durch dieselbe Energie verbunden, die uns geschaffen hat. Die 70% Leere zwischen den Dingen ist also keine Leere, sondern ein Medium, das Informationen enthält, eine pulsierende Substanz, die uns alle eint.

Alte Schriften haben genau das bereits vor Jahrtausenden herausgefunden.

In der Bhagavad Gita, 13. Kapitel, bezeichnet als „Feld und Feldkenner" heißt es in Vers 32: *„Das höchste Selbst ist unvergänglich, denn es ist ohne Anfang und ohne Eigenschaften. Selbst in Verbindung mit dem Körper handelt es nicht und wird nicht unrein. Der alldurchdringende Raum wird nicht unrein, weil er so überaus fein ist. Ebenso wird das Selbst nicht befleckt und unrein obwohl es den gesamten Körper erfüllt."*

Das Avatamsaka Sutra des Mahayana Buddhismus spricht von einem „wundervollen Gewebe", welche alle Dinge im Kosmos miteinander verbindet.

In den Upanischaden (Brhadaranyaka Up. III, 7) fragte Uddaka Aruni (vedischer Weise*): „Weißt du mit welchem Faden diese Welt, die andere Welt und alle Wesen aneinandergereiht sind? Darauf antwortete Yajnavalkya (vedischer Rishi): „Die Luft ist der Faden. Mit der Luft als Faden sind*

*diese Welt, die andere Welt und alle Wesen miteinander ver-
bunden. "*

Mit anderen Worten könnte das die Matrix bedeuten, die uns
alle im Universum verbindet. Es heißt auch „All in one, one
in all." Alles in Einem und Eines in Allem. Das bedeutet,
dass alles im Einen ist und dass das Eine in Allem existiert.
Es gibt keine Dualität, kein Getrenntsein des einen vom anderen, sondern durch das kosmische Bewusstsein wird diese
Einheit geschaffen. Es ist der Mensch der den Dualismus
schafft, der Leid bewirkt.

*„Es gibt ein endloses Netz von Fäden im ganzen Universum.
Die horizontalen Fäden sind im Raum. Die senkrechten Fäden sind in der Zeit. An jeder Kreuzung der Fäden gibt es
eine Person, und jeder Mensch ist eine Kristallperle. Und
jede Kristallperle spiegelt nicht nur das Licht von jedem anderen Kristall im Netz, sondern auch jede andere Reflexion
des gesamten Universums. "* Aus dem Rig Veda

*Eigentlich ist die Natur Teil unserer Selbst oder anders aus-
gedrückt: Wir und die Natur sind ein einziger, einzigartiger
Organismus, dem das Universum auf dem Planeten Erde Leben gewährt.*

Auch der Mensch ist Teil des Ökosystems und er muss sich
daher auch an die Gegebenheiten des Ökosystems anpassen.
Die Macht des Menschen hat seine Grenzen. Es gebietet sein
Respekt sowie seine Vernunft und die Ehrfurcht vor Größe-
rem, dass er sorgsam, achtsam und sehr bewusst mit allem
umgeht, was von der Erde stammt.

*„Lehrt eure Kinder, was wir unsere Kinder lehrten: die Erde
ist unsere Mutter. Was der Erde widerfährt, widerfährt auch
den Söhnen der Erde. Wenn Menschen die Erde bespucken,*

bespeien sie sich selbst. Denn das wissen wir: die Erde gehört nicht den Menschen, der Mensch gehört zur Erde. Das wissen wir. Alles steht mit allem in Verbindung, wie das Blut das eine Familie vereint. Alles steht mit allem in Verbindung."

"Was immer der Erde widerfährt, widerfährt auch den Söhnen der Erde. Der Mensch hat das Gewebe des Lebens nicht erschaffen, er ist darin nur eine Faser. Was immer ihr dem Gewebe antut, das tut ihr euch selber an." Häuptling Seattle, 1854.

12. Es ist unsere Verantwortung die Erde zu schützen und zu erhalten

"Manchmal benehmen wir uns so als würden wir denken es gibt etwas Wichtigeres als Leben. Aber was?" Antoine de Saint-Exupéry

"Jede Lösung, die verspricht, dass ein Umdenken nicht nötig ist, ist ein Teil des Problems." Helga Kromp-Kolb

Auf Grund unserer hoch entwickelten Technik, den physikalischen Erkenntnissen und dem Fortschritt hat der Mensch Unglaubliches geleistet. Herztransplantationen, Fahrten zum Mond, Tiefseeforschung, Quantenphysik, Genmanipulation, Retorten Babys, alle Arten der künstlichen Befruchtung, Computer, Handys, Autos, Flugzeuge etc. etc. etc.

Ist er dabei aber glücklicher geworden als unsere Vorfahren in grauer Urzeit?

➢ In meiner Jugend im Waldviertel waren wir viel mit Freunden zusammen, haben auf Feld und Wiese ge-

spielt, eine Fahrt mit dem Bus war eine Sensation, flie-
ßendes Wasser gab es nicht, man musste mit einem Kübel zur Quelle gehen um Wasser zu holen und es gab nur
ein Plumpsklo. Alles war ungemein einfach – und doch
erinnere ich mich an das Glück, das ich empfand, wenn
wir alle gemeinsam das Heu rechten und danach Kartoffeln am offenen Feuer brieten oder Erbsen vom Feld
pflückten. Ich entsinne mich, dass ein Teller Kartoffeln
mit Butter ein köstliches Mahl war oder ein in Milch ge-
tauchtes Bauernbrot. Oft saßen wir im sogenannten
„Lusthäuschen" (eine mit wildem Wein umrankte
Hütte) am Fluss, ein einfacher Tisch in der Mitte mit 2
Bänken und haben endlose Gespräche geführt, viel gelacht und Spiele gespielt.

Heute: Junge Leute sitzen manchmal zu viert beisammen,
aber sie reden nicht miteinander, sondern starren gebannt auf
ein virtuelles, viereckiges, piepsendes Kästchen, statt sich
mit dem Menschen neben ihnen zu unterhalten. Früher hat
man miteinander gelacht, heute schickt man sich Smilies…
So schickt man heute „Messages" an Leute, die man überhaupt nicht kennt und nicht einmal weiß, ob es sie überhaupt
gibt. Diejenigen, mit denen wir zusammenleben, werden
häufig links liegen gelassen, denn rechts ist immer das
Smartphone und noch ein anderes blinkendes Kästchen, weshalb man ständig dort hin-schaut und daher vom Nachbar
weg-schaut. Man muss ja stets ON-line und auch IN sein,
denn sonst ist man OUT, was der Gegensatz von IN ist. Man
muss IN sein, sonst wird man verspottet und als hinterwäld-
lerisch eingestuft. Mitleidsvolle Blicke treffen einen, wenn
man nicht mit der Piepserei verheiratet ist. Oder wenn man
die neuen englischen Begriffe nicht versteht wie: Buzz,
Crowdfunding, FOMO, Hashtag, Shitstorm, Tag, Targeting,

Podcast, Web-Feud etc. etc. Ein Burn-Out bekommt man leicht von den vielen uns umgebenden laufenden, tickenden, elektronischen Geräten - ja, wir sind zwar IN, laufen aber Gefahr OUT vom wahren Leben zu sein. Die Ehefrau weiß nicht, wo ihr Mann gerade unterwegs ist, hingegen wissen es die 5000 virtuellen Freunde schon, denn alle 30 Minuten wird ein neues Update gemacht (mit Foto natürlich), danach muss man sämtliche Kommentare lesen und beantworten, auch die WhatsApp, Skype, Viber, Twitter & Co müssen bedient werden, daneben muss man noch downloaden, updaten, aufladen, speichern, fotografieren, kopieren, imaginieren, kommentieren, parlieren, daneben Musik hören und im Youtube, der Du-Röhre, neueste Videos ansehen, natürlich pausenlos wischen - kurz und gut man fragt sich ob der vielen technischen Anforderungen oft - wann man eigentlich Zeit zum Atmen und leben hat. Und der Chef will außerdem auch noch, dass man neben all den IN-Verpflichtungen daneben auch noch arbeitet. Zum Essen kommt man kaum: Fertiggerichte a la Mac, Irgend-etwas (nomen est omen) wird aus Zeitmangel eingenommen. Auch wenn in den Burgers überhaupt nichts Natürliches mehr enthalten ist, außer vielleicht das mit Pestizid angereicherte Salatblatt ...Wo jedes Produkt aus Billigproduktionen der armen Länder stammt, in denen die Menschen sicher kein I-Phone & Co besitzen, sondern froh wären, wenn sie mal ein Stück Brot zu essen und reines Wasser zu trinken bekämen. Das alles macht man, um morgens im Büro mithalten zu können im medialen In & Up-to-date Kampf. Dieser tägliche IN - Krampf führt uns mit Sicherheit in den OUT - Krampf.

Daneben kommt praktisch alles Persönliche zum Erliegen, wie Freunde, Familie, Freizeit, Kreativität, Lesen, Denken und die eigene Weiterentwicklung. Wir sind im Spinnennetz

gefangen und die Tele – Medien - Spinne umgarnt uns un-
merklich immer mehr und mehr, immer engmaschiger wird
ihr Netz (Inter-Net, im Englischen = Zwischennetz). Wir
verstricken uns haltlos darin und können uns kaum davon
befreien. Daher ist es ein Schritt der Wieder- Selbst- Findung
mutig zum OUT zu schreiten und sich aus all den elektronischen, künstlichen VER - NETZUNGS und VER - STRI-
CKUNGSNETZEN zu befreien um zurück zur eigenen natürlichen Weiterentwicklung in Freiheit zu finden. Erst in
Freiheit kann sich der wunderschöne, bunte Schmetterling
entfalten, wenn er sich aus der eingeengten Hülle der unför-
migen Raupe befreit. So können auch wir, wenn wir uns aus
den Zwängen und Fesseln unserer elektronischen Zeit
befreien, von einer Blüte zur anderen fliegen, um den wahren
Lebens - Nektar zu finden und wahre Daseinsfreude erleben.

Nur in Freiheit und Unabhängigkeit kann in der Natur eine
Pflanze wachsen, eine Blume erblühen, ein Baum sich
entfalten, ein Vogel fliegen, ein Keim durchbrechen, ein
Fisch schwimmen, ein Löwe seine Jagd betreiben und Menschen, Tiere und Pflanzen sich ihrer Eigenart entsprechend
entwickeln.

Kurz und gut: wir haben uns meilenweit – anders als unsere
Vorfahren, denen wir unser Leben auf Erden verdanken -
von allem Natürlichen und Aufbauenden entfernt. Wir sind
in zahlreiche künstliche Abhängigkeiten und Süchte verfal-
len. Es ist daher nicht erstaunlich, dass wir keinen Bezug
mehr zur Natur und ihrer Heilkraft haben, da wir zu 90% von
Unnatürlichem umgeben sind.

*"Viele Menschen fühlten nie echten Boden unter ihren
Füßen, sahen keine Pflanzen wachsen außer in Blumentöp-
fen, oder gingen nicht jenseits der Straßenlaterne um den*

Zauber eines mit Sternen übersäten Nachthimmels einzufangen. Wenn Menschen weit entfernt von den Szenen und Schöpfungen des großen Geistes leben, ist es leicht für sie, seine Gesetze zu vergessen."

Dies sind die Worte von Walking Buffalo, Indianer Häuptling der Nakoda Nation von Alberta, Canada, der 1958 die Welt mit einer Mission des Friedens und des Verstehens für die Situation der Indianer bereiste.

Die Paradoxa unserer Zeit

- *Große Häuser, aber kleine Familien*
- *Mehr Bildung, aber weniger gesunder Menschenverstand*
- *Mehr Technik aber weniger Natürliches*
- *Mehr Menschen aber weniger Gemeinsames,*
- *Mehr Informationen doch weniger globalen Verstand,*
- *Mehr Reichtum für wenige aber auch mehr Armut für viele*
- *Telekommunikation aber wenig menschliche Kommunikation*
- *Großartige Medizin aber schlechter Gesundheitszustand*
- *Viele Möglichkeiten aber wenig Zufriedenheit*
- *Beim Mond gewesen, aber den Nachbarn nicht kennen*
- *Hohes Einkommen, aber wenig Seelenfrieden*
- *Höchster IQ, aber weniger Gefühle*
- *Ständig neue Erkenntnisse, aber weniger Liebenswürdigkeit*

- *Viele Menschen, aber weniger Menschlichkeit...*
  Autor unbekannt, variiert von Shanti

Wie sagte doch Jean Jacques Rousseau: „Zurück zur Natur"! Das wäre auch heute noch der Weckruf am Morgen: statt als erstes aufs Smart Phone zu schauen, lieber zuerst einen Teil der Natur betrachten. In den unendlichen Himmel schauen, eine Pflanze oder Blume betrachten, riechen, berühren, die Pflanze auf dich einwirken lassen. Oder ein Glas klares Wasser vor dich hinstellen und seine Klarheit bewundern und über seine Bedeutung nachdenken usw.

Tipp: **Kick am Morgen**: *Du verbindest dich einfach mit einem Stück Natur deiner Wahl und nimmst dessen Schwingung in Dich auf. Dein Energiefeld wird sich dadurch augenblicklich erhöhen und seelisches Gleichgewicht, Freude und innere Ruhe stellen sich ein.*

Begrüße am Morgen dankend die Sonne und sende Licht und gute Gedanken in die Welt, das ist wohltuend für dich und hilft allen Geschöpfen. Wenn du morgens in der Stille des aufgehenden Tages deine Aufmerksamkeit auf einen natürlichen Anteil des universellen Lebens lenkst und die in ihm wirkende Schwingung in dir aufnimmst, kannst du sicher sein, dass dein Tag anders und schöner verlaufen wird. Es strahlt dann deine positive Energie auf deine Umgebung aus und verändert ihr Energiefeld zum Positiven hin. Einfach ausprobieren!

Wenn du auch noch ein großes **DANKE** sagen kannst für dein gutes Leben, das du hier auf diesem wunderbaren Planeten verbringen darfst, so wird sich deine Achtsamkeit und Liebe zu Mutter Erde und ihren Geschöpfen deutlich steigern.

Da die Natur uns so viel Wunderbares und Lebenswertes schenkt, sollte unsere Antwort auf dieses Geschenk sein, dass wir uns liebevoll um unseren Lebenspartner Erde kümmern und diesen vor Unheil schützen. Es liegt in der Verantwortung der Eltern, die Kinder zu erziehen. Genauso liegt es in der Verantwortung der Kinder, die Mutter zu schützen und zu umsorgen, wenn sie älter und gebrechlich wird. Wir Kinder können ihr dann das zurückgeben, was sie uns in all den Jahren gegeben hat.

„Es ist oft schwer zu erkennen, wie unsere Handlungen und ihre Auswirkungen auf die Umwelt anderen wahrscheinlich Schaden zufügen, und ihre Wirkung auf die Umwelt wahrscheinlich andere beeinflussen. **Es ist aber klar, dass wir die einzige Spezies sind, die die Macht hat, die Erde zu zerstören**. Vögel und Insekten haben nicht eine solche Macht und auch kein anderes Säugetier. **Da wir die Fähigkeit haben die Erde zu zerstören**, **haben wir auch die Fähigkeit sie zu beschützen**. Ich glaube, dass wir eine dringende Verantwortung haben, eben das zu tun." Dalai Lama

---

"Der Weg zum Ziel beginnt an dem Tag, an dem du die hundertprozentige Verantwortung für dein Tun übernimmst." Dante Alighieri

„Man kann nicht hoffen, dass sich die Welt zum Besseren wendet, wenn sich der Einzelne nicht zum Besseren wendet. Dazu sollte jeder von uns an seiner eigenen Vervollkommnung arbeiten und sich dessen bewusst werden, dass er die persönliche Verantwortung für alles trägt, was in dieser Welt geschieht, und dass es die direkte Pflicht eines jeden ist, sich dort nützlich zu machen, wo er sich am nützlichsten machen kann." Marie Curie

13. Die Natur reguliert sich selbst

Die Natur besitzt die Fähigkeit zur Selbstregulation.

Die Natur braucht dazu nicht den Menschen – doch der Mensch braucht die Natur.

Ohne Natur können wir nicht leben. Die Natur ist wie unser erweiterter Körper. Unsere Kreisläufe sind verbunden mit den Kreisläufen der Natur: Licht, Luft, Erde, Wasser, Feuer, Nahrung halten unseren Organismus am Leben. Ohne diesen erweiterten Körper können wir nicht überleben.

Ein sich selbst regulierendes System ist zum Beispiel der menschliche Körper. Überzogen von der äußeren Haut birgt er im Inneren unendlich viele autonome Systeme, die uns zu dem befähigen, was wir sind und können.

Ebenso laufen in der Natur und im Universum Millionen Funktionen und Funktionskreisläufe ab, die unseren Planeten mit all seinen Geschehnissen bestehen lassen. Die Stratosphäre rund um die Erde ist wie die äußere Haut, die den autark wirkenden blauen Planeten wie ein lebendiges Wesen umgibt.

Ob lebender Organismus, Pflanzen, Erde, Sterne, Firmament, Planeten - es bedarf nicht der Menschen Hand und Geist, um das Meisterwerk Universum aufrecht zu erhalten.

Ist es daher nicht Hochmut zu glauben, dass wir Menschen die Herren der Welt sind?

Anerkenne die Kraft der höchsten Kraft, die alles lenkt und fügt.

„Je mehr wir unsere Aufmerksamkeit auf die Wunder und Realitäten des Universums um uns herum lenken, umso weniger werden wir Geschmack an dessen Zerstörung finden." Rachel Carlson

„Wir zerstören Millionen Blüten, um Schlösser zu errichten, dabei ist eine einzige Distelblüte wertvoller als tausend Schlösser." Leo N. Tolstoi

14. Nur GEMEINSAM können wir eine Wende herbeiführen

„In diesem Universum, in dem alles mit allem verbunden ist, verbessert jede Verbesserung, die wir in unserer privaten Welt vornehmen, die Welt insgesamt, für jeden." David Hawkins, die Ebenen des Bewusstseins.

In einem Umweltseminar mit Wolfgang Pekny, einer der Mitbegründer von Greenpeace und Leiter der Plattform Footprint, stellte er eingangs an alle Teilnehmer folgende Frage: „Was ist die größte Errungenschaft der Menschheit?" Er ließ uns 3 Tage lang darüber nachdenken, um am Schluss des Seminars die Frage zu wiederholen: „Nun, was ist die größte Errungenschaft der Menschheit?" Jeder hatte eine andere Antwort darauf – einer sagte das Feuer, der nächste die Mondlandung, die Herztransplantation, die Technik, der Computer, der medizinische Fortschritt, das Flugzeug, die Telekommunikation etc. etc. Wolfgang fragte dann: „Wurde das von einer einzigen Person erreicht?" Ein einstimmiges „Nein!" war die Antwort – allein ist der Mensch nicht in der Lage, große Ziele zu erreichen, dazu bedarf es immer einer größeren Anzahl von Menschen, die gemeinsam an ihrer

Durchführung arbeiten. Große Errungenschaften erreicht man nur im Team, wo alle Beteiligten ihr Bestes geben. Mit gemeinsamer Kraft und Begeisterung gelingt es, das gesetzte Ziel zu erreichen. Wenn wir jetzt anstreben, den Klimawandel zu stoppen und Mutter Erde zu heilen, so ist das ein großes Ziel und wäre eine große Errungenschaft. Doch so wie ein Zug eine Lokomotive braucht, um zu fahren, sind enthusiastische Menschen nötig um die Sache ins Rollen zu bringen.

Eine gute Nachricht:

Sind dazu 7 Milliarden Menschen als Mitwirkende nötig? Nein! Es genügt die sogenannte „kritische Zahl" an Beteiligten. Diese kritische Zahl ist die Zahl der Teilnehmer, die unbedingt nötig ist, um das Ziel zu erreichen. Das sind in etwa 12 - 15% der Menge an Menschen, die man damit erreichen will.

Wissenschaftliche Untersuchungen haben dies ergeben: eine gemeinsame Bewusstseinserfahrung einer Gruppe von Menschen erzielt Wirkung weit über diese Gruppe hinaus. Denn jeder von uns hat die Möglichkeit, das Hologramm zu beeinflussen, um für eine gemeinsame Sache einzutreten. Damit zieht er automatisch andere mit sich. Dieser Effekt geschieht verbal, aber auch non verbal, wahrscheinlich über das gemeinsame Energiefeld, die Matrix. Natürlich kann das von Menschen im Guten wie im Schlechten genützt werden. Vielleicht ist auch so die Begeisterung für manche verheerende politische Führer zu erklären, die Normalbürger zu Verbrechern werden lassen, da es eine Kerngruppe mit rassistischen und terroristischen Überzeugungen gab, die eine große Anzahl Menschen mit sich zog und zieht. Doch ebenso kann man natürlich diese Tatsache der kritischen Zahl auch zum Guten hin anwenden. So hat zum Beispiel Mahatma Gandhi mit dem Instrument des gewaltfreien Widerstands Millionen Menschen mobilisiert und so die Unabhängigkeitsbewegung geschaffen, mit deren Hilfe 1947 das Ende der britischen Kolonialherrschaft über Indien herbeigeführt wurde.

In allen esoterischen Richtungen, den alten Weisheitslehren, wie dem Yoga, dem Taoismus, dem Buddhismus wird die GEDANKENKONTROLLE als erste, wichtigste und grundlegende Tugend für einen guten und reinen Lebenswandel gelehrt. Ebenso auch Achtsamkeit und Mitgefühl, damit man stets das Bewusstsein in die richtige Richtung lenkt, um so richtige Entscheidungen zu treffen. Das will trainiert sein, um nicht zum gedankenlosen Nachahmer zu werden. Motto: „Ich spring den Felsen hinunter – Du auch?" Sondern gemäß dem Motto: „Zuerst denken, dann handeln."

In der Natur haben wir wunderbare Beispiele für perfekte Zusammenarbeit: Im Tierreich sind die Ameisen ein großes Beispiel für Gruppen - Zusammengehörigkeit. Ameisen gehören zu den fleißigsten und am weitest verbreiteten Tieren der Erde. Sie konnten sich im Laufe der Evolution an viele verschiedene Ökosysteme anpassen, von der Wüste bis zum Regenwald. Sie leben in unterschiedlich großen Kolonien und arbeiten eng zusammen beim Nestbau, ihren Eiern und Larven und bei der Aufzucht ihres Nachwuchses. Der Ameisenstaat schwankt zwischen einem Dutzend und über einer Million Ameisen. Ihre Gesellschaft ist ein stark strukturiertes Kastensystem mit der Königin an der Spitze, danach Soldatenameisen und Arbeiterinnen mit speziellen Aufgabengebieten je nach Alter. Die männlichen Ameisen werden nur zur Fortpflanzung eingesetzt und es sind die Königinnen welche ein neues Heim errichten, wo sie wiederum eine neue Generation heranziehen. Die Arbeiterinnen arbeiten unglaublich vielfältig: sie sind gleichzeitig Bauarbeiter, Landwirte und Gärtner. Sie haben eigene unterirdische trockene Lagerräume, in denen Samen gelagert werden. Sie spielen bei der Wiederaufbereitung der Nährstoffe eine wichtige Rolle, da sie sich von Pflanzen und kleinen Tieren ernähren. Außerdem machen sie durch den tiefen unterirdischen Nestbau Nährstoffe für die Pflanzen frei.

Was haben die Ameisen den Menschen voraus?

Genau! Die perfekte Zusammenarbeit und die strikte Lagerhaltung! Wahrscheinlich sitzt sogar eine dicke Soldatenameise vor dem Lager damit ja nichts wegkommt. Und in der Menschenwelt? es gibt auf der ganzen Welt keine Bestandsaufnahme der Ressourcen der Erde! Es ist wie in einem Selbstbedienungsladen, jedoch ohne jede Kontrolle, es wird also Raubbau betrieben...Vielleicht sollten wir einige fleißige Ameisenkolonien für die Bestandsaufnahme und die Lagerhaltung anheuern....

Noch eine Anmerkung: bemerkenswert ist, dass die Ameisenweibchen 100% der Arbeit verrichten, während die Männchen nur für die Fortpflanzung zuständig sind. Übrigens liegt bei den Menschen die Arbeitsleistung der Frau gemessen am Gesamtarbeitsvolumen bei 60%, sie besitzt jedoch weniger als 2% des Gesamtvermögens, bekommt 25% weniger Gehalt als Männer, bei gleicher Arbeitsleistung (Zahlen von Wolfgang Pekny). Anders als bei den Ameisen sind die Männer in der Menschenwelt eindeutig bevorzugt. Es sind jedoch mehr die Frauen, die imstande sind Frieden in den Familien zu schaffen, Frieden in der Gesellschaft und Frieden in der Welt. Es sind nicht die Frauen, die in den

Krieg ziehen, ihre Qualitäten liegen in ihrer mütterlichen Natur. Schutz, Obsorge, Mitgefühl, Verständnis, Verbindendes sind ihre Stärken. Es sollten daher sämtliche Friedenskonferenzen, Politikergremien, Umweltgipfel etc. mit einer Frauenquote von weit über 50% besetzt sein. Dann würde man sicher zu gemeinsamen, konstruktiven Beschlüssen kommen und diese auch umsetzen.

15. Das Lebensziel ist wichtig

Die Sinnfrage des Lebens: Warum bin ich hier auf Erden? Worin liegt der Sinn?

Nur um Wohnungen, Häuser und Autos zu erwerben? Um zu arbeiten und meinen Besitz zu erhalten? Meinen Körper zu pflegen und möglichst viel Lust und Unterhaltung zu haben? Um materiellen Gütern nachzujagen und mich dabei zu verausgaben? Um meine Art zu erhalten und Kinder zu bekommen?

Am Ende gehst du doch nackt, allein und mittellos in die Erde wieder ein. Alles wofür du ein Leben lang gekämpft, gearbeitet, geschuftet und was du geschaffen hast, bleibt zurück. Alle Menschen sind Seelen, die zwar miteinander aber doch nebeneinander, durchs Leben gehen. Jede Seele wandert alleine, parallel zur anderen. Wenn man an einem Begräbnis teilnimmst wird uns vorübergehend die völlige Aufgabe der materiellen Welt im Tod bewusst und für eine Weile denkt man über den wahren Sinn des Lebens nach. Wie viel Zeit bleibt mir noch meine Ziele zu erreichen und mich zu verwirklichen?

Wenn ein Mensch geht und du bleibst, stellst du dir die Sinnfrage: was ist der Sinn meines Daseins? Warum bin ich hier?

Woher komme ich? Wohin gehe ich? Wie viele Minuten,
Stunden, Tage, Wochen, Monate, Jahre bleiben mir noch?
Was ist jetzt wichtig für mich? Was gilt es zu verwirklichen?
Wie wird mein Ende sein?

Jeder von uns spürt innerlich, dass es noch einen anderen, tieferen Sinn gibt als die bloße körperliche und materielle Ausrichtung des Menschen. In der Natur ist alles zielgerichtet und dieses Ziel wird angestrebt und auch erreicht. Der Same wird zum Apfelbaum, zur Blume, zur Tanne, zum Elefanten, zum Löwen, zur Ameise, zum Menschen. Da wir Natur sind, sind wir ebenso zielgerichtet, sonst wäre unsere Existenz sinnlos. Die Natur zeigt uns vor, dass es möglich ist das Ziel der vollkommenen Verwirklichung zu erreichen. Vollkommenheit erreicht die blühende Rose, das offene Gänseblümchen, der Obstbaum, wenn er Früchte trägt, die Lotusblüte auf der Wasseroberfläche. Auch ein Wurm kann essen, schlafen und Nachkommen zeugen, ebenso wie der Mensch. Aber soll das alles sein?

Was Menschen gegenüber anderen Lebewesen auszeichnet sind seine geistigen Fähigkeiten, die weit über die Möglichkeiten aller anderen Geschöpfe hinausgehen. Durch seine Begabungen, die er in Milliarden Jahren der Evolution und durch eigene Fortschritte erlangt hat, hat er tatsächlich Macht, Wissen und Wohlstand erreicht wie ein König. Wie geht er aber mit dieser Macht um?

Was ist nun das Ziel meines Lebens?

So wie es von der Natur vorgegeben wurde ist es das Erreichen der VOLLKOMMENHEIT. Und zwar auf der geistigen, höchsten Ebene des Bewusstseins. Es bedeutet sich zurückverbinden zum Ursprung des Seins. Unser niederes

Bewusstsein mit dem höchsten Bewusstsein zu verbinden (rück-verbinden), das niedere Selbst mit dem höchsten Selbst zu vereinen, das innere Licht mit dem Ursprung des Lichts. So lautet der Auftrag des Schöpfergeistes an uns Menschen.

Ist das nicht ein lohnendes Ziel? In die Einheit zu kommen, kein Teilchen mehr zu sein mit begrenztem Bewusstsein, aber das freie unendliche Bewusstsein in sich zu verwirklichen. Ähnlich einem einzelnen Tropfen oder einem Fluss der sich mit dem Meer vereint, wo er die Qualität des Meeres annimmt und dadurch eins mit ihm wird. Das Selbst, das Lebenslicht in Dir, vereint sich mit der Quelle allen Seins. Anders ausgedrückt:

"Das Ziel des Lebens ist es eins zu werden mit dem Herzschlag des Universums, deine Natur mit der kosmischen Natur zu vereinen." Aus den Veden

„Die zwei wichtigsten Tage im Leben sind: der Tag an dem du geboren wurdest und der Tag, wenn du begreifst warum." Mark Twain

Dieses Ziel der Selbstverwirklichung wird in vielen Schulen angestrebt: z.B. im Yoga das Moksha (Erleuchtung), im Buddhismus das Nirwana (das höchste Glück im inneren Frieden), im Zen das Satori (Erleben universeller Einheit), im Taoismus das Tao (unbegrenzte Transzendenz, das dem Kosmos, dem All immanente Prinzip).

Um es einfacher zu formulieren: man versucht innerlich völlig makellos zu werden, ohne Verlangen und Begierden und verbindet sich mit dem höchsten Licht. Erleuchtung ist im Buddhismus und auch im Yoga die Bezeichnung für den höchsten Bewusstseinszustand, der zur Erfahrung der Einheit, der Befreiung von Leid und das Austreten aus dem Kreislauf der Wiedergeburten führt. Das Bewusstsein verändert sich und erhebt sich in die Ebene der Transzendenz (im Schöpfergeist leben, im Licht leben). Die Grunderfahrung der Erleuchtung ist reines Sein, Frieden, Ruhe, Einheit und Glück.

In diesem Zusammenhang möchte ich Ramana Maharishi zitieren, einen hervorragenden spirituellen Meister Indiens, der seine persönliche Erfahrung der Selbstverwirklichung im Alter von 16 Jahren in einer Art Todeserfahrung bei einer Krankheit erlebte. Seine wörtliche Beschreibung, eingraviert im Tempel von Tiruvanamalai, Südindien:

„Bin ich mit dem Tod des Körpers wirklich tot? Ist der Körper das ICH? Er ist still und unbeweglich, doch daneben fühle ich die ganze Kraft meiner Persönlichkeit und sogar die Stimme dieses „ICH" in mir, welches über meinen Körper hinausgeht (transzendiert). Der Körper stirbt, doch der Spirit, der mich transzendiert, kann nicht vom Tod berührt werden. Ich bin dieser unsterbliche Spirit." (Spirit: Geist, der Lebenshauch, die Seele, das höchste Selbst, der Atma).

Ramana Maharishi lebte nach dieser Erfahrung noch weitere 55 Jahre und wurde ein großer spiritueller Lehrer, der zahlreiche Anhänger nicht nur in Indien, sondern auch in Europa und der ganzen Welt hat.

➢ *Eigenbericht:*

Ich selbst hatte im vergangenen Jahr ein einschneidendes Erlebnis im indischen Himalaya, welches mir die flüchtige

Welt des Diesseits drastisch vor Augen führte. Der Pilgerort in dem ich mich aufhalte, liegt in einer Höhe von 3140 m, wo Bäume ausgesprochen rar sind und daher Holz zum Brennen praktisch nicht vorhanden ist. Gemäß hinduistischer Tradition muss nach dem Tod eines Menschen der Körper so rasch wie möglich nach entsprechenden rituellen Zeremonien verbrannt werden und die Asche später in den Ganges oder einen seiner Zuflüsse gestreut werden.

Wir hatten im Ort eine wirklich große Persönlichkeit, einen alten hinduistischen Mönch, Swami Shraddanand war sein Name, was bedeutet: die Glückseligkeit des Vertrauens. Man sagte, er sei angeblich an die hundert Jahre alt. Früher wurden die Geburten in Indien nicht registriert, deshalb wird das Alter oft nur geschätzt. Er war immer sehr freundlich, wir trafen uns oft im Tempel, er lud mich auch manchmal in seine dunkle, feuchte Kammer ein, die stets vollgeräumt war. Stolz zeigte er mir jedes Mal seine Ghee (Butterschmalz) Lampe, die auf einem wunderschönen Messingständer mitten im Raum stand. Neben dem zerlumpten Bett nahm sich diese glänzende Leuchte ganz besonders schön aus.

Er erklärte mir, dass dieses Licht das AKHANDA JYOTI darstellt, das ewige Licht, das er Tag und Nacht brennen ließ und mit Ghee nährte. Obwohl wir wenig gemeinsame Verständigungsmöglichkeiten hatten, verstanden wir uns dennoch. Immer wieder wiederholte er auch: "AHAM ATMA"- eines der großen Aussagen (Mahavakyas) der Veden, um mir klar zu machen, welches Ziel es zu erreichen gilt, nämlich das höchste Bewusstsein: "AHAM ATMA", „Ich bin der Atma, die ewige Seele."

Als ich vergangenes Jahr wieder in den Pilgerort kam, sah ich ihn wenig auf der Straße. Nur einmal traf ich ihn, als er die Stufen zu seiner Behausung hinaufging und ich ihm dabei half. Ich fragte ihn, wie es ihm geht. Er antwortete wie immer bei einer solchen Frage:" Mein Körper hat dies und das an Schmerzen, hier und dort" - er zeigte hin, konnte aber nur schwer atmen, "doch ich bin nicht mein Körper, sondern der Atma und der ist in immerwährender Glückseligkeit," sagte er lachend." Und er schenkte mir eine Tulsi Mala (Pflanzenkette aus Tulsi, eine heilige Pflanze Indiens aus der Familie des Basilikums) und hängte sie mir um den Hals. Ich liebte ihn, denn er war eine außergewöhnlich liebenswerte und starke Persönlichkeit.

Einige Zeit später sagte man mir, dass er jetzt schwer krank sei und möglicherweise sterben würde. Eines Tages, in der frühen Morgendämmerung, rief man mich an und teilte mir mit, dass Swami Shraddanand soeben verstorben sei und die Verabschiedungszeremonie am Fluss stattfinden würde.

Ich machte mich auf so schnell ich konnte, um rasch dorthin zu gelangen. Als ich ankam waren bereits zahlreiche Mönche versammelt und einige wenige führten die vorgeschriebenen Handlungen und Zeremonien durch. Sein Körper war sitzend in einem einfachen Holzstuhl mitten am Weg aufgestellt, wo auch die Zeremonien durchgeführt wurden. Man konnte sich so noch symbolisch von ihm selbst verabschieden. Es waren unglaublich berührende Momente des Abschieds. Blumen und Malas (Blumengirlanden) wurden von den Menschen liebevoll um seinen Hals gelegt.

Es war ein ganz natürlicher Abschied, ohne viel Aufwand. Niemand weinte, da gemäß hinduistischem Glauben der Tod ja das Eingehen in eine höhere Bewusstseinsebene und somit Anlass zur Freude gibt, statt zur Trauer. So konnte auch ich mich noch in Ehrfurcht und mit einer kleinen Blume, die ich ihm in den Schoß legte, verabschieden. Der Tod ist hier integrierender Bestandteil des Lebens und dieser Abschied war somit ganz natürlich und sehr innig. „Möge deine Seele die ewige Ruhe finden. Om Shanti, Shanti, Shanti."

Dann ging es plötzlich sehr schnell. Einige starke Mönche packten den Sessel mit dem leblosen, geschmückten Körper und trugen ihn die letzten 20 Meter hinunter zum Fluss Alaknanda, einem Zufluss des Ganges. Dort wurden nochmals Zeremonien mit Gebeten, Wasser und Feuer durchgeführt und dann kam das, was mir ewig in Erinnerung bleiben wird. Ein indischer Mönch wird traditionsgemäß im Lotussitz nach seinem Ableben in die Erde aufrecht eingegraben. Da dies hier nicht möglich war, wurde der Körper dem heiligen Fluss übergeben.

Das geschah folgendermaßen: Eine einfache Decke wurde ausgebreitet, dann legte man den leblosen Körper auf die Decke, schlug seine Beine zum Lotussitz zusammen, beugte den Kopf zu den Knien hinunter und machte aus dem zusammengelegten Körper mit der Decke darüber ein verschnürtes Paket. Unter Gebeten und Räucherwerk wurde das Körperpaket dann zum Fluss getragen und den reißenden Fluten übergeben, die es sofort forttrugen. Das war das Ende der Verabschiedungszeremonie. Vom Hinscheiden des Swamis bis zur Wasserübergabe (Jal Samadhi) hatte alles zusammen nur 4 Stunden gedauert.

Ich sah das verschnürte Paket im Wasser davon schwimmen, wie es über Steine stolperte, bis es schließlich unsichtbar wurde und unterging...ich war ergriffen und erstaunt über all diese Vorgänge, die ganz neu für mich waren und derer ich nur „zufällig" Zeuge wurde. Meine Gedanken waren folgende: "Das ganze Materielle, wofür wir uns lebenslang abmühen, ist völlig bedeutungslos, denn so sieht das Ende aus:

*Entweder man wird zu einem 250 Gramm schweren Sack Asche oder zu einem Paket im Wasser. Das war´s…und das ist alles……*That´s it and that´s all!"

Alles ist genaugenommen bedeutungslos, was wir Zeit unseres Lebens an Besitz anhäufen und auf das wir stolz sind. Am Ende sind wir Asche oder Nahrung für diverse Lebewesen.

Dieses Erlebnis war wirklich einschneidend für mich. Noch nie wurden mir diese Worte so bewusst: „Man kommt aus der Erde und geht zurück in die Erde". So nackt wie du kommst, gehst du auch wieder.

Bei uns in Europa wird der Tod nicht so natürlich in das Leben miteinbezogen wie in anderen Ländern. Die Verabschiedungsrituale sind sehr versteckt und steril. Ob Sarg in die Erde oder Körper ins Feuer, man nimmt eigentlich nicht wirklich daran teil. Man verabschiedet sich wie am Bahnhof vom Reisenden ohne Gepäck und Kleider, zahlt die Gebühren für die Fahrt, gibt eine Blume mit, doch wie es dann weitergeht, ist scheinbar obsolet. Da bricht der Film plötzlich ab.

Auch da ging uns Natürliches verloren, wir verdrängen den Tod als etwas beinahe Ungehöriges, das nicht in unser steriles, künstliches Leben passt. Und doch sind Leben und Tod ein grundlegendes Gesetz der Natur. Da sind die naturverbundenen Völker uns weit voraus, die Geburt und Tod als Teil des Lebens zeremoniell und offen begehen.

Bis heute habe ich diese Verabschiedung nicht vergessen und immer wieder höre ich Swami Shraddhanand zu mir sagen: „Aham Atma, Aham Atma (Ich bin das Selbst)…das sollst du verwirklichen Shanti – Om Shanti Shanti Shanti (Shanti =Frieden)…" Wie dankbar bin ich, dass ich ihn kennenlernen durfte in seiner unglaublichen Einfachheit und Bedürfnislosigkeit, innerer Schönheit, Liebenswürdigkeit und gelebtem Vertrauen.

Versuche, IM Leben das zu verwirklichen, was Dir am Herzen liegt. Verschiebe es nicht auf Morgen, denn du weißt nie, ob es für dich ein Morgen geben wird.

Das Universum zeigt uns in jedem Augenblick Kommen und Gehen, Geburt und Tod als Teil des kosmischen Alltags. Sterne verlöschen, andere entstehen, Samen zerspringen und gebären Neues, die Jahreszeiten kommen und gehen, ebenso wie Ebbe und Flut, Tag und Nacht, ein Augenblick, ein Tag, vergeht, ein neuer entsteht, ein Gedanke kommt, der andere geht. Die ganze Natur besteht aus einem ständigen Kommen und Gehen…Gehen und Kommen…Kommen und Gehen…Geburt und Tod…Tod und Geburt…das ist Natur.

Was bist du Mensch?

Was bist du Mensch?
ein Sandkorn im Getriebe des kosmischen Spiels
ein Hauch der verweht
eine Blume die verwelkt
ein Tropfen der versiegt
ein See der verdampft
ein Holz das verbrennt
alles löst sich auf im Nichts der Zeit
ein Kommen und Gehen
Lebenszyklen
Geboren, gestorben
im Jetzt geschieht es
das was lebt, vergeht
das was bleibt ist
der Seele Hauch
und edles Tun
das besteht

Eine vielsagende Geschichte zu dem Thema:

DIE DREI LETZTEN WÜNSCHE ALEXANDER DES GROSSEN

Kurz vor seinem Tod rief Alexander seine Generäle zu sich und äußerte seine letzten drei Wünsche: „Mein Sarg soll von den besten Ärzten des Landes getragen werden. Auf dem Weg zu meinem Grab sollen meine angehäuften Schätze (Gold, Silber und Edelsteine) über die Erde verstreut werden. Meine Arme und Hände sollen über den Rand des Sarges hinausragen, so dass alle sie sehen können."

Einer der Generäle, sichtlich verblüfft über diese Anordnungen, fragte Alexander, was er mit diesen Wünschen bezwecke. Alexander erklärte es ihm folgendermaßen: „Ich will die besten Ärzte meiner Zeit als Sargträger, damit die Menschen erkennen, dass auch diese angesichts des Todes machtlos waren. Ich will, dass alles Gold, das Silber und die Edelsteine über die Erde verstreut werden; die Menschen sollen sehen, dass alle auf der Erde angehäuften Schätze auch hier bleiben. Wir nehmen nichts mit in ein anderes Leben. Das Volk wird sehen, dass ich mit leeren Händen von dieser Welt gehe. Genauso, wie ich einst gekommen bin. Der größte Schatz war die **Zeit**, *die mir geschenkt wurde und die nun zu Ende geht."*

Die Zeit, jede Sekunde unseres Lebens ist ungemein kostbar. Vergeude sie nicht mit Unnötigem. Das allergrößte Geschenk, das du jemandem machen kannst, ist: „Ich schenke dir Zeit"…Schenke auch du dir Zeit, „Ich schenke mir Zeit", Zeit zu leben, Zeit zu sein….

16. Deine Lebenszeit ist begrenzt, auch du wirst sterben

Alles Materielle hat einen Anfang und ein Ende. Auch Du in deiner Schönheit und Intelligenz hast ebenfalls ein Ablaufdatum - daher ist es gut, sich mit der eigenen Begrenztheit des Lebens auseinanderzusetzen.

Frage dich beizeiten: **welches Erbe hinterlässt du?** Sind es bloß materielle Güter oder lenkst du auch den Blick auf das Wohlergehen der kommenden Generationen? blickst du über die Grenzen deiner Kleinfamilie hin bis zur Globalfamilie? Lebst du in der Verantwortung eines Weltenbürgers? Oder eines Kleinbürgers? Setzt du zeitlebens Schritte, die deinen Erben eine lebenswerte Welt hinterlassen?

„Eine Erde, auf der die Dornen die Blüten ersticken, ist nicht wert, bewohnt zu werden." Khalil Gibran

Die Natur zeigt dir, wie du dich auf deinen Abgang aus dieser Welt vorbereiten kannst. In Indien unterscheidet man 4 Lebensstadien, die vom Dharma (Pflicht) bestimmt werden: Lernen und Studieren in der Jugend, Berufsleben, Familiengründung, Elternschaft, dann Rückzug in die Einsamkeit, die Übergabe aller weltlichen Pflichten an die Nachkommen und die Hinwendung zur Erfüllung des Lebenssinns.

Auch die Natur in ihrem vierfachen Reigen der Jahreszeiten bereitet sich im Herbst durch das Aufgeben seiner bunten Vielfalt auf die Innenschau und das Absterben vor. Sieh dir einen Laubbaum im Herbst an: die Lebenssäfte ziehen sich immer mehr zurück, bis sie nur mehr den inneren Stoffwechsel aufrechterhalten, die Blätter verfärben sich vom lebendigen Grün über orange, gelb, braun, bis sie schließlich völlig vom Zweig abfallen. Das bedeutet die völlige Loslösung vom Leben in seiner bunten Vielfalt. Übrigens ist Orange die religiöse Farbe Indiens und bedeutet das Entsagen der Welt und geistige Transformation. Wenn wir also im Herbst unseres Lebens angekommen sind, ist es gut, wenn wir uns auf unseren kommenden Abschied vorbereiten, weltliche Dinge ordnen und das Augenmerk auf den Sinn des Daseins lenken. „Wer bin ich? Woher komme ich? Wohin gehe ich? Was ist der Sinn meines Daseins?" Sonst ergeht es Dir wie dem indischen Kaufmann in der folgenden Geschichte:

Ein reicher, sehr gläubiger Kaufmann lud einmal den Herrn des Todes, Yama, zu einem Gespräch ein. Er hatte große Angst vor dem Sterben und wollte mit Yama ein Geschäft machen. Als Yama seinen Bitten entsprach und vor ihm erschien, bat der Kaufmann ihn Folgendes: „Lieber Lord Yama, du bist groß und mächtig, aber auch gütig. Eines Tages wirst du zu mir kommen und das wird dann gewiss meine letzte Stunde sein. Ich habe eine Bitte an Dich: kannst du mir bevor du mich mitnimmst, ein Zeichen geben, wann mein Abschied von dieser Welt gekommen ist? Damit ich mich entsprechend darauf vorbereiten kann? Lord Yama war gütig und versprach dem Kaufmann seine Bitte zu erfüllen.

Die Zeit verging und der Kaufmann bekam langsam graue und schließlich weiße Haare, seine Augen wurden schwächer und er brauchte Brillen, sein Gehörsinn wurde kläglicher und er brauchte ein Hörgerät, sein Gang wurde beschwerlich und er brauchte einen Stock und schließlich fielen ihm seine Zähne, einer nach dem andern, aus. So wurde er immer älter und eines Tages starb er. Als er an der Schwelle des Lebens Lord Yama traf, fragte er ihn entrüstet: „Du hast mir doch versprochen mir Zeichen zu geben bevor ich sterbe, damit ich mich vorbereiten kann? Warum hast du das nicht getan?" Lord Yama antwortete gelassen: *„Mein lieber Freund, natürlich habe ich Dir Zeichen gegeben, doch du hast sie leider nicht beachtet! Zuerst habe ich deine Haare weiß gemacht, dann deine Augen geschwächt, dein Gehör verringert, dann deine Knochen entkalkt, schließlich habe ich deine Zähne gelockert – doch leider hast du das nicht verstanden und hast weiter so gelebt wie zuvor. Du siehst ich habe mein Versprechen erfüllt!"* Erzählt von Vishwaguruji.

Also Hinschauen und nicht Wegschauen zum Abschied von dieser Welt. Wir sind Teil der Natur und daher hundertprozentig mit einem Ablaufdatum versehen, dessen Datum geheim ist. Das heißt es kann auch jeden Augenblick ablaufen.

Jeder von uns hat ein Ablaufdatum, nicht auf der Haut sichtbar eingraviert, doch das Stoppschild deiner Lebenszeit ist schon irgendwo aufgestellt.

Egal wie alt du bist – mach dir beizeiten Gedanken über den Tod. Man muss nicht auf eine Krankheit oder einen Unfall warten um dadurch auf das Wesentliche des Lebens gestoßen zu werden. Was ist mir jetzt wirklich wichtig? Was gilt es noch zu erfüllen? Lebe ich ein erfülltes Leben? Was sind meine Werte? Arbeite ich nur oder lebe ich schon? Wenn du dein Pflichtsoll an Arbeit, Kindererziehung und Familienpflichten abgearbeitet hast, ist deine innere Einkehr wichtig, um dich nun auf dich selbst, deine Bedürfnisse und Ziele zu besinnen.

Mach aus deinem Alter ein Tor zu Freude und Neubeginn!

Es ist nie zu spät, um Neues entstehen zu lassen. Alt an Jahren bedeutet nicht, dass du jetzt schon abgeschrieben bist, höchstens wenn du dich selbst abschreibst und aufgibst. Du kannst nachdenken und etwas für dich Sinnvolles beginnen. Das kann ein Malkurs sein, ein Yoga Kurs, eine Meditation, ein Fitnesskurs, ein Tanzkurs oder gar kein Kurs. Suche und finde den Lebensinhalt, der deinem Leben nun Freude und Sinn gibt. Freude ist der Nektar des Lebens, der dir Zufriedenheit, Gesundheit und inneres Gleichgewicht schenkt. Vielleicht entscheidest du dich für eine karitative Aktivität, die anderen Menschen hilft, auch das ist sehr sinnvoll und erfüllend oder schreib ein Buch (so wie ich). Oder engagiere dich im Umweltschutz oder in einer anderen edlen Aufgabe und gib diese Inhalte an deine Umgebung weiter, damit hilfst du dir und allen anderen. Verbreite ethische Werte, sei ein Beispiel an Mitgefühl, Toleranz und Güte. Hilf wo immer es nötig ist.

Merke: *Nichts ist unmöglich – es kommt nicht auf das Alter an, sondern auf deine Vitalität und geistige Frische! So können Junge bereits alt sein und Alte ewig jung!*

Anderen zu helfen bringt dir selbst Erfüllung, denn die Liebe, die du aussendest kommt vielfach zu dir zurück.

17. Bist du heil, kannst du die Welt heilen

Gemäß dem Gesetz der Resonanz ziehst du das an, was du aussendest.

Es ist eine Tatsache, dass alles was wir denken, fühlen, tun, Wirkung auf uns selbst, auf andere und auf das andere Ende der Welt hat. Wie bereits vorher erläutert, erfolgt es über die Matrix, das Feld, das unsichtbar zwischen der Materie existiert ebenso wie über das Informationsmedium Wasser.

Prof. Masaru Emoto aus Japan hat in seinem Labor zahlreiche Experimente mit dem Wasser gemacht und ist zu sensationellen Resultaten gekommen. Er konnte als Erster nachweisen, dass Wasser ein veränderbarer Informationsträger ist. Es reagiert auf Gefühle und Worte, auf Gewalt und Liebe in Form von verschiedenen Kristallen. Er bespielte das Wasser mit dem Wort „Liebe" und eine wunderschöne Kristallstruktur ließ sich unter dem kryoskopischen Mikroskop feststellen. Ganz anders verhielt es sich beim Wort „Wut" oder „Krieg" – da ergab sich ein sehr hässliches, unvollkommenes Strukturbild. Er machte auch ein anderes Experiment, bei dem er 3 Glasbecher mit Reis füllte und goss sie dann mit doppelt so viel Wasser auf. Zum ersten Glas sagte er über einen Monat lang täglich: „DANKE", zum zweiten Glas sagte er „ICH HASSE DICH" und das dritte Glas IGNORIERTE er völlig.

Nach Ablauf eines Monats ergab sich Folgendes: im ersten Glas mit DANKE war der Reis fermentiert und gab eine starke wohlriechende Flüssigkeit ab, im zweiten Glas hatte sich der Reis schwarz verfärbt und stank und im dritten Glas, das er ignoriert hatte, war der Reis schimmelig geworden.

Das bedeutet, dass nicht nur negative Worte schädlich sind, sondern dass die Gleichgültigkeit den größten Schaden anrichtet!

Das passt auch auf das Umweltproblem und andere weltweiten Probleme, wo viele Menschen **gleichgültig** gegenüber der Zerstörung unseres Mutterplaneten und ebenso teilnahmslos gegenüber dem Leid von Tieren und Menschen sind. Doch Mitgefühl und Achtung vor allem was lebt bringt Verdorrtes zum Blühen und Erstarrtes wieder zum Atmen.

Prof. Emoto und andere Wissenschaftler, die mit dem Wasser experimentieren, sind ebenfalls zu dem Schluss gekommen, dass Wasser als Träger von Informationen, die über weite Distanzen weitergegeben werden, möglichicherweise eine wichtige Rolle bei der Weitergabe von Informationen spielt. Da wir Menschen zu 60 -70% aus Wasser bestehen, hat alles was uns bewegt eine Reaktion auf den Wasserhaushalt unseres Organismus. Das heißt, wir verändern die Struktur des Wassers je nach unserer Emotion in eine bestimmte Richtung, mag sie schöner oder hässlicher und unförmiger werden. Auch das liegt in unserer Hand: Hass und Wut richten sich nicht nur gegen andere, sondern wirken auch auf uns selbst zurück. Gebete zum Beispiel, Danksagungen und Segenssprüche haben eine nachweislich heilsame Wirkung nicht nur auf das Wasser, dessen Kristalle sich wunderschön verändern, sondern auch auf andere und uns selbst. Dies konnte man an Pilgerorten wie z.B. Lourdes nachweisen. Prof. Emoto hat auch entdeckt, welche Worte, bzw. Gefühle die allerschönsten Kristalle hervorbringen:

Es ist die Kombination von **LIEBE und DANK**

Wenn du mithelfen willst unseren Planeten zu heilen, so ist es gut, diese beiden Eigenschaften zu entwickeln, denn jeder von uns kann so zum Heilwerden des Planeten beitragen.

Wenn du also in der Liebe bist und Dankbarkeit dein Herz erfüllt, so bist du Träger des allheilenden Potentials, das die Welt ins Gleichgewicht bringen kann.

Wenn wir uns ändern, wie wir denken, fühlen, sprechen, handeln – ändern wir die Welt!

„Mach das Beste was Du kannst, mit allen Mitteln wie du nur kannst, auf allen Wegen wo du nur kannst, an allen Plätzen wo du nur kannst, zu allen Menschen wie du nur kannst, so lange – wie Du noch kannst. " John Wesely

„Ein Gramm gutes Beispiel ist mehr wert als ein Zentner Worte. " Hl. Franz von Sales

Tipp: Danke so oft du nur kannst! Liebe so viel du nur kannst!

Danke dass ich lebe, danke dass ich lernen darf, danke dass ich erkennen darf, danke für die liebevollen Worte, danke für diese Zuwendung, danke für diesen geschenkten Tag, …usw., usw.. Abends vor dem Einschlafen danke für 3 schöne Erlebnisse des Tages und 3 Ereignisse wo du anderen Freude geschenkt hast.

So füllt sich deine Seele mit Liebe. Lege ein Dankbarkeitsbüchlein an, in das du jeden Tag Eintragungen machst:

Ich danke heute für …………………………………… *10 x*

Ich wertschätze mich für …………………………………*5 x*

18. Was du säst, das wirst du ernten

Das ist das Prinzip von Karma und Wiedergeburt.

Das ausgleichende Prinzip des Karmas ist der Hauptglaubenssatz im Hinduismus, im Buddhismus und Jainismus. Es ist das Gesetz von Ursache und Wirkung, von Aktion und Reaktion. Dieses spirituelle Konzept besagt, dass jede Handlung (physische und geistige) unweigerlich Folgen hat, die sich durch Gutes oder Schicksalsschläge während des Weiteren irdischen Lebens ausdrücken und die Form der Wiedergeburt (als Mensch, Tier oder Pflanze) bestimmen. Die natürliche Gerechtigkeit sorgt dafür, dass deine Gedanken und Handlungen zum Urheber deines Schicksals werden.

„Die Welt ähnelt einer mathematischen Gleichung, die sich stets ausgleicht, wie man sie auch dreht und wendet. Schweigend und unfehlbar wird jedes Geheimnis enthüllt, jedes Verbrechen bestraft, jede Tugend belohnt, jedes Unrecht wiedergutgemacht." Ralph Waldo Emerson (Theologe, Philosoph, Schriftsteller)

Karma bedeutet wörtlich TUN. Mit allem was wir tun - atmen, denken, reden, gehen, handeln etc. verursachen wir Karma. Wir Menschen sind im ständigen Tun begriffen, also schaffen wir ständig Karma. Unsere vergangenen Taten bestimmen unsere Gegenwart und unser Tun im Jetzt bestimmt unsere Zukunft. Nach dem Gesetz der Wiedergeburt wird ein Mensch so lange wiedergeboren bis er die Vereinigung mit dem höchsten Selbst erlangt hat, dadurch frei von allem Karma wird und sich somit aus dem Kreislauf der Wiedergeburten befreit. Daher gibt es keine Schuldzuweisungen an den Schöpfer oder andere Menschen. Jeder ist selbst für sein Schicksal verantwortlich. Die Summe aller menschlichen Handlungen in einer Gesellschaft, einem Land erzeugt ein gemeinsames Massenkarma, das örtliche und weltweite Konsequenzen nach sich zieht, je nach dem Überwiegen und der Stärke von Gutem oder Bösem.

Folgerung: *Meine und deine Gedanken und Handlungen tragen zum Wohl oder Wehe aller Menschen, Nationen und der ganzen Welt bei. Denn alles ist mit allem verbunden.*

In der Natur kennen wir diese Art des Karma Gesetzes nicht. Die Tiere folgen ihren Instinkten um zu überleben, die Pflanzen akzeptieren bewegungslos ihr Dasein. Die ethische Regelung des Karmas bleibt dem höchst entwickelten Wesen der Evolutionsgeschichte, dem Menschen, vorbehalten.

„Das Karma ist eine genaue Regelung von Aktion und Reaktion. Der Mensch isst das was er kocht, genauso wie er das erntet, was er sät." Atharva Veda 12.3.48

Auch moderne Visionäre wie Neville Goddard, der auf Barbados lebte, beschreibt in „The Power of Awarness" diese Fakten so:

„Alles was wir erfahren, wirklich alles, was uns widerfährt und was wir tun, ist das Produkt unseres Bewusstseins und nichts anderes. Die größte Täuschung des Menschen ist die Überzeugung, dass es andere Ursachen gibt als sein eigenes Bewusstsein."

Gemeinsam erzeugen wir sowohl Krieg als auch Frieden, sowie Leiden und Heilung.

➢ Ich selbst, die ich im christlichen Glauben aufgewachsen bin, hatte stets vor der schrecklichen Vision der Hölle und des Fegefeuers Angst, ebenso vor den Strafen, die auf mich warten, wenn ich gefehlt habe. Seit ich durch Yoga mit dem Gesetz des Karmas bekannt wurde, hat sich diese Angst aufgelöst und sich in Verständnis gewandelt. Vieles konnte ich dann an Schicksalsschlägen in meinem Leben besser verstehen und auch akzeptieren. Da ich weiß, dass nur ich für mein Schicksal Verantwortung trage, kann ich auch durch mein Tun im Jetzt meine Zukunft bestimmen. Das Gesetz lehrte mich auch eine erhöhte Aufmerksamkeit auf mein Denken,

Fühlen und Handeln zu richten. Und vor allem lernte ich eines: Sehr bewusst im Jetzt zu leben, da nur die Gegenwart die Wirklichkeit des Tuns ist.

Tipp*: Wenn du die Person suchst, die dein Leben ändern soll, schau in den Spiegel.*

„Nun, so wie ein Mensch so oder so ist, wie er wirkt und wie er sich verhält, so wird er sein; ein Mann der guten Taten wird gut, ein Mann der schlechten Handlungen wird schlecht sein;
Er wird rein durch reine Taten und schlecht durch schlechte Taten;
Und hier sagen sie, dass eine Person aus Wünschen besteht,
und wie sein Wunsch ist, so ist auch sein Wille;
und wie sein Wille ist, so ist auch seine Tat;
und welche Art der Tat er begeht, so wird auch die Ernte sein.“ Brihadaranyaka Upanishad 4.4.5-6

Das Gesetz des Karmas besagt*: „Was Du säst, das wirst Du ernten.“*

Eigentlich logisch, das bedarf auch keiner weiteren Erklärung. Wenn du Kakteen säst, kannst du nicht erwarten, dass Rosen daraus entstehen, wenn du Kartoffeln einsetzt werden keine Fisolen daraus wachsen. Also achte auf deine Gedanken, Worte und Taten, denn sie bestimmen dein Schicksal. Das Karma Prinzip besagt auch, dass nur du allein für alle Ereignisse deines Lebens verantwortlich bist und niemand anderer sonst. Daher sind die Selbstanalyse und Kontrolle deines Denkens, Redens und Handelns äußerst wichtig, um gutes Karma zu bewirken. Du magst diesen Gedanken folgen oder nicht, das bleibt dir überlassen.

Falls du dem Karma Prinzip nicht zustimmst, so wirst du mir aber sicherlich zustimmen, dass es jedenfalls besser ist, sowohl im eigenen wie auch im Interesse der Allgemeinheit, seine guten Eigenschaften weiter zu entwickeln. Denn ein guter Mensch ist für die Gemeinschaft und das Heil unseres Planeten wertvoll und kostbar und trägt ganz sicher mehr zum Frieden bei als jemand der im negativen Denken verhaftet ist.

"Do good, see good, be good" Satya Sai Baba, Indien

„Mache Gutes, Sieh Gutes, Sei gut."

Dieser Spruch ist - kurz und bündig gesagt - das Beste was du aktiv für ein gutes Karma machen kannst, für das Gesamt Karma der Welt und für deinen eigenen spirituellen Fortschritt.

Tipp: **KERNSATZ aktivieren!** „Mache Gutes, Sieh Gutes, Sei gut" ist als täglicher Leitspruch bestens geeignet und empfehlenswert.

Der Kreuzerl Test:

Schreib den Kernsatz auf einen Zettel, bring ihn als Memo (Klebezettel) in diversen Größen an allen Orten an, wo du dich oft aufhältst und oft hinschaust: im Bad, am Computer, am iPhone, in der Küche, am Fernsehgerät etc. Wenn dein Blick auf das Kreuzerl fällt, wirst du automatisch an deine Absicht erinnert. Dein Unterbewusstsein wird so die Botschaft aufnehmen und deine Software wird somit umprogrammiert. Wenn dein Chef dich fragt, was der Zettel zu bedeuten hat, kannst du es ihm ja erklären und eventuell ein Gespräch beginnen. Wenn du aus irgendeinem Grund das

Motto nicht aufschreiben willst, so male einfach ein deutliches X auf den Zettel - nur du weißt dann was das Kreuzerl, das X bedeutet, es ist dein eigener Vorsatz. Diese Technik wird in der Psychologie häufig angewandt, um negative Programmierungen und schädliche Gewohnheiten in positive umzuwandeln. Der Memozettel mit dem Kreuzerl bedeutet z.B. *„Mache Gutes, Sieh Gutes, Sei gut", „Ich entspanne meinen Kiefer" (bei Parafunktionen im Mund), „Ich bin ruhig und gelassen", „Alles in dieser Schöpfung ist für mich"...usw.* Du kannst selbst deinen eigenen wichtigen Kernsatz formulieren, der gerade jetzt wichtig für dich ist. Es funktioniert! Auch beim Studium gibt es ein Hauptgesetz: „Repetitio mater studiosa est" = Die Wiederholung ist die Mutter des Studiums. Wiederholen, wiederholen, wiederholen, solange bis man es kann. So erreicht man sein Diplom. Ebenso erlangt man im Geistigen durch ständiges einprägsames Wiederholen das Ziel des Kernsatzes.

Mental: Um es verständlicher zu machen, können wir ebenso das Prinzip der Resonanz anwenden. **„Wie du in den Wald hineinrufst, so schallt es auch zurück."** Sagt ein Sprichwort. Alles was uns passiert, hat ursächlich mit uns zu tun. Wir rufen eigentlich ständig etwas in den Wald „Welt" hinein mit Gefühlen, Worten, Taten und Unterlassungen. Ja, auch Unterlassungen (z. B. unterlassene Hilfeleistung) spielen eine Rolle beim Resonanzgesetz. Was also aus dem Wald zu uns zurückkommt, ist ein Echo darauf.

Selbsterkenntnis:

Das „Oben Drüber" Interview:

Bleibe in völliger Gelassenheit und ohne zu urteilen, denn es geht jetzt um dich.

Beantworte bitte ehrlich folgende Fragen:

> ➤ Du befindest dich in einer sehr unangenehmen Situation (jetzt oder früher)
> ➤ Was habe ich in die Welt gerufen, dass dieses Echo zurückkommt?
> ➤ Welchen Anteil habe ich daran?
> ➤ Suchst du einen Schuldigen? Um von dir abzulenken? Wenn du das tust, verhinderst du deine eigene Weiterentwicklung. Denn wenn du deinen eigenen Anteil an einer Situation erkennst, so hast du die Möglichkeit an der Lösung zu arbeiten.
> ➤ Bei unerfreulichen Situationen: Was hätte ich anders machen müssen, um nicht in dieser Situation zu landen, in der ich heute (oder früher) bin/war?
> ➤ Was muss ich der Welt geben, um etwas zu ändern?

Wenn du oft dieses Interview mit dir selbst durchführst, so ist das die beste Persönlichkeitsentwicklung, die man sich nur vorstellen kann. Du wirst mehr Verantwortung für dich und dein Leben übernehmen und es hilft dir, dich weiter zu entwickeln. Du verurteilst nicht mehr andere, sondern erkennst deinen Anteil an der Geschichte. Dadurch begreifst du dich selbst immer mehr und wirst ein wertvoller Mitbewohner unserer Erde. Das ist es, was unsere Welt dringend benötigt.

19. Genügsamkeit statt Gier

„Die Welt hat genug für jedermanns Bedürfnisse, aber nicht für jedermanns Gier. " Mahatma Gandhi

Wir leben im Überfluss und andere im Mangel. Wir wissen alle, dass ein völliges Ungleichgewicht auf Erden herrscht: Die acht reichsten Männer besitzen zusammen mehr Geld als die ärmere Hälfte der Weltbevölkerung. Das geht aus einem Bericht der Hilfsorganisation Oxfam hervor. Die weltweite soziale Ungleichheit ist demnach grösser als angenommen. Außerdem hungern 1/5 der Menschen während ¾ der Menschen tonnenweise Lebensmittel wegwerfen und sich den Fettbauch wegoperieren. Menschen in Entwicklungsländern werden ausgebeutet zugunsten der Konsumgier westlicher Länder usw. usw. Das ist keine Kritik, sondern das sind Tatsachen und wir wissen es alle. Nur um des Menschen Gier nach Fleisch werden die Regenwälder abgeholzt, Menschen und alle Lebewesen vertrieben und um ihre Existenz gebracht, Tiere barbarisch gehalten, transportiert und grausam getötet. Durch die Monokulturen mit Soja und Palmen werden die Böden ruiniert, das ökologische Gleichgewicht zerstört, die Artenvielfalt dezimiert, der Klimawandel verstärkt, etc. etc.

Jeder der im Hier und Jetzt lebt kennt all diese Umstände, die wahrlich nicht des Menschen würdig sind. Meist ist es die Unzufriedenheit mit dem was man hat und der starke Wunsch nach viel, viel mehr, der uns rücksichtslos macht gegenüber anderen und der Umwelt.

Egozentrik ist die häufigste soziale Krankheit unserer Zeit.

Jedoch: *Es ist die Genügsamkeit, die uns allen ein gutes Leben bescheren könnte. Voraussetzung dafür ist allerding soziales Mitgefühl, ethisches sowie globales Denken und ein gesunder Gerechtigkeitssinn.*

„Es ist nie zu wenig was genügt." Seneca

Die 62 reichsten Menschen der Welt, 53 davon Männer, besitzen inzwischen „genau so viel wie die gesamte ärmere Hälfte der Weltbevölkerung". Das Vermögen der Ärmeren ist zurückgegangen. Die Geschwindigkeit, mit der die Kluft zwischen Arm und Reich wächst, ist demnach noch größer als erwartet. Das besagt die Studie 2016 der Hilfsorganisation Oxfam. Link: Oxfam OECD WEF Allianz Global Wealth Report (pdf)

Eine kleine Geschichte zum Thema "Gier":

DER BESITZ VON ERDE

„Ein reicher Großgrundbesitzer war in die Jahre gekommen. Da er keine eigenen Kinder hatte, wollte er sich bei seinen treuesten Arbeitern bereits zu Lebzeiten für deren Dienste erkenntlich zeigen. So hatte er auch einen zuverlässigen Verwalter, ohne den er es nicht so weit gebracht hätte. Diesem gedachte er Land zu schenken, so viel er sich nur wünsche. Die einzige Bedingung war, dass sein künftiges Land in der Zeitspanne zwischen Sonnenaufgang und Sonnenuntergang zu Fuß zu umschreiten sei. Nur wenn er vor Sonnenuntergang wieder an seinem Ausgangspunkt angelangt sei, würde ihm all jenes Land gehören. Der Mann war zunächst überglücklich, da er sich bewusst war, dass er keinen halben Tag brauchen würde, um das Land zu umschreiten, mit dem er bis zu seinem Lebensende ausgesorgt hätte. So ging er frohen Mutes los, ohne Hast und Eile. Doch plötzlich kam ihm der Gedanke, dass er solch eine Gelegenheit nie wieder bekäme. Er dachte an den Reichtum, den er mit einem größeren Grund erlangen könne, und seine Schritte wurden schneller. Er malte sich aus, wozu er den neu erworbenen Reichtum verwenden könne, und er begann zu laufen. Der Großgrundbesitzer ritt währenddessen in einem gewissen Abstand hinter ihm her.

Der Verwalter prüfte stets den Stand der Sonne, um nur ja nicht den Zeitpunkt seiner Rückkehr zu versäumen. So zog er seinen Kreis und befand sich schon auf dem Weg zurück zu seinem Ausgangspunkt. Da kam er an einem See vorbei, in dem er immer so gerne gebadet hatte. Er begann zu rennen, um sich auch diesen noch einzuverleiben. Sein Atem wurde zum Keuchen und sein Hemd war längst bis auf die Haut durchschwitzt. Kurz vor dem Ziel sah er noch das kleine Birkenwäldchen. Er warf einen Blick zur Sonne und beschloss, dass er sich nur noch ein einziges Mal abmühen müsse, dann könne er sein Leben in Saus und Braus genießen! So rannte er weiter, wie um sein Leben, um auch den Wald sein Eigen nennen zu können. Gerade noch rechtzeitig erreichte er den Ausgangspunkt. Überglücklich schaute er auf seine neu erworbenen Ländereien. Doch sein Herz war dieser enormen Belastung nicht gewachsen. Er brach vor Erschöpfung zusammen und starb. So blieb ihm nur noch ein winziges Stück Erde auf dem Friedhof, mehr brauchte er nun nicht mehr."

Nach einer Erzählung von Gisela Rieger, aus dem Buch „Geschichten, die dein Herz berühren".

Tipp: *„Sei selbst die Veränderung die du sehen willst!"* Mahatma Gandhi

Das was wir uns wünschen suche nicht im anderen, sondern versuche dich selbst zu ändern und gehe mit gutem Beispiel voran. Wenn sich alle Menschen mit dem begnügen, was sie zum Leben brauchen, gäbe es keine Not und kein Elend auf Erden.

20. Friedfertigkeit und Gewaltlosigkeit

Es ist eine einmalige Chance der Evolution, dass der Mensch eigene Entscheidungen treffen kann. Zum Beispiel die Frage: Will ich Krieg oder Frieden? Will ich Stress, Unruhe, Disharmonie oder innere Ruhe?

In den Lebewesen ist Gewalt ein integrierender Wesensanteil, ebenso wie Liebe und Fürsorge. Da wir nach den Gesetzen der Polarität erschaffen wurden, sind auch alle gegensätzlichen Eigenschaften im Menschen vorhanden. Sowohl Hass, Ärger, Stolz, Aggression, Egoismus als auch Liebe, Fürsorge, Mitgefühl, Verständnis und Toleranz sind in unseren Genen angelegt.

Der Mensch hat Kraft seiner Unterscheidungsfähigkeit die Wahl zwischen Frieden und Gewalt. Entscheidet er sich für Frieden, so wirkt sich das auf alle Lebensbereiche aus. Wählt er für sich friedfertig, liebevoll, gelassen im Umgang mit anderen zu sein, so strahlt er Ruhe und Harmonie aus. Ein solcher Mensch ist ein Gewinn für die Gesellschaft, da sein innerer Friede sich auf seine Umgebung überträgt.

Wählt er hingegen Gewalt, so verstärken sich seine Aggressionen, sein Hass, die Intoleranz und er projiziert dies alles nach außen. Die Folge sind Entscheidungen und Taten, die wir gerade heute in unserer Welt sehen. Gewalt gegen Menschen, gegen sich selbst, gegen ganze Völkergruppen, gegen Tiere, gegen die Natur und die Umwelt. Diese Gewalt hat ihre Ursache in der inneren Unzufriedenheit, Sinnlosigkeit und Orientierungslosigkeit der Person oder Gruppen. Heute werden moralische, religiöse und auch ethische Werte und alte Traditionen gesprengt. Sie haben daher nicht mehr die Macht, um Zufriedenheit und Sicherheit zu vermitteln und den Menschen als feste Stütze im Leben zu dienen. Da die starren sozialen, moralischen und religiösen Strukturen verloren gingen, besteht eine gewisse Unsicherheit, Angst, Unmut und Frustration, die es umtriebigen und gewalttätigen Gruppen leicht machen, die Unzufriedenen für ihre eigenen Ziele zu nutzen.

„Wo Loyalität ist, sind Waffen überflüssig. Denn alle Waffen sind Werkzeuge des Bösen, nicht Werkzeuge des Weisen."
Paul Coelho, die Schriften von Accra

Schau in die Natur: Hast du je erlebt, dass die Luft sich wehrt, wenn du den Raum mit Zigarettenqualm vernebelst oder giftige Gase in die Luft versprühst? Dass der Fluss sich aufbäumt gegen denjenigen, der Müll und Giftstoffe in sein Wasser wirft? Dass der Regenwald schreit, wenn seine Bäume abgeholzt werden und der Waldbestand drastisch dezimiert wird? dass ein Baum zurückschlägt wenn man ihn schlägt? und, und, und...das alles geschieht lautlos, ohne Widerstand, denn Widerstandslosigkeit ist eine Grundeigenschaft der Flora. Die Tiere, die zu Millionen geschlachtet werden und den Gaumenfreuden geopfert werden, haben gar keine Chance sich zu wehren. Wenn sie es könnten, wären wir alle ganz schnell Vegetarier.

Mental*, geistige Bedeutung:* Der innere Friede ist wichtig um den äußeren Frieden herzustellen. Wenn wir bei allem was wir tun gelassen bleiben, zufrieden sind mit dem was ist, so ist das die beste Medizin für Körper, Geist und Seele, sowie für dein nahes und weltweites Umfeld. Gewaltlosigkeit ist besser als Gewalt, denn Gewalt erzeugt nur wieder Gewalt. Ein friedfertiger Geist hingegen bringt Verständnis und Harmonie in unsere gegensätzliche Welt. Es ist gut wenn man sich darin übt. Je mehr man sich gute Eigenschaften zu Eigen macht, umso mehr wirst du die Wirkung deiner Bemühungen in deinem Leben spüren.

„Zufriedenheit ist der Stein der Weisen. Zufriedenheit wandelt in Gold, was immer sie berührt." Benjamin Franklin

„Die Liebe und das Mitgefühl sind die Grundlagen für den Weltfrieden – auf allen Ebenen". Dalai Lama

Tipp: Eine Übung der **Achtsamkeit**: Beginne deinen Tag mit dem Entschluss heute in Gedanken, Worten und Taten friedfertig zu sein. Abends stelle fest wie weit es dir gelungen ist. Schreib auf, was dir gut gelungen ist. Akzeptiere und liebe dich so wie du bist. Rom wurde auch nicht an einem Tag erbaut.

21. Zeit der Wende

Es ist eine Tatsache, dass unsere Zeit eine Zeit der Wende ist, mit Umbrüchen in vielen Bereichen. Ich glaube, dass wir derzeit nur viel zu viel GEGEN etwas machen – gegen unsere Gesundheit, gegen die Umwelt, gegen die Fremden, gegen die Menschlichkeit, gegen unseren Seelenfrieden, gegen Moral und Werte, gegen Religionen und Gemeinschaften. Doch was bringt das? Krankheiten, Umweltzerstörung, Hass und Aggression, Stress, Unfrieden, Kriege.

Wir sind Zivilisationskämpfer auf dem Schlachtfeld des Egoismus. Wer siegt? Wer bekommt mehr? wer besitzt mehr? Ich, Ich, Ich will, will, will, Ich will das, Ich will jenes...das sind die Mantras (Gebete) unserer Zeit.

Besser ist es, **FÜR** etwas zu sein! Für den Frieden, für die Zukunft, für die Umwelt, für die Gesundheit, für das Mitgefühl, für Toleranz, für das Miteinander, für die Liebe, für die Dankbarkeit, für das Wohlergehen aller, usw. *Man erreicht immer etwas, wenn man sich FÜR etwas einsetzt*!

Werde daher ein FÜR – Mensch!

Wir haben heute wahrlich unglaublich viele Werkzeuge an der Hand, um Änderungen schnell herbeizuführen. Was aber fehlt, ist der Entschluss im Kopf, das **FÜR** uns Richtige zu tun. Zu viele wirtschaftliche, politische und andere Faktoren beeinflussen den klaren Menschenverstand. Dabei könnten wir alles schaffen!

„Die Welt ist komplizierter als wir denken, dafür haben wir mehr Möglichkeiten als wir glauben!" Wolfgang Pekny

Viele Menschen denken heute bereits um, da sie sehen, dass die egozentrierte Lebensweise niemanden glücklich macht. Besonders junge Menschen sind unzufrieden mit der Konsumgesellschaft, leben bewusster, wenden sich ethischen Prinzipien zu und treffen Entscheidungen im Einklang mit der Natur und Umwelt. Darin liegt eine große Hoffnung, dass diese Jungen die Wende tatsächlich schaffen und nicht nur darüber reden! Doch wie viel Zeit haben wir alle noch? Das ist die große Frage, die keiner so recht beantworten kann.

Sofort - Aktion für jeden: *Wir müssen lernen, <u>MIT</u> der Natur zu leben, nicht <u>GEGEN</u> Sie!*

Die Wende liegt in unserer Hand. Ergreifen wir die Chance, den Fortbestand der Welt zu sichern.

Außerdem*:*

„Wir müssen einen Vertrag machen, der alle Menschen auf der ganzen Erde bindet! Einen ökonomischen, einen sozialen, einen ökologischen Vertrag. Wir müssen über unsere Werte nachdenken! Was ist uns wichtig in unserem Leben? Zählt jeder Mensch - oder nicht? Zählt die Natur – oder nicht? Zählt unsere Gemeinschaft – ja oder Nein? Wenn wir diese Fragen beantworten, können wir alle Unterschiede überwinden! Wir müssen unser Zusammenleben neu erfinden. Was zählt in der Natur? Was ist in unseren Herzen? Im Kino weint man, ein Buch berührt dich, du blickst in Kinderaugen: ja das ist wichtig für mich, weil ich jemanden liebe, ihm etwas geben, etwas bauen will.

Lieben - das ist erschaffen, nicht verbrauchen." Jean Fabre, Schweiz, aus einem Video von Arthus Bertrand.

Tipp*: Mensch erkenne dich selbst:*

Mach dir bewusst, wo**FÜR** bist du? Aber auch wo**GEGEN** bist du?

Nimm einen großen Zettel, mach einen langen Strich in der Mitte und schreib links auf, wogegen du bist und rechts wofür du bist. Das hilft dir klar zu sehen welche Überzeugungen du vertrittst. Wie viele FÜRs stehen da?

Wo legst du deine größere Energie hinein?

22. Du hast das Privileg, als Mensch geboren zu sein

Der Urgeist schaffte Myriaden an verschieden Wesen, jedes jedoch als absolutes Unikat. In jedem Einzelnen ist das Bewusstsein des Urgeistes als Schöpferprinzip vorhanden. Ob Stein, Pflanze, Element, Tier, Mensch, in jedem verwirklicht es sich. Doch gab er aus der Fülle seines Seins verschiedene Attribute an die belebte und unbelebte Natur. Er gab der belebten Natur höhere Bewusstseinsstufen als der unbelebten Natur. Der Blume ein höheres Sein als dem Stein, dem Tier eine noch höhere Entwicklungsstufe und dem Menschen schließlich die höchste Stufe. Es ist dem Menschen möglich, geistige Entwicklungsprozesse zu machen, dank seines außerordentlichen Intellekts, seiner Eigenschaften und seines Urteilsvermögens. Sein Leben ist nicht nur bestimmt durch den reinen Instinkt wie bei den Tieren, deren Instinkte sie zu Beutezügen, Blut und Gewalt führt.

Die Spezies Mensch bekam die Möglichkeit der **freien Entscheidung,** wie sie leben und handeln möchte. Sie hat auch die Aussicht, sich aus dem Rad der Wiedergeburten zu befreien und zu ihrem seelischen Ursprung zurückzukehren. Es ist also ein besonderes Privileg und eine unerhörte Chance als Mensch geboren zu werden.

Tipp*: Bist du dir bewusst, welche Bevorzugung und Chancen du bekamst, als Mensch geboren zu sein?*

23. Sind wir in manchen wichtigen Dingen einfach unmündig?

Verzeihung, wenn ich das ausspreche - aber: siehe die Definition von UNMÜNDIGKEIT = es ist die Unfähigkeit, bestimmte Entscheidungen zu treffen.

Immanuel Kant definiert die Unmündigkeit als das Unvermögen, sich seines Verstandes ohne Leitung eines anderen zu bedienen.

Der Gegenbegriff ist: Mündigkeit = Auf Grund seines Alters fähig, bestimmte Entscheidungen zu treffen.

Sind wir also mündige oder unmündige Bewohner unseres Planeten? Sind wir fähig, bestimmte Entscheidungen zu treffen oder nicht? Wichtige, ja lebenswichtige Entscheidungen sind damit gemeint. Du wirst mir sicher beipflichten bei der Aussage, dass unsere Generation bis jetzt unfähig war, Entscheidungen zugunsten eines heilen Planeten Erde und dem Gemeinwohl aller Menschen zu treffen. Damit ist der Einzelne gemeint, ebenso wie die Gesellschaft, die Nationen, die Wirtschaft und vor allem die Politik.

Unsere Mündigkeit als verantwortungsbewusster Globus - Bewohner verleiht uns aber auch die Fähigkeit die richtigen Entscheidungen zu treffen. Einzeln, gesamt gesellschaftlich, national, politisch, global.

„Die größte Bedrohung für unseren Planeten liegt in dem Glauben, jemand anderer werde den Planeten retten."
Polarforscher Robert Swan

Eine der absurdesten Fakten, die ich in letzter Zeit gehört habe, ist folgendes: im Apachen Gebirge im Osten der USA sind die Berge große Rohstofflieferanten, denn unter den

Gipfeln befinden sich riesige Steinkohlelager. Normalerweise werden solche Vorkommen mit Menschenkraft gefördert. Doch was geschah dort: es wurden die Gipfel einfach WEGGESPRENGT! Das ist so als würde man den ganzen Baum umschneiden, nur weil man etwas Harz benötigt…: Bereits 500 Bergspitzen wurden so gekappt und flach gesprengt, was natürlich auch große Staubwolken verursachte, die Menschen, Tiere und Pflanzen schädigten. Diese legten sich wie ein Sandsturm über die übrige Landschaft und beeinträchtigen Mensch und Tier im höchsten Ausmaß, durch das Einatmen von Silizium und Nanopartikeln (10 hoch -3) ein millionster Teil des Gesteins. In West Virginia liegen die Werte für Krebsvorkommen in der Bevölkerung bei 50% über dem landesweiten Durchschnitt….

Man fragt sich da wirklich: ist die Gier nach Geld wichtiger als ein Menschenleben? was nimmt sich der Mensch eigentlich heraus? Glaubt er wirklich, dass er die Natur vergewaltigen kann? Wie lange wird sich das die Erde noch gefallen lassen?

„Alles was gegen die Natur ist, hat auf Dauer keinen Bestand." Charles Darwin

Geschichte:

Die Folgen der Uneinsichtigkeit

„Es lebten einmal 2 junge Frösche in einem kleinen Teich, der voll mit klarem, reinem Wasser war und genossen das Leben im Teich in vollen Zügen. Sie spielten und quakten, dass es eine wahre Freude war und alle anderen Tiere im Teich freuten sich mit ihnen. Eines Tages kam ein alter, würdiger Frosch, ein Wissenschaftler der Froschuniversität, und sagte ihnen, dass ein neuer Kanal gebaut wird und dazu das

Wasser vom Teich ebenfalls benötigt wird. „Der Teich wird also bald trocken sein, bringt euch rechtzeitig in Sicherheit!" sagte der alte, weise Frosch. „Ach lass nur, es gibt doch noch genug Regen und unser Teich wird bestimmt nicht austrocknen, da bin ich mir sicher," meinten die beiden Jungfrösche. Der weise Frosch konnte nichts ausrichten bei den beiden, sie hörten einfach nicht auf ihn. Bald darauf jedoch sank der Rand des Teichs nach unten, weil Wasser abgelassen wurde. „O wie schön, sieh doch welch schöne Steine da am erdigen Rand liegen, die haben wir vorher noch nie gesehen.

Bald darauf brannte die Sonne heiß auf den Teich herunter, der Regen war ausgeblieben, die Hitze war groß und Wasser verdampfte in großen Mengen. „Sieh nur sieh, ist die Sonne nicht schön? Lass uns auf den Rücken legen und die Sonne auf den Bauch scheinen!" und das taten sie auch...manche der Tiere und Insekten waren schon gestorben oder weggegangen wegen der großen Hitze...doch unsere beiden Frösche lebten unbeirrt weiter im nun fast leeren Teich.

„Schau nur schau, da unten ist es ja ganz weich und schlammig! Das ist aber schön!" Und beide nahmen daraufhin ein genüssliches Schlammbad....bald darauf warfen aber Kinder Steine in den Schlamm und unsere zwei Jungtiere mussten sich in der letzten, noch nassen Ecke des Teichs unter einem Lotusblatt verstecken, damit sie nicht von den Kindern erschlagen wurden... „Siehst du wie schön es doch in unserem Teich ist, jetzt ist es nicht mehr so heiß, hier unter dem Blatt", sagte der eine zum anderen, „wie gut dass wir nicht auf den Alten gehört haben"....doch ihre Stimmen wurden immer leiser und das Gequake konnte man kaum noch hören....was aus den beiden geworden ist, wissen wir nicht.

Ob sie noch unter dem Lotusblatt sitzen oder schon vertrocknet sind? Ob der neue Kanal sie weggeschwemmt hat in den Fluss? Ob der Wind ihre Körper verblasen hat? Nur eines ist gewiss: hätten sie auf den alten weisen Frosch gehört und schnell das Weite gesucht um einen anderen Teich zu finden, wären sie beide noch am Leben..." Autor unbekannt, variiert von Shanti

"Wahre Worte sind nicht angenehm, angenehme Worte sind nicht wahr." Laotse

Verzeih mir lieber Leser manch heftiges Wort, doch es ist auch eine heftige, drängende Zeit (siehe obige Geschichte) und die Frage ist: „Quo vadis Menschheit?" (Wohin gehst du Menschheit?) - sollen wir so weiterwursteln wie bisher und einfach wie der Vogel Strauß den Kopf in den Sand stecken und sagen: „Que sera, sera, what ever will be, will be, Que sera, sera....?" Dann geht es uns wahrscheinlich sowie den beiden Fröschen in obiger Geschichte.

"Wenn jemand ein Problem erkannt hat und nichts zur Lösung beiträgt, ist er selbst ein Teil des Problems." Indianisches Sprichwort

Wenn das Haus zu brennen beginnt und wir bereits den Brandgeruch riechen, werden wir nicht tatenlos im Wohnzimmer sitzen bleiben und uns weiter einen Liebesfilm anschauen. Wir werden schnell, sobald wir das Feuer bemerken, etwas unternehmen: Sofort die Feuerwehr rufen, Decken und Wasser holen, um selbst zu löschen usw. Kurz und gut, wir werden nicht so dumm sein und warten bis sich das Feuer im ganzen Haus ausbreitet! Wenn wir **rechtzeitig (= zur rechten Zeit)** eingreifen, breitet sich der Brand nicht weiter aus und wir, unsere Familie, das Haus werden nicht ein Opfer der Flammen! Wir retten somit uns und unsere kleine Welt.

Rechtzeitig bedeutet: Zur RECHTEN ZEIT, am RECHTEN ORT.

Ob die rechte Zeit derzeit noch da ist oder ob sie schon vorbei ist, werden wir erst später erfahren. Doch es ist nie zu spät, um mit der Rettung des Planeten zu beginnen. Je früher desto besser.

„Zwei Dinge sind unendlich: das Universum und die menschliche Dummheit; aber beim Universum bin ich mir immer noch nicht ganz sicher!" Albert Einstein

Der Physiker Stephen Hawking erklärt, warum der Mensch sich am Ende selbst zerstören wird. Er glaubt, dass wir in der gefährlichsten Zeit der Menschheitsgeschichte leben und diesen Zustand haben wir uns - natürlich - selbst zuzuschreiben. Die menschliche Spezies könnte in den nächsten hundert Jahren ausgelöscht werden. (Huffungton Post 30-6-16)

Es ist jedoch nicht nur der wissenschaftliche und technologische Fortschritt, der uns schon bald zum Verhängnis werden könnte. Hawking glaubt, dass es vor allem unsere Dummheit ist, die der Menschheit schon bald ein Ende setzen könnte. Hawking war zu Gast in der bekannten US-Sendung *Larry King Now* und kam auf ein Problem zu sprechen, vor dem er schon im Jahr 2010 gewarnt hatte: Die Gier und die Dummheit der Menschen. *"Wir sind ganz bestimmt nicht weniger gierig oder weniger dumm geworden. Vor sechs Jahren habe ich vor Verschmutzung und Überbevölkerung gewarnt. Diese sind seitdem noch schlimmer geworden. "*

Tipp: *Nachdenken: Was kann ich also tun? Welche wichtigen und richtigen Entscheidungen treffe ich jetzt?*

24. Bisher geschah zu wenig!

Warum? Antwort: Weil das Verständnis fehlt! Es ist schwer zu begreifen warum der Mensch, obwohl er seit mehr als 40 Jahren ein großes Wissen um den Klimawandel hat – keine wirklichen Konsequenzen daraus zieht. Er verstand das Waldsterben. Beim Wald waren es die Kraftwerksbetreiber, die ihre Abgase nicht entschwefelten. Durch konsequente Maßnahmen wurden strenge Emissionsgrenzwerte für Kohle-, Gas- und Ölkraftwerke vorgeschrieben. So wurde der Wald 1983 gerettet und er erholte sich. Der Mensch hat ihn erst geschädigt, dann gemeinsam errettet. Er verstand das Ozonloch und 1987 wurde das FCKW gestoppt und das Ozonloch vergrößert sich nicht mehr. Er verstand, dass Rauchen gesundheitsschädlich ist und verbot größtenteils das Rauchen an öffentlichen Plätzen. Heute, wo sich 97,2% der Experten einig sind, dass der Klimawandel vom Menschen verschuldet ist, reden seit 40 Jahren alle möglichen Leute vom Umweltschutz und das Thema wurde weltweit in den Medien diskutiert – doch nichts geschieht. Es herrscht eine starre Haltung der Einsichtslosigkeit. Im Gegenteil: das Rad dreht sich weiter, die Talfahrt in den Abgrund geht weiter.

Wieso gab es Einsicht beim Waldsterben, dem Ozonloch, dem Zigarettenkonsum? – weil man eine einfache, leicht zu begreifende Ursache finden konnte: beim Waldsterben der saure Regen von den Kraftwerken, beim Ozonloch die Fluorchlorkohlenwasserstoffe in den Treibgasen, Kälte-

105

mittel oder Lösemittel, beim Zigarettenverbrauch die Lungenerkrankungen. Man fand sofort den wahren Täter und auch die Opfer. Es war für jedermann fassbar, es war überschaubar.

Was ist also wichtig? Dass man **VERSTEHT, worum es geht**. Wenn wir die Hintergründe eines Problems verstanden haben, ist man auch bereit Beschränkungen hinzunehmen. Wenn in einer Region Wassermangel herrscht, wird man nicht den Swimmingpool anfüllen und darin herumplantschen. Man nimmt die Wassereinschränkungen hin, weil man versteht, dass das Wasser zum Erhalt des Lebens wichtiger ist, als das eigene Badevergnügen.

Mehr Verständnis entwickelst du, wenn du selbst versuchst einige Fragen zu beantworten:

Hast du dich schon einmal gefragt:

> ➢ Warum die Sommer in Europa immer heißer werden?
> ➢ Die Artenvielfalt dramatisch zurückgeht?
> ➢ Die Bienen vom Aussterben bedroht sind?
> ➢ Die Schimpansen vom Aussterben bedroht sind?
> ➢ Wildtiere zunehmend dezimiert werden?
> ➢ Die Gletscher schmelzen?
> ➢ Der Meeresspiegel ständig steigt?
> ➢ Die Zahl und Wucht pazifischer Zyklone zugenommen haben? Ihre Windgeschwindigkeit und auch die Niederschlagsmenge?
> ➢ Dürren und Wassermangel zunehmen?
> ➢ Warum täglich 100.000 Menschen verhungern?

- ➤ Warum **815 Millionen Menschen** weltweit an Hunger leiden? (Quelle: State of Food Insecurity in the World, FAO 2015)
- ➤ Warum Einer von neun Menschen weltweit jeden Abend hungrig schlafen gehen muss? (Quelle: State of Food Insecurity in the World, FAO 2015)
- ➤ Warum es so viele Umweltflüchtlinge gibt?
- ➤ Wieso die CO2 Emissionen nach wie vor steigen?
- ➤ Warum im Vergleich zum Jahr 2015 die weltweite Pkw-Produktion im Jahr 2016 um 5,5 Prozent stieg und weiterhin steigt? Weltweit wurden mehr als 72 Millionen Pkws im Jahr 2016 gefertigt. (Quelle:https://de.statista.com/themen/1140/automobilproduktion/ oder Automobilproduktion weltweit 2016 - Google Search)
- ➤ Wie die Welt in 30 Jahren aussehen wird? usw. und so fort…

Welternährung – Fakten:

- ➤ Laut UN-Bericht 2013 wird die Weltbevölkerung bis 2050 von mehr als 7Milliarden auf über 9 Milliarden ansteigen.
- ➤ 815 Millionen Menschen haben nicht genug zu essen und 98 Prozent davon leben in Entwicklungsländern (FAO 2015).
- ➤ Ungefähr 35 Prozent der globalen Getreideernte wird an Nutztiere verfüttert. (2007 Data USDA, United States Department of Agriculture)
- ➤ In den ärmsten Ländern der Welt liegen die durchschnittlichen Ausgaben für Nahrungsmittel bei 60 bis 80 Prozent des verfügbaren Einkommens. In den meisten Industrieländern machen sie 10 bis 20

Prozent des Einkommens aus. (Quelle: <u>Böll Stiftung</u>). Entwicklungsländer sind somit bei Preisschwankungen besonders stark betroffen.

➢ Nahrungsmittelpreise haben sich nach einer Studie der Weltbank von 2005 bis 2008 um 83 Prozent verteuert. 2010 stiegen die Preise für Weizen erneut drastisch. Ein Grund dafür sind unter anderem auch Preisspekulationen. (Quelle: www.wfp/welternährung)

Beim Klimawandel handelt es sich um eine weltweite Katastrophe in Zeitlupe, die für den Menschen nicht wirklich greifbar ist, da es ein Länder überschreitendes Geschehen ist, wo die Übersicht und Einsicht, sprich das globale Denken (noch) fehlt. Es übersteigt unser Fassungsvermögen, weil alles sehr kompliziert und nicht direkt fassbar ist. Und die Zukunft ist ja so weit weg...Vielleicht schieben wir es auch deshalb weg, weil WIR Mittäter sind.

Aber wer ist der Böse in der Klimageschichte, wer sind die Täter? "Tja", sagt Wolfgang Lohbeck, Greenpeace-Veteran, **"Die Täter, das sind wir alle.** Wir, die wir Autos fahren und in den Urlaub fliegen, auf großem Fuß leben und viel Strom verbrauchen."

Doch was muss noch alles geschehen bis wir begreifen, dass **WIR die MACHER** sind? In der einen wie auch in der anderen Richtung. Wer ein Netz gebaut hat, kann es wieder auflösen, wer ein Gebäude errichtet hat, kann es wieder niederreißen, wer ein Kleid beschmutzt, kann es wieder säubern, wer Getreide, Obst, Gemüse oder Blumen anbaut, kann es auch wieder ausreißen etc. etc.

Wir sind zu allem fähig und intelligent! - aber nur, wenn wir **verstehen worum es geht**!

Tipp: *Befreunde dich mit dem Motto: HIN-schauen, statt WEG-schauen, das hilft allen!*

„Es gibt drei Wege zum klugen Handeln: Durch Nachdenken - der Edelste, durch Nachahmen - der Leichteste, durch Erfahrung - der Bitterste." Konfuzius

Alexander Gers, Astronaut und Geophysiker, der schon dreimal im Weltraum auf der ISS war, berichtet: *„Es ist doch tatsächlich manchmal sehr bedrückend aus dem Weltraum auf diese Erde herunter zu schauen und zu sehen wie wir Menschen damit umgehen. Wir haben tatsächlich Dinge gesehen, die mich schockiert haben z.B. wie viel vom Amazonas schon gerodet ist und diese riesige Fläche, die da fehlt, das fand ich schockierend. Das war nicht das Einzige. Wir haben gesehen, wie Menschen Kriege geführt haben, wir konnten Explosionen, Raketen, Bomben von oben sehen. Das ist schon bedrückend, weil wenn man bedenkt, wenn wir jemals Besucher aus dem Weltraum bekommen, die würden dann sehen, wie wir unseren eigenen Ast absägen, auf dem wir sitzen und wie wir uns gegenseitig bekriegen. Man kann sich fragen ob die uns als intelligentes Leben ansehen würden. Man sieht auch ganz deutlich, dass wir keinen Planet B haben. Die einzige Chance, die wir Menschen haben, ist, auf diesen Planeten aufzupassen und noch dazu ist es erschreckend, wie klein er eigentlich ist und dass alles auf dieser kleinen, blauen Steinkugel endlich ist und es macht schon nachdenklich das zu sehen."* Aus einem Video von Arthus Bertrand.

Alexander Gers weiß wovon er spricht, denn er hat unseren ganzen Globus mit eigenen Augen gesehen und war schockiert. Wann werden wir das begreifen, was er begriffen hat?

25. Die gute Nachricht: der Mensch ist anpassungs fähig und lernfähig

Im Laufe der Evolution hat der Mensch bewiesen, dass er absolut lernfähig ist und sich an Gegebenheiten, wie geänderte Lebensbedingungen (Meer, Eiszeit, Wüste) anpassen kann. Er konnte an den neuen Erfordernissen reifen und dadurch große Entwicklungsschritte machen bis hin zum Homo sapiens. Er ist also außergewöhnlich leistungsfähig, flexibel und intelligent. Außerdem hat er die Erfahrungen von Millionen Jahren seiner Ahnen in den Chromosomen seiner Erbmasse.

Doch wenn ich die Ansprache des H. Seattle aus 1854 lese, die er vor 164 Jahren gehalten hat, so frage ich mich, wieso ausgerechnet der Mensch seine beachtlichen Fähigkeiten, tausende Jahre an Erfahrungen und seinen klaren Menschenverstand scheinbar vergessen hat. Noch ist es nicht zu spät sich wieder darauf zu besinnen.

Schon damals sprach der Häuptling: *„Der rote Mann hat sich vor dem eindringenden weißen Mann immer zurückgezogen wie der Frühnebel in den Bergen, der der Morgensonne weicht. Aber die Asche unserer Väter ist heilig, ihre Gräber sind geweihter Boden und so sind diese Hügel, diese Bäume, dieser Teil der Erde für uns geheiligtes Land. Wir wissen, dass der weiße Mann unsere Art nicht versteht. Ein Teil des Landes ist ihm gleich jedem anderen, denn er ist ein Fremder, der kommt in der Nacht und nimmt von der Erde,*

was immer er braucht. Die Erde ist sein Bruder nicht,
sondern sein Feind, und wenn er sie erobert hat, schreitet er
weiter. Er lässt die Gräber seiner Väter zurück - und
kümmert sich nicht. Er stiehlt die Erde von seinen Kindern –
und kümmert sich nicht. Seiner Väter Gräber und seiner
Kinder Geburtsrecht sind vergessen. Er behandelt seine
Mutter, die Erde, und seinen Bruder, den Himmel, wie Dinge
zum Kaufen, Plündern und zum Verkaufen wie Schafe oder
glänzende Perlen. Sein Hunger wird die Erde verschlingen
und nichts zurücklassen als eine Wüste."
(http://www.obib.de/Erzaehlungen/seattle/seattle.html)

Von welchem Hunger spricht er da? Unser Hunger nach
Geld, Besitz und Macht hat uns unsere Liebe und Respekt
gegenüber Mutter Erde und unserem Universum vergessen
lassen. Der Häuptling hatte wohl das richtige Gefühl und die
Vision von den sogenannten „Menschen der Neuzeit." Doch
wie gesagt, in uns allen steckt ein unerhörtes Potenzial an
Lernfähigkeit, Einsicht und Anpassungsfähigkeit, die sofort
alles ändern kann, von einem Augenblick zum nächsten.

Allerdings nur, wenn wir unsere Priorität auf ein gemeinsa-
mes schönes Leben ausrichten, statt auf Wunsch- und Profit-
denken.

„Die Natur betrügt uns nicht, wir sind es, die uns selbst
betrügen." J.J. Rousseau

Der Mensch wird sich in jedem Fall dem Ökosystem anpassen müssen, ob er nun einsichtig ist oder nicht. Denn die
Natur wird ihr Recht behaupten und ist mit Bestimmtheit
stärker als die gesamte Menschheit zusammen. Entweder
wird das auf „natürliche" Weise stattfinden, das wird dann
allerdings auf eine harte und unbarmherzige Art und Weise

automatisch geschehen. Es ist nur die Frage ob wir das wirklich wollen oder ob wir uns doch für Einsicht und Bereitschaft für Veränderungen entscheiden. In ersterem Fall, wenn wir die Vogel-Strauß Variante aussuchen, haben wir keine Wahl und wissen nicht, was auf uns zukommt. Im zweiten Fall haben wir jedoch die Chance, dass die Anpassung nicht so hart und unbarmherzig eintritt, sondern dass wir mit Einsicht und Tatendrang gemeinsam dem drohenden Schicksal des Untergangs unseres Planeten entgehen. Wissen allein genügt nicht, es sind die Taten, die den Erfolg oder Misserfolg bestimmen. Wir haben stets die Entscheidungsfreiheit.

„Wer will, der kann, wer nicht will, muss." Seneca

Es kann aber auch sein, dass plötzlich überall ein Mentalitätswandel einsetzt, die sogenannten Tipping Points. Ein Tipping Point ist ein Umkipp-Punkt, der eine plötzliche irreversible Änderung des Zustands oder der Situation bewirkt. Wenn Maiskörner z.B. sich in Popcorn verändern können sie sich nicht mehr zurück in Maiskörner verwandeln. Zu diesen Kippelementen in der Umwelt zählen etwa das Abschmelzen des Grönländischen Eisschilds oder eine Veränderung des El-Niño-Phänomens oder andere plötzliche Temperaturänderungen, die schwere klimatische Folgen nach sich ziehen. Wie viele weitere Warnungen brauchen wir noch, bevor wir sie ernst nehmen und etwas dagegen tun? Noch können wir weitere gefährliche Umschlagspunkte vermeiden, wenn wir die globale Erwärmung endlich stoppen. Der NASA-Glaziologe Eric Rignot drückt es so aus:

„Die Zeit zu handeln ist jetzt. Die Antarktis wartet nicht auf uns."

TIPPING POINTS sind aber auch unsere Chance: So kann es durchaus sein, dass in den einzelnen Menschen, Gruppierungen und Gesellschaften ein Wandel in der Einstellung erfolgt zugunsten des Umweltschutzes, einer lebenswerten Welt und Zukunft für uns alle.

Als Tipping Point könnten z.B. dienen: Überdruss und Sättigung an der Konsumgesellschaft, zunehmende Gewaltszenarien weltweit, diktatorische, uneinsichtige und unethische Politiker, Sorge um die Zukunft unserer Kinder. Die neue Suche nach mehr Zeit- und Lebensqualität kann dazu führen, dass wir etwas anderes wollen und andere Ziele und Werte verfolgen. Die geänderte Zielsetzung kippt die vorigen Prioritäten und veranlasst uns zum Handeln.

Noch etwas anderes könnte den Wandel bewirken: Harald Welzer beschreibt in seinem Buch „Die Täter" die Charakteristika der Normalmenschen, die im KZ zusahen, wie tausende Menschen vergast wurden und das scheinbar „normal" fanden. Er schloss daraus, dass die moralischen Grenzen des Menschen relativ und verschiebbar sind – sowohl in der einen wie auch in der anderen Richtung. Er nennt das die **„shifting baselines",** wechselnde Grundlinien. In der positiven Auslegung könnte es jedenfalls so sein, dass wir unseren derzeitigen Lebens- Grundlinien eine andere Ausrichtung geben, sie wechseln und fortan nach den neuen Werten und Zielen leben. Wenn wir also das Leben nach ökologischen und ethischen Maßstäben als NORMAL ansehen, so werden die Menschen sich dem anpassen und nach dieser Seite hin „shiften" (wechseln). Es geht also darum, dass eine gewisse Gruppe an überzeugten Menschen die neuen Ziele allen anderen vorlebt. Diese anderen werden dann ihrem Beispiel folgen.

„Intelligenz ist die Fähigkeit zur Anpassung an den Wandel." Stephen Hawking

Kraft unserer Fähigkeiten sind wir sehr wohl und auch sehr schnell in der Lage, einen Wandel zu vollziehen. Das ist doch eine äußerst positive Nachricht und macht Mut!

Tipp: Überlege

➢ Wo ein Wille ist, ist auch ein Weg.
  Stimmt das für dich?
➢ Was willst du? Mache dir klar was du eigentlich willst für dich jetzt und die Zukunft der Deinen.

26. Vergangenheit und Zukunft

Wir leben aus der Vergangenheit und planen nicht für die Zukunft!

„Zukunft ist die Zeit, in der du bedauern wirst, dass du heute nicht getan hast, was du hättest tun können." Chinesische Weisheit

Vor 4,6 Milliarden Jahren verdichtete sich eine Wolke kosmischen Staubs zum Planeten Erde. Jedoch war sie zum damaligen Zeitpunkt für ein Leben auf der Urerde völlig lebensfeindlich, denn die Uratmosphäre enthielt noch keinen Sauerstoff, sondern hauptsächlich Wasserstoff, Ammoniak, Methan und Wasserdampf, auch gab es keinen Schutz gegen die Leben vernichtende UV-Strahlung der Sonne. Ständig gab es Gewitterstürme, Vulkanausbrüche und Meteoriten-einschläge. Doch all diese Vorgänge lieferten die Energie, die für die Evolution des Lebens nötig waren. Wahrschein-lich wurde im Ozean das erste Leben gebildet wobei es rätselhaft ist, wie aus anorganischer Materie einzellige organische Organismen entstehen konnten. Das erste Leben kam jedenfalls unter äußerst unfreundlichen Bedingungen zustande.

Es dauerte noch weitere 2 Milliarden Jahre, bis sich komplexere Zellen bilden konnten. Die Evolution vollzog sich langsam und mit vielen Rückschlägen. Die Zahl, die Form- und Artenvielfalt vergrößerte sich und jeder Lebensraum wurde von daran angepassten Lebewesen bevölkert. Trotz aller Unterschiede, ob Tiger oder Hund, ob Mensch oder Elefant, besitzen die Lebewesen eine gleiche Grundstruktur: Die Zelle mit ihren Organellen und dem Zellkern, der alle wichtigen Informationen speichert. Sie sichern dem Organismus das Überleben und geben die Informationen an die Nachkommen weiter.

Unsere heutige Welt ist von jenen Pflanzen und Tieren abhängig, die vor Millionen Jahren auf dieser Erde gelebt haben. Bis heute sind Pflanzenrückstände, die mit Sonnenenergie gebildet wurden, im Erdinneren eingelagert. Kohle, Erdöl und Erdgas bildeten sich aus den pflanzlichen und tierischen Rückständen unter hohem Druck und Temperatur. Mehr als 40% der Energie, die in Westeuropa verbraucht wird, kommt noch immer aus der Kohle.

Was in über 300 Millionen Jahren entstanden ist, wurde allerdings innerhalb weniger hundert Jahren von uns Menschen verbrannt und aufgebraucht.

Zusätzlich verpesten wir auch noch die dünne Schicht der Atmosphäre mit Schwefelsäure, Stickoxiden und Kohlendioxid, die für Menschen, Tiere und die Umwelt äußerst schädlich sind.

> Vielleicht ist all das zerstörerische Umweltgeschehen, die Katastrophen, Stürme, Gletscherschmelzen, Tornados, Erdbeben und Terror ein Aufruf an uns, all unsere Kräfte einzusetzen um einen revolutionären Neubeginn mit einem völligen Wandel auf allen Ebenen zu starten, statt auf Kosten der Vergangenheit zu leben. Es ist eine große Chance, die wir nicht verpassen sollten.

Heute ist der Beginn einer völlig neuen Epoche und wir haben das große Privileg, aktiv daran mitzuwirken. Wir sind auserwählt, diese unsere Erde zu heilen, indem wir zuerst uns heilen und unser ganzes Potential auf diese Heilungsvorgänge ausrichten.

„Mich interessiert die Zukunft, denn das ist die Zeit, in der ich leben werde" A. Schweitzer

„Im Prinzip sind wir derzeit nicht zukunftsfähig, wir sind nicht gerüstet für die Zukunft." Wolfgang Pekny

Die hochgradigen Ungleichheiten in der Welt, sowohl sozial als auch ökonomisch und ökologisch, vergrößern sich unaufhaltsam weiter. Am 2. August 2017 war Welterschöpfungstag. **In knapp sieben Monaten hat die Menschheit ihr gesamtes Jahreseinkommen an erneuerbaren Umweltressourcen verbraucht** Zu diesem Zeitpunkt haben wir bereits 1,5 Planeten aufgebraucht.

Glaubt jemand ernsthaft daran, dass die Erde noch weiter wachsen wird? Vom Kleinkind bis zum Greis wird das wohl niemand ernsthaft annehmen.

„Wir nehmen also bereits Vorschuss auf das Kapital Erde. Bis 2050 werden wir dann 35 Planetenjahre Schuld ange-häuft haben. Das geht unmöglich. Möglich hingegen ist, dass wir langsam die Schuld zurückzahlen: die Wälder aufforsten, die Meere und Flüsse sauber halten, die Böden regenerieren, den Fischen, den Wildtieren wieder ein lebensfähiges Milieu geben und vor allem unser aller Konsum und Lebensge-wohnheiten zukunftsfähig gestalten. Wenn alle Menschen so leben wie wir, bräuchten wir bald einen 3. Planeten. Wir le-ben auf zu großem Fuß! Die Erde ist bereits verspeist! Dop-pelt tragisch: ¾ der Menschheit hat nichts von diesem Fest-mahl!" Wolfgang Pekny

Zukunftsfähig heißt, die Fähigkeit zu besitzen, die Zukunft **lebenswert für alle Lebewesen** zu gestalten. So lautet der Auftrag, den uns unsere Kinder und Kindeskinder geben!

Wenn wir z.B. eine längere Seefahrt planen, mit 10 Personen an Bord, werden wir sicherlich eine exakte Aufstellung aller Essensvorräte machen, damit alle Mitreisenden während der Reise ausreichend mit allem Lebensnotwendigen versorgt sind. Außerdem müsste eine Art Hausordnung mit allge-meingültigen Regeln aufgestellt werden um ein friedliches Miteinander zu gewährleisten. Es würde wohl niemandem einfallen in das Lager einzubrechen um sich selbst zu bedie-nen, ohne Rücksicht auf die anderen, nur um seinen eigenen Bauch zu füllen. Denn für die Dauer der gemeinsamen Reise würden dann die anderen zu kurz kommen und nichts zu essen und zu trinken bekommen.

Wenn wir also ernsthaft an einer gemeinsamen, lebenswer-ten Zukunft auf unserem Planeten interessiert sind, müssen wir zuerst eine weltweite Aufstellung aller Ressourcen ma-chen, die uns die Erde zur Verfügung stellt, also einen

Lagerbestand der Natur. Weiteres würden wir für eine faire Verteilung der Vorräte sorgen, denn alle Personen an Bord haben das gleiche Recht auf Versorgung mit Wasser und Nahrung. Keiner wird bevorzugt. Anschließend können wir einen genauen Verbraucherplan erstellen, an den sich alle halten müssen. *Weltweit gibt es diese naheliegenden Grundbedingungen für eine gerechte Verteilung und eine exakt geführte* **Ressourcenbuchhaltung** *der Erde aber* **NICHT**.

Es gibt weder Lagerbestand noch faire Verteilung auf unserem Planeten, nicht zu reden von allgemein akzeptierten Regeln für ein friedliches Miteinander.

Jeder Volksschüler würde auf die Frage nach der Organisation einer gemeinsamen langen Fahrt in einer großen Yacht mit zahlreichen Passagieren diese drei Punkte, **Hausordnung, Aufstellung der Ressourcen und deren Verteilung**, als erstes nennen, denn sie entsprechen der Logik und dem Hausverstand.

Es scheint, dass wir das GEMEINSAME vergessen haben und stattdessen in der EINSAMKEIT stagnieren. Wenn wir allein in der Wüste leben, in unserem Zelt und nur unsere Familie und die Kamele versorgen, sehen wir nicht was hinter dem Horizont vor sich geht und es interessiert uns auch nicht. Wenn allerdings das Wasser knapp wird, die Nahrung ausgeht, dann suchen wir rasch nach einem anderen Ort wo Menschen leben, um selbst überleben zu können. Müssen wir also warten, bis die Ressourcen zu Ende gehen um zur Gemeinsamkeit zurückzukehren? Und wollen wir uns, wenn alles knapp und teurer wird, gegenseitig niedermetzeln, um an Wasser zu kommen? - Eigentlich unsinnig, das ist so, als würden wir unser gesamtes Geld ausgeben und dann schreien: „O je ich habe kein Geld mehr!" - „No na net – du hast dich ja auch früher nicht darum gekümmert, genügend Geld zu haben um weiter leben zu können!"

Die Tiere geben uns ein richtungsweisendes Beispiel: Das Eichhörnchen sammelt beizeiten seine Nüsse ein bevor der kalte Winter kommt, damit es was zu essen hat, der Bär legt sich eine Fettschicht an, damit er die eisigen Temperaturen übersteht, Feldhamster sammeln Proviant, die Maulwürfe decken sich mit Nahrung ein, usw.

Was das Eichhörnchen kann, sollte der Mensch eigentlich auch können!

Wir sind doch so stolz über unsere weltweite Vernetzung via Satelliten, Telefon, Internet – ist das nicht ein offenes Tor und ein Appell an uns für gemeinsame Aktionen? Ein Aufruf des Kosmos um uns weltweit zu verbinden? Alle Werkzeuge für gemeinsame Aktivitäten sind vorhanden! Diese phantastischen Möglichkeiten hatten all unsere Vorfahren nicht und sie hätten sich all das nicht einmal träumen lassen. Wir können uns heute:

> ➢ Vernetzen statt die Erde zu versetzen!
> ➢ Zusammenhalten statt auseinander zu treiben!
> ➢ Unsere gemeinsamen Stärken und Möglichkeiten für Wichtiges nützen, statt sie für klägliches Kleinzeug zu nutzen!

Und vor allem: **Gemeinsam global statt nur lokal denken!**

„Die reinste Form des Wahnsinns ist, alles beim Alten zu lassen und gleichzeitig zu hoffen, dass sich etwas ändert."
Albert Einstein

<u>Tipp</u>: _Ich versuche ab sofort, mich in globalem Denken zu üben. Wie hängt was zusammen?_

27. Der Mensch ist ein selbstbestimmtes Wesen

Selbstbestimmung ist unsere Natur!

Fremdbestimmung geschieht durch fremde Einflüsse!

Der Mensch ist in der Lage selbst zu bestimmen, welche Entscheidungen er trifft. Er hat die Möglichkeit der freien Wahl. Die Pflanzen sind dazu nicht in der Lage, da sie alles annehmen müssen, was auf sie zukommt, denn sie können sich nicht fortbewegen. Die Tiere können wählen, doch nur in einem sehr beschränkten Ausmaß, gemäß ihrem niedrigeren Bewusstseinszustand. Der Mensch hingegen kann kraft seines Intellekts, seiner Freiheit, seinen zahlreichen Wahlmöglichkeiten, Entschlüsse fassen, die sein Leben bestimmen. Was er fühlt, denkt, spricht, handelt liegt allein in seinem Ermessen. „Ich allein bin der Meister meines Lebens - Ich bestimme was ich denke, fühle, spreche, tue." Wir haben unglaublich viele Werkzeuge, die uns befähigen, Kleines wie Großes zu leisten. Die Entscheidungsfreiheit und die Selbstbestimmung, sind ein großes Geschenk, das wir erhalten haben und diese Möglichkeit sollten wir in jeder Minute unseres Lebens nutzen.

Selbstbestimmung – statt Fremdbestimmung.

Hüten wir uns also vor all den Fremdbestimmungen, die uns via Medien, TV, Internet, sozialen Netzwerken, Politikern etc. eingetrichtert werden. Dort findet Fremdbestimmung im großen Stil statt – aber nur wenn wir es zulassen! Wenn wir Ansichten, Urteile und Entscheidungen anderer als die unseren annehmen, sind das Fremdgedanken. Sie sind wie Zitronentropfen in einem Glas Milch – was passiert? Die Milch wird sauer...denn sie wurde fremdbestimmt.

So kann es uns ergehen, auch durch andere, oft nahestehende Menschen, die für und über uns bestimmen wollen. Auf vielen subtilen Wegen werden uns Ansichten und Einsichten suggeriert, die nicht die unseren sind. Meist geht in TV-Berichten und Nachrichten die Abfolge von Bild und Ton so schnell, dass das eigene Denken ausgeschaltet wird. Man hat gar keine Zeit zum Nachdenken, weil schon die nächste Information angerannt kommt. Gewalt und Aggression, Spott und Kritik werden in den sozialen Netzwerken und dem Fernsehen ohne jede Kontrolle verbreitet. All das geschieht sehr subtil, so dass wir diesen Einfluss kaum wahrnehmen.

Achtung*: Die ununterbrochene Abfolge von Informationen tagein, tagaus kann dein ganzes kritisches Denken durch Fremdgedanken völlig blockieren.*

Achtung*: Falle nicht in die Falle der suchtmachenden Telekommunikationsmedien hinein, die dein Gehirn vernebeln!*

Achtung*: Wisse, dass die Medien vom Kommerz regiert werden und keinen ethischen Regeln folgen. Die Abfolge von Grausamkeiten und Blut in Bild und Ton sind nicht erhebend für dich, stumpfen dich ab, rauben dir Energie.*

Tipps:

> ➢ Umgib dich mit aufbauenden Menschen und geh an Orte, die deine Energie anheben.
> ➢ Achte auf deinen Energiepegel: Was zieht mich hinunter? Was hebt mich hinauf?

- ➢ Übe dich im NEIN sagen: Schalte weg, trenne dich von dem, was dich hinunterzieht, sei kritisch zu deinem eigenen Schutz und achte auf dein energetisches Gleichgewicht.
- ➢ Verschaffe dir geruhsame, stille Pausen – zu deiner körperlichen, geistigen und seelischen Regeneration.
- ➢ Folge deinen eigenen Meinungen: Denke kühl über ein Geschehen nach und bilde dir deine eigene Ansicht.
- ➢ Vertraue auf deine innere Stimme – sie sagt dir alles. Übe dich in der Innenschau, auch wenn es nur wenige Minuten der Stille sind.
- ➢ Meditiere täglich - das führt dich zu innerer Ruhe und gibt Antwort auf alle Fragen.

Buddha wurde gefragt: *„Was haben Sie durch die Meditation gewonnen?"* Er antwortete: *„Nichts! Doch darf ich Ihnen sagen, was ich dabei verloren habe: Ärger, Angst, Depression, Unsicherheit, Angst vor dem Alter und Tod."*

Wer schreibt heute noch Briefe? Tagebuch? Gedichte? Gedanken? Sind wir nicht alle schon besessen von der Tasten-, Knopf- und Wischtechnik? Und es ist sicher noch kein Ende des digitalen Zeitalters abzusehen. Daher:

> **Entscheide dich jetzt für Natur**, nämlich für deine eigene wunderbare, wahre Natur und für die Natur, in der du lebst.

Waren Mozart oder Beethoven, Puccini oder Verdi, Bach oder Vivaldi, Dante oder Kopernikus, Rubin oder Schiele am Facebook, Twitter oder hatten einen Blog? NEIN! Denn sie hätten sicher auch keine Zeit für solch zeitraubende Spielereien gehabt. Sie waren viel zu beschäftigt ihre Talente zu verwirklichen und der Nachwelt ein wunderbares Erbe zu hinterlassen!

Auch du bist ein Mensch voller Talente und Begabungen, die du weitergeben und damit dich und andere glücklich machen kannst. Das bringt dir Zufriedenheit und Freude, was du von den fremdbestimmten Gehirnwäschern sicher nicht erhältst. Entscheide dich für dich, lebe **selbstbestimm**t, triff Entscheidungen, die dir und der Welt helfen das Gute, das Edle im Menschen zu verwirklichen. Blicke mit offenen Augen den Tatsachen ins Auge, schärfe deinen Geist für das Wesentliche und handle dementsprechend. Und sage dir:

„Möge dieser mein Geist
der die Quelle alles Wissens ist
die Quelle aller Weisheit
die Quelle der Kraft der Erinnerung
die ewige Flamme des Bewusstseins
das in allen Lebewesen lebt
ohne die keine einzelne Handlung je verrichtet wird
(Möge dieser Geist) sich für das Edle entscheiden."
Yajur Veda, 34.3,

Der entscheidende Schritt:

„Wir müssen uns zu Wort melden, damit die Stimme Buddhas, die Stimme Jesu, die Stimme Mohammeds und all der anderen spirituellen Vorfahren in diesem gefährlichen und entscheidenden geschichtlichen Moment vernommen werden. Wir sollten der Welt unser Licht anbieten, damit sie nicht in vollkommener Dunkelheit versinkt. Im Herzen eines oder einer jeden von uns sind die Samen des Erwachens und der Erkenntnis. Lasst uns einander beistehen. Diese Samen in uns - und anderen - zu berühren, damit wir alle den Mut

aufbringen, unsere Stimme zu erheben. Wir verfügen über die nötigen Werkzeuge. Wir kennen den Weg. Dank der Praxis sind wir in der Lage, die nötige Einsicht zu erlangen. Wir müssen nur anfangen. Mit einem Schritt, mit einem Atemzug können wir uns dafür entscheiden, unser tägliches Leben so zu führen, dass wir dem Planeten, den Menschen, die uns nahestehen und uns selbst Glück und Wohl bringen."
Thich Nhat Hanh, Gut sein-

Tipp: „Ich fange jetzt an: Mit einem Schritt, mit einem Atemzug entscheide ich mich, mein tägliches Leben so zu führen, dass ich dem Planeten, den Menschen und jenen die mir nahestehen, sowie mir selbst, Glück und Wohl bringe."

28. Unsere Macht

Unsere Macht liegt nur teilweise in den Fortschritten der Technik, Kommunikation, Mobilität, Wissenschaft, Forschung, Persönlichkeitsentwicklung, Wissenszugang, ständiger Weiterentwicklung. Die allergrößte Macht und Kraft hingegen liegt im Geist und Herzen des Menschen.

Dazu eine Geschichte aus Indien:

DAS VERSTECK DER WEISHEIT

„Vor langer Zeit überlegten die Götter, dass es sehr schlecht wäre, wenn die Menschen die Weisheit des Universums finden würden, bevor sie tatsächlich reif genug dafür wären. Also entschieden die Götter, die Weisheit des Universums so lange an einem Ort zu verstecken, wo die Menschen sie nicht finden können. Erst wenn sie eine gewisse, hohe Reife erreicht haben können sie die Weisheit finden. Einer der Götter schlug vor, die Weisheit auf dem höchsten Berg der

124

Erde zu verstecken. Aber schnell erkannten die Götter, dass der Mensch bald alle Berge erklimmen würde und die Weisheit dort nicht sicher genug versteckt wäre. Ein anderer schlug vor, die Weisheit an der tiefsten Stelle im Meer zu verstecken. Aber auch dort sahen die Götter die Gefahr, dass die Menschen die Weisheit zu früh finden würden. Dann äußerte der weiseste aller Götter seinen Vorschlag: ‚Ich weiß, was zu tun ist. Lasst uns die Weisheit des Universums im Menschen selbst verstecken. Er wird erst dann dort danach suchen, wenn er reif genug ist, denn er muss dazu den Weg in sein Inneres gehen.‘ Die anderen Götter waren von diesem Vorschlag begeistert und so versteckten sie die Weisheit des Universums im Menschen selbst.“ Autor unbekannt, erzählt von Vishwaguruji

Diese Weisheit versteckten sie also im Herzen des Menschen, wo sie darauf wartet, von uns entdeckt zu werden.

Wann sind wir reif genug, den Weg nach innen zu gehen? Nur ein tugendhafter Mensch ist in der Lage, mit Macht sorgsam umzugehen, Gewalt zu umgehen und gelassen und friedlich seine Macht zu gebrauchen. Macht kann sehr leicht missbraucht werden. Ohne Respekt und Mitgefühl allem gegenüber kann sie alles zerstören.

Die ethischen Überzeugungen des Einzelnen bringen Frieden statt Gewalt, der richtige Gebrauch der Macht führt zum Wohle von Gemeinschaften und der Natur.

In allem liegt ein Sinn. Die moderne Zeit mit ihren unendlich vielen technischen Möglichkeiten eröffnet uns ein unerhört weites Spektrum an Chancen, um das zu erreichen, worauf wir uns ausrichten. Doch wir müssen lernen kritisch damit umzugehen. In der homöopathischen Medizin heißt es: Du kannst alles als Heilmittel oder als Gift verwenden – es kommt nur auf die Dosis an. Daher ist es sinnlos zu sagen: die moderne Tele - Kommunikationswelle ist schlecht! Nein: Sage lieber, sie ist weder gut, noch ist sie schlecht – wir müssen bloß lernen, sie optimal zu nutzen. Auf die Dosis kommt es an. Tag und Nacht am Computer zu sitzen ist sicher nicht gesund. Auf der anderen Seite eröffnet uns die weltweite Kommunikation das Tor zum Erreichen von Zielen, die vorher noch keine Generation in der Geschichte der Menschheit vor uns hatte. Und das ist einfach phantastisch!

Wir haben also heute ein kolossales Hilfsmittel an der Hand, das effektiver ist als alles, was jemals zuvor in unserer Evolutionsgeschichte vorhanden war. Von den Feuersignalen, über die Trommeln, den Kutschen, der Post, den Autos, den Flugzeugen, dem Radio, dem Funkgerät, dem Fernsehen bis hin zu den ersten Emails war bisher nichts so weltweit umspannend wie die heutige multimediale Kommunikation. Die Steinzeitmenschen hatten als Werkzeug zum Arbeiten die Keule, dann das Messer, den Speer, spätere Generationen entwickelten Feuerwaffen, dann Maschinen, Funkgeräte, Morsezeichen. Millionen Jahre gab es keine Telekommunikation aber das Leben war viel persönlicher. Die Verständigung zwischen Menschen erfolgte direkt oder mit Trommeln, Rauchzeichen, Brieftauben, Botendiensten, Briefen, Morsezeichen usw. Erst im 20. Jahrhundert wurde das Telefon erfunden, danach nahm die Telekommunikation eine rasante Entwicklung, die bis heute nicht abgeschlossen ist. Es liegt also an uns, diese großartigen Möglichkeiten unserer Zeit für unsere erstrebenswerten Ziele zu nutzen.

Unsere Gemeinschaft hat mit den Mitteln der modernen Kommunikation eine unglaubliche Macht in die Hand bekommen und kann sie für sinnvolle Zwecke nutzen.

Unter Macht versteht man im Allgemeinen die Beherrschung von anderen Menschen, denen man seinen Willen aufzwingt. Diese Art von Macht dient keinesfalls dazu, neue Möglichkeiten und Verhaltensweisen zu entwickeln. Das kann nur geschehen mit gleichgestellten Partnern, die sich aufgeschlossen den Möglichkeiten des 21.Jh. mit seiner weltweiten Verkettung öffnen. Lebendige Systeme entwickeln sich nur weiter durch Vielfalt, Intelligenz und Anpassungsfähigkeit. Das ist Macht „MIT Anderen " – statt Macht „ÜBER Andere" und da werden sicher viele mitmachen, denn es sind die Zeichen unserer Zeit und die Chance soziale Systeme zu verändern.

Karl W. Deutsch, Prag: *„Die Gesellschaft gleicht einem Nervensystem: Wie das Gehirn ist die Gesellschaft ein kybernetisches System, das nur dann funktioniert, wenn die Informationen ungehindert fließen können. Politische Selbstverwaltung erfordert, dass alle Informationen, die zum Finden einer öffentlichen Entscheidung unerlässlich sind, frei zugänglich sind, was leider im heutigen System nicht der Fall ist. Manche Informationen werden, weil sie den Interessen der großen Konzerne entgegenstehen, einfach unterdrückt. Eine Nervenzelle hingegen lebt nicht für sich alleine (da würde sie absterben). Sie öffnet sich den elektrischen Ladungen und ist durchlässig für die eingehenden Signale: Nur so kann am Ende der Nervenleitung die entsprechende Aktion gesetzt werden. Das ist ein lebendiges, funktionierendes System das offen, durchlässig und anpassungsfähig* *ist.* "Aus „Towards a Cybernetic Model of Society in „Modern Systems" Research fort he Behavioral Scientist, S399.

Die Macht der Gedanken ist eine Weltmacht, die sich jeder aneignen kann, der bewusst lebt und seine Energie für seine Ziele einsetzt. Die Macht der Liebe, des Mitgefühls, steht uns jederzeit offen und ist wohl die stärkste Kraft überhaupt. Keiner von uns kann alleine den Wandel bewirken, dazu gehören stets andere, mit denen wir gemeinsam die Kraft, die Ausdauer und die Intelligenz entwickeln, die nötig sind, um Veränderungen in allen Bereichen durchzusetzen. Denn:

GEMEINSAM SIND WIR STARK!

Wenn wir gemeinsam handeln, um **für** das Leben auf der Erde einzutreten, werden wir alle nötigen Werkzeuge dafür bekommen. Denn die fokussierte Energie, die wir entwickeln um dieses Projekt gemeinsam zu verwirklichen, wird durch die gegenseitige Förderung entstehen. Durch das Zusammenführen einzelner Teile entwickeln sich neue Fähigkeiten, die nicht vorhersehbar waren und die neue Möglichkeiten eröffnen. Die Kraft des Einzelnen erhöht sich um ein Vielfaches und durch die neuen Verknüpfungen entstehen Kräfte, die das Projekt weiter tragen. Es gibt zahllose Beispiele von Menschen die uns das zeigen, als sie Korruption und Betrug aufdeckten, oder ihr Leben riskierten um Meeressäuger zu schützen, oder sich für ihre eigene bedrohte Gemeinschaft einsetzten.

Es besteht ein besonderer Schutz, wenn wir uns gemeinsam und aktiv für eine gute Sache einsetzen.

Man fragt sich, was auf den ganzen Umweltgipfeln und G20 Gipfeln eigentlich besprochen wird? Das Naheliegende, mit dem normalen Verstand erfassbare, scheinbar nicht. Es gelingt nicht, weltweite gemeinsame Entscheidungen zu treffen, die auch befolgt werden. Fehlt es den Teilnehmern am globalen Hausverstand und/oder an Interesse für unsere und die Zukunft unserer Kinder?

Es gilt, das Herz zu öffnen und ethische Werte zu verwirklichen, damit GEMEINSAMKEIT statt EINSAMKEIT und GLOBALE INTERESSEN statt EIGENINTERESSEN zum Durchbruch kommen. Nur dann wird wirklich etwas geschehen, nicht bloß geredet.

29. Die Kräfte des Positiven besiegen die Dunkelheit der Welt

So wie das Licht einer Kerze die Dunkelheit vertreibt, der Sonnenstrahl die Nacht verscheucht, so können unsere positiven Gedanken, Gefühle, Gesänge und Gebete die Dunkelheit der Welt vertreiben. Aggression, Hass, Gewalt, Intoleranz, Gemeinheit, Eifersucht, Machtsucht, Triebhaftigkeit, Lüge, Gier können durch Nicht-Identifikation mit diesen Gefühlen überwunden werden. In jedem von uns sind all diese Elemente vorhanden, ebenso wie alle positiven Gefühle. Durch Selbsterkenntnis und Arbeit an sich selbst gelingt es, diese zerstörerischen Attribute zu überwinden und in positive, aufbauende Aspekte umzuwandeln wie Liebe, Sanftmut, Toleranz, Mitgefühl, Barmherzigkeit, Bescheidenheit, Beherrschung, Ehrlichkeit, Zufriedenheit. Dazu bedarf es keiner Therapie, denn jeder von uns kann einen Selbsterkenntnis Spiegel in die Hand nehmen und sich selbst analysieren, vorausgesetzt er ist an seinem bestmöglichen Lebensglück interessiert (Siehe den Transformationstest im VIII. Kapitel).

In vielen Traditionen wie zum Beispiel dem Yoga, dem Buddhismus, dem Zen, und den esoterischen Schulen wird diese Selbstanalyse geübt um mit bestimmten Techniken sich selbst in allen Aspekten zu erkennen, anzunehmen und dunkle Anteile ins Positive zu transformieren. Mit Meditation, Mantra-Rezitation, Klangheilung und anderem kann dieser Prozess begleitet und beschleunigt werden. Eine wunderbare Hilfe, positive Energie in unsere unsichtbaren dunklen Anteile zu bringen, ist das Singen von Mantras, die durch Jahrtausende von Yogis zur Heilung der Welt gesungen wurden und werden. Jedes dieser Sanskrit Mantras, wie zum Beispiel das Mantra „OM" (der Urklang), erzeugen eine tiefe Resonanz in Körper und Seele, so als wüsste unser Unterbewusstsein genau, dass jetzt geistige Heilung geschieht. Alle Zellen des Körpers, alle Informationsträger, wie die Körperflüssigkeiten, nehmen die Information auf und leiten sie weiter, nicht nur auf der Körperebene, sondern darüber hinaus über die Matrix in die ganze Weite des Kosmos. Das Mantra OM SHANTI (Om Frieden) z. B. dreimal hinter einander gesungen, klingt durch den ganzen kosmischen Raum und beeinflusst das universelle Bewusstsein. Das Mantra OM NAMAH SHIVAYA ruft Lord Shiva (den Befreier) an, mit der Bitte, alles Negative zu zerstören und stattdessen positive Energie zu etablieren. Es gibt sogar ein Mantra, das Maha Mrityunjaya Mantra, von dem gesagt wird, es besiege sogar den Dämon des Todes. Man singt es, wenn akute negative Ereignisse in der Nähe oder Ferne auftreten, wenn Streit und Gewalt vorherrschen, wenn Menschen schwer krank sind oder gar mit dem Tod ringen. Man chantet es, um Frieden in der Seele, in der Welt und Harmonie zwischen den Menschen zu erlangen. Es ist ein lebensspendendes Mantra, das seit Jahrtausenden seine Heilkraft entfaltet.

Oṃ tryambakaṃ yajāmahe
sugandhiṃ puṣṭivardhanam
urvārukam iva bandhanān
mṛtyor mukṣīya māmṛtāt
Aus dem Rig Veda, Sprache Sanskrit

"Om. Wir verehren den 3-äugigen Shiva,
der wohlduftend ist und alle Lebewesen ernährt.
Möge er uns vom Tode befreien und uns dazu reif machen,
zur Unsterblichkeit zu gelangen,
genau wie eine reife Gurke von der Pflanze abfällt."
Übersetzung von Swami Shivavananda

Nicht nur Mönche im fernen Himalaya können diese Mantras singen, sondern jeder von uns ist dazu in der Lage so einen Beitrag für den Weltfrieden zu leisten, indem er das Mantra spricht, singt oder schreibt.

Du kannst natürlich auch ein anderes Mantra (wörtlich: das, was den Geist befreit) in deiner Sprache und Glaubensrichtung singen, wichtig ist nur, dass du es tust. Denn der Klang eines Mantras durchdringt alles Materielle und verbindet sich mit dem Licht der Schönheit, Klarheit und Harmonie des Universums. Klang und Worte haben starke Macht und Kraft, denn sie können uns erheben oder zerstören. Wenn wir die Worte als Waffe benützen, können sie tödlich sein, werden sie hingegen als duftende Blumen überreicht, so beglücken sie.

An vielen Orten der Welt wird gemäß der jeweiligen Tradition das Gebet, das spirituelle Lied oder mit speziellen Riten und Zeremonien die positive Lichtenergie herbeigerufen, um die Mächte der Dunkelheit zu vertreiben. Trommeln, Feuer, Tanz, Gesänge bei den Naturvölkern, Gebete und Lieder in den traditionellen Religionen, Zeremonien im asiatischen Raum. All dies dient dazu, die dämonischen Kräfte zu vertreiben und die reinen und positiven Energien herbei zu locken.

Tipp*: Verbinde dich so oft du kannst mit dem Licht, was immer das für dich ist. Es wird dich schützen, beglücken und heilen.*

30. Schönheit und Freude

„Jeder, der sich die Fähigkeit erhält, Schönes zu erkennen, wird nie alt werden. " Franz Kafka

Die Schönheit der Natur ist die Schöpferkraft selbst. Sie lindert und heilt alle Wunden und mildert das Leid der Welt.

Die gesamte Natur ist in Schönheit angelegt. Ein einziger Wassertropfen ist von umwerfender Schönheit. Wenn man die Kristalle ansieht, die im Mikroskop oder durch eine Makrooptik einer Kamera zum Vorschein kommen, ist man sprachlos. Man darf nicht vergessen, dass der menschliche Körper zu 60-80% aus Wasser besteht. Je nach unserer emotionalen Lage senden wir Signale aus, die die körpereigene Wasserstruktur sofort in Hässlichkeit oder Schönheit verwandelt.

Ein Grund mehr, im Zustand heiterer Gelassenheit zu leben!

Die Berge, die Flüsse, die Wiesen, die Blumen, die Tiere, die Menschen – sind sie nicht alle unvergleichlich schön? Welche maßlose Schönheit umgibt uns von allen Seiten. Vor mir steht ein Topf Azaleen – manche Blüten sind rosa, andere wiederum rosa mit einem gefiederten, weißen Rand, neue Knospen reifen heran, inmitten eines sie beschützenden, dunkelgrünen Blätterwalls. Draußen strecken sich die Äste des mächtigen Nussbaums in die Höhe und bergen bereits die Knospen für das nächste Jahr. Die Herbstblätter leuchten in allen Farben, um dann schließlich loszulassen und zu Boden zu schweben. Heute Morgen bestaunte ich einen wunderschön leuchtenden Sonnenaufgang, der zwischen den Bäumen durchschimmerte. Gestern Abend wiederum blieb ich überrascht inmitten der Straße stehen, denn der Himmel färbte sich zwischen den Wolkenschwaden in allen nur möglichen Orangetönen, wunderbar. Zwei Kinder gehen im Regen und sind ganz traurig und aufgelöst, weil die Äste ihres hohen Baumhauses abgeschnitten wurden. Wir geben ihnen den Rat, Äste zu sammeln und eine neue kleine Hütte zu basteln. Sie lachen und freuen sich – wie schön, in diese leuchtenden Kinderaugen zu sehen.

Schönheit gibt es überall – man muss nur bewusst hinschauen.

Eine kleine Geschichte aus Indien: **Die grüne Brille**

„Ein Bauer bekam eine Kuh geschenkt, die aus einem weit entfernten Land stammte und angeblich sehr viel Milch gibt. Der Bauer freut sich sehr: endlich kann er mehr Milch sammeln für seine Familie und das Dorf. Doch leider rührt sie das Futter nicht an, das er ihr gibt – sie verweigert es. Denn das Gras auf seiner Ranch hat eine andere Farbe als sie es gewohnt ist. Alles Zureden nützt nichts, sie will und will nicht fressen. Er versucht einige Tricks, doch nichts fruchtet – die Kuh frisst weiterhin nicht und wird zusehends immer dünner. In seiner Verzweiflung sucht er den Weisen des Dorfes auf

und fragt ihn um Rat. Dieser rät ihm, der Kuh eine Brille aufzusetzen. So besorgt er für sie eine große Brille mit einem grünen Glas. Er setzt der Kuh die grüne Brille auf und befestigt sie in ihrem Nacken, so dass sie sie nicht verlieren kann.

Was geschieht nun? Die Kuh sieht jetzt alles in Grün und beginnt zu fressen, denn nun erscheint ihr das Gras auf der Weide in einem saftigen Grün, wie sie es von zu Hause gewöhnt war." Erzählt von Vishwaguruji

Wir haben oft eine unsichtbare, aber färbige Brille auf, mit der wir die Welt sehen: Einer hat eine schwarze Brille auf und betrachtet alles kritisch und pessimistisch, ein anderer hat eine in Rot und sieht alles emotional mit Zorn und Ego, ein anderer in Gelb sieht die Welt voll Zuversicht und Optimismus. Jeder von uns hat meist eine in irgendeiner Weise gefärbte Weltsichtbrille auf.

Leg nun bitte jetzt diese, deine selbsteingefärbte Brille ab und setze bitte die Klarsichtbrille der Schönheit auf, die ich dir hiermit überreiche. Sie wird dir sicher viel Freude bereiten! Wir können nicht ohne Schönheit leben, sie ist das Elixier der Freude, das Hilfsmittel für die Seele, der Heilbalsam für Zersplittertes, der warme Hauch der Tränen trocknet, das Feuer das Leben heißt:

„Sieh mich an, flüstert das strahlende Schöne, ich bin da, vor dir, im Hier."

Du kannst jetzt mit dieser Klarsichtbrille alles mit den Augen der Schönheit betrachten. Keine Schönheitsbrille, um deine eigene Schönheit zu bewundern, sondern um die Schönheit rund um dich wahrzunehmen.

Sieh das Wort: wahr – nehmen.

Nimm das wahr, was an Schönheit in Wahrheit um dich herum existiert.

Diese Wahrnehmung wird dein Herz erfreuen und deine seelische Grundstimmung augenblicklich anheben!

Wir erfahren in unserer jetzigen Welt so viel an Negativem, was uns bedrückt – so ist es gut, einen Ausgleich in natürlicher Schönheit und Freude zu finden.

„Es gibt überall Blumen für den, der sie sehen will." Henri Matisse.

Eines der schönsten Dinge, die mich immer wieder begeistern, sind die Augen der Menschen, in denen sich die zarte Seele widerspiegelt. Eigentlich sollten wir gar nicht so viel reden, sondern uns öfters ohne Worte in die Augen schauen, denn das bedeutet einzutauchen in ein tiefes Meer an Schönheit und Liebe. Dann werden wir uns zulächeln, weil wir uns verstanden haben, auch ohne Worte.

Ohne Worte - nur SCHAUEN - vereint uns augenblicklich mit der tiefen Seele der Natur: mit Landschaft, Seen, Berge, Rosenblätter, Baumrinde, Grashalm, Biene, Vogel, Holz, Regentropfen, Eiszapfen, eine Hand, ein Gesicht, eine nette Geste, Augen, Apfel, Zweig, Tautropfen, Himmel, Wolken, Sonnenglut, schönes Wort, Lächeln - alles wunderschön.

Einem anderen Menschen irgendwo einen warmen Blick zu schenken, kann so viel an Wärme für beide bedeuten, den beide so bald nicht vergessen werden. Ein schöner Blick sagt oft mehr aus als viele Worte. Schönheit bringt Freude und Freude bringt Glück

Tipp: Führe ein tägliches, kleines Schönheitsbüchlein:

> ➢ Was habe ich heute an Schönem gesehen, erlebt, gemacht, gedacht?

Du kannst sicher sein, dass deine Lebensfreude täglich zunimmt, wenn du dir die Kostbarkeiten, die dich umgeben, bewusst machst und sie schriftlich festhältst.

Indem ich das niederschreibe, beginne ich zu notieren, was für mich bis jetzt - 12 Uhr Mittag, schön war: Danke, dass ich lebe, danke für den Himmel ober mir, das Licht, die Wiese, die Wärme, den Baum, warmes Wasser, morgens heißer
Kaffee, Yoga, Meditation, klares Wasser trinken, kurzer Spaziergang, Azalee genau betrachten, beten, schreiben und über die Schönheit in der Natur nachdenken…Danke, danke, danke - freu mich auf diesen wunderschönen Tag!

Schönheit entdeckst du durch Innehalten und Hinschauen. Sie schenkt dir Freude, Wohlgefühl, Lebenskraft und Heiterkeit.

„Es gibt Quellen der Freude, die nie versiegen, die Schönheit der Natur, der Tiere, der Menschen, die nie aufhört."
Leo Tolstoi

31. Es wird das geschehen woran du glaubst

„Du bist heute, wo deine Gedanken dich hingebracht haben und du wirst morgen dort sein, wo deine Gedanken dich hintragen werden." James Allen

Der Mensch ist in der Lage unglaublich viel zu verändern, wenn er sich etwas in den Kopf gesetzt hat und auch daran glaubt. Jeder Spitzensportler muss ganz überzeugt von seinem Sieg sein, sonst kann er nicht gewinnen. Der Glaube an das Erreichen des Ziels verleiht dem Wettkämpfer die Fähigkeit, all sein Kraftpotential zu mobilisieren.

Die erste Herztransplantation, die erste in vitro Fertilisation, die erste Angiographie und das erste Einsetzen von künstlichen Gelenken waren nur möglich, weil die Ärzte von ihrem Erfolg überzeugt waren und dadurch den Mut fanden, das Projekt zu verwirklichen.

Wir werden vieles von dem, was wir uns vornehmen, auch erreichen.

„Alle Dinge sind möglich dem, der daran glaubt." Markus 9,23

Es geht also um die Frage:

<u>Was ist für dich erstrebenswert? Glaubst du an das Erreichen deines Ziels?</u>

Findest du dich hilflos und ohnmächtig, wirst du nicht ans Ziel gelangen. Auch politisch ist das so: eine Demokratie ist niemals ohnmächtig, denn sie hat ja die Macht in ihren Händen. Es wird sich das verwirklichen, wovon die einzelnen Politiker überzeugt sind und es auch durchsetzen.

Alle, die nicht an ihr Ziel glauben, werden scheitern. Sie müssen davon felsenfest überzeugt sein und daran glauben – nur so haben sie tatsächlich die Chance auf Erfolg.

Setze dir ein Ziel, glaube daran, imaginiere das Erreichen des Ziels mit allen Sinnen, dann wirst du stark sein in deinem Bestreben. So verwirklicht sich deine Absicht.

„Der Glaube versetzt Berge" heißt es und das ist auch so. Sportler trainieren mit Mentaltraining, positivem Denken und Imaginationstechniken um Siege zu erringen, Forscher erreichen ihre Ziele durch Begeisterung und Glauben an das Ziel, Chirurgen müssen an den Erfolg ihrer Operation glauben, Patienten an die Heilung und Wirkung der Therapie, Schwerstbehinderte erreichen Unglaubliches, Behinderte liefern Wettkämpfe bis zur Olympiade, der Paralympics, usw. Natürlich muss man sehr intensiv daran arbeiten um diese Ziele zu erlangen.

Je intensiver man an etwas glaubt, umso größer ist die Wahrscheinlichkeit, das ersehnte Ziel zu erreichen. Man braucht positive Erfahrungen und Vorbilder an denen man sich orientieren kann und die uns motivieren, sowie ein positives Selbstbildnis, Selbstvertrauen und Selbstsicherheit. Dein Unterbewusstsein registriert exakt ob du wirklich an etwas glaubst oder nicht. Falls du nur einen Funken Zweifel an deinem Erfolg hast, wird es sofort darauf reagieren und der Erfolg stellt sich nicht ein.

"Wenn jemand sagt, ich kann es, hat er recht, wenn er aber sagt, ich kann es nicht, hat er auch recht." Henry Ford

32. Unsere Hindernisse überwinden

Was sind die Gründe für unsere Passivität in Richtung Heilung der Erde. Nur wenn wir unsere inneren Widerstände auflösen, sind wir imstande unsere selbstgesetzten Absichten zu verwirklichen.

Welche könnten das sein? Sieh dir die untere Liste und überlege dir - habe ich auch Hindernisse in mir? Wenn ja welche?

- Gleichgültigkeit
- Teilnahmslosigkeit
- Desinteresse
- Oberflächlichkeit
- Egoismus
- Überforderung
- Verdrängung
- Verständnislosigkeit
- Schädliche Verhaltensweisen
- Mangelnde Motivation
- Mangelndes Globalverständnis
- Mangelnder Gemeinschaftssinn
- Mangel an Zielbewusstsein
- Mangel an Durchsetzungsvermögen
- Angst vor dem Schmerz der Welt
- Angst vor der eigenen Mitschuld
- Angst als schwach und emotional zu gelten
- Trägheit
- Passivität
- Abgestumpftheit
- Wegschauen
- Mutlosigkeit
- Falsche Glaubenssätze
- Mangelndes Vorstellungsvermögen
- Mangelndes Vertrauen in die eigenen Fähigkeiten
- Mangelndes Vertrauen in die eigene Intelligenz
- Mangelndes Vertrauen in die eigenen Möglichkeiten
- Mangelnde Eigeninitiative
- Mangelnde Kreativität
- Mangelndes Selbstvertrauen
- Mangelnde Entschlossenheit

➤ Mangelnde Einsicht

Mangel ist ein unnatürlicher Zustand und kommt in der Natur nicht vor.

Fülle ist der natürliche Zustand der Natur.

Du kannst alle oben aufgezählten Hindernisse auch als CHANCEN sehen, die dir die Möglichkeit der Transformation zu etwas Besserem bieten. Umwandlung einer Eigenschaft, einem Vorurteil in eine bessere Einstellung oder Eigenschaft.

Tipp: **Der Hindernistest:**

- Was trifft auf dich zu?
- Trifft nichts auf dich zu? Dann ist es wunderbar.
- Gibt es Schwächen? Halte das Ergebnis schriftlich fest.

Wisse, dass die Beseitigung der Hindernisse dir beim Erreichen sämtlicher Ziele hilft!

Unser dringender Bedarf:

Was wir benötigen um die Wende herbeizuführen sind Menschen mit: Gemeinschaftssinn, Verantwortung, Motivation, Selbstbewusstsein, Globalverstand, Mitgefühl, Einsicht, Kreativität, Anteilnahme, Interesse, Tatkraft, Mut, Achtsamkeit, Wachsamkeit, Entscheidungsfähigkeit, Klarheit, Liebe zu sich selbst, den anderen Lebewesen, sowie unserem Planeten.

*Eben **Menschen wie DU und Ich!***

Hindernisse sind dazu da um beseitigt zu werden! Sowohl im Innen als auch im Außen. Ist es nicht eine fabelhafte Möglichkeit, die wir Menschen unserer Zeit bekommen, um zu zeigen wozu wir imstande sind? Um mit all unseren Möglichkeiten, die wir heute besitzen, das kostbarste Gut, unser Leben, das der anderen und das Leben unseres geliebten Planeten, zu schützen und freudig an einer gemeinsamen lebenswerten Zukunft zu arbeiten?

Entscheide dich für das Leben und handle!

„Eine anders geartete Welt kann nicht von gleichgültigen Menschen gebildet werden." Peter Marschall

Es gibt für alles Lösungen. **Lösungsorientiertes Denken** bringt uns weiter. Denn auf jeden einzelnen von uns kommt es jetzt an, den Heilungsprozess der Erde in Gang zu setzen.

Leichtathleten trainieren sich im Hochsprung auch langsam von einer Höhe auf die nächste. Sie sitzen nicht unter dem 1,90m hohem Stab und lassen mutlos die Köpfe hängen, indem sie sagen: "O je, das schaffe ich nicht, da komm ich nicht drüber, das ist unmöglich, ich kann das nicht, ich bin nicht stark genug!"- Nein, sie fangen weit unten zu springen an, bei 0,80 cm, dann 0,90 cm, dann 1 Meter und so fort, bis sie ihr Ziel im Hochsprung erreicht haben. Und das macht FREUDE, statt Depression und Resignation wegen der eigenen Unfähigkeit.

<u>Tipp</u>: **Positiv Kick**: Sag zu dir selbst:

„JA, ich WILL"
„JA, ich KANN"
„JA, ich TUE ES JETZT"
„JA, ich VERTRAUE auf meine KRAFT und FÄHIGKEITEN."

Mit dieser Einstellung wirst du etwas erreichen.

Merke: *„Es ist dein Geist, der deinen Zustand bestimmt."*
Vishwaguruji

„Um an die Quelle zu kommen, muss man gegen den Strom schwimmen." Konfuzius

Richte dich nicht nach dem allgemeinen destruktiven Abwärtstrend: „Da kann man nichts machen, es ist sowieso zu spät, was soll der Einzelne da schon ausrichten?" – sondern denke konstruktiv:

„Ich kann, ja, ich will, sehr viel ausrichten, denn MEIN Denken, MEIN Fühlen, MEIN Tun schlägt Wellen und diese Strömung erreicht viele andere, die gleich mir an der Heilung unserer Erde mitwirken. Und so ist es."

33. Die vergessene Verbindung

Auf meiner spirituellen Suche, am Yoga Weg, habe ich mich oft gefragt, was wohl die Ursache ist, dass wir unser wahres Selbst, das innere Licht, vergessen haben und uns nicht mit ihm identifizieren können. Der spirituelle Pfad ist ein langer Weg, denn es gilt, all die geistigen Hindernisse im Inneren zu beseitigen. Um ins Licht der wahren Wirklichkeit des Selbst zu gelangen, ist Arbeit an sich selbst nötig. Egal, ob es der Yoga Weg, der Buddhismus oder andere geistige Richtungen sind, man kommt nicht umhin, Selbsterkenntnis zu betreiben, sein Seelenfeld zu reinigen und seine Eigenschaften zu transformieren.

Bei der Suche nach einer anderen plausiblen Erklärung für die Trennung aus der Einheit und den Absturz in die Dualität ergab sich:

Dass die Antwort einfach ist: Wir haben diese Verbindung,
diese Einheit, im Laufe der Evolution einfach vergessen…

Vor langer Zeit war der Mensch in vollkommener Einheit mit der Natur, die er schätzte und ehrte, da sie seine Existenz sicherte und sein Leben ermöglichte. Die Erdgöttin Gaia wurde um ihren Segen gebeten, damit Erde, Himmel und Mensch zusammen eine friedliche Koexistenz bilden und in Harmonie miteinander leben. Es gab das Diesseits und das Jenseits. Im Diesseits, der Erde, lebte der Mensch in enger Verbindung mit der Natur und in Verbindung mit den Kräften des Universums. Ich möchte einen indianischen Weisheitshüter zitieren, auf den Gregg Branden traf, als er in einem Canyon in New Mexiko wanderte:

„Vor langer Zeit war unsere Welt ganz anders als wir sie heute betrachten", begann er. „Es gab weniger Menschen und wir lebten näher am Boden. Die Menschen kannten die Sprache des Regens, der Feldfrüchte und des Großen Schöpfers. Sie wussten, wie man mit den Sternen und dem Himmelsvolk sprechen kann. Ihnen war bewusst, dass das Leben heilig ist und aus der Vereinigung von Mutter Erde und Vater Himmel hervorgeht. Alles war im Gleichgewicht und die Menschen waren glücklich." Seine Stimme veränderte sich und bekam einen traurigen Klang." Dann geschah etwas", fuhr er fort, „Keiner weiß so recht, warum, doch die Menschen begannen zu vergessen, wer sie sind. Durch ihr Vergessen fingen sie an, sich getrennt zu fühlen – getrennt von der Erde, voneinander und selbst von dem Einen, der sie erschaffen hatte. Sie verirrten sich und wanderten ohne Richtung und Verbundenheit durchs Leben. In ihrer Isolierung meinten sie, für ihr Überleben in dieser Welt kämpfen zu müssen und verteidigten sich gegen jene Kräfte, die ihnen

143

das Leben geschenkt hatten, auf das sie einst vertrauen konnten. Nach einer Weile verwandten sie all ihre Energie darauf, sich gegen die Welt um sie herum zu schützen, statt Frieden mit der Welt in sich selbst zu finden." Und er fuhr weiter fort: „Sie hatten zwar vergessen, wer sie sind, aber es schlummerte noch etwas von ihren Ahnen in ihnen, eine gewisse Erinnerung. Des Nachts in ihren Träumen wussten sie, dass sie über die Kraft verfügen ihren Körper zu heilen, Regen zu rufen, wenn er gebraucht wurde, und mit den Ahnen zu sprechen. Sie wussten, dass sie irgendwie ihren Platz in der natürlichen Welt wieder finden konnten. Während sie versuchten sich daran zu erinnern, wer sie sind, begannen sie, außerhalb ihres Körpers Dinge zu erschaffen, die sie daran erinnern sollten, wer sie innerlich sind. Sie bauten sogar Maschinen, die für ihre Heilung sorgen sollten, entwickelten Chemikalien, damit die Pflanzen wachsen und verdrahteten ganze Landschaften, um über große Entfernungen hinweg zu kommunizieren. Je mehr sie sich von ihrer inneren Kraft entfernten, desto voller wurde es in ihrem äußeren Leben von lauter Dingen, von denen sie glaubten, dass sie sie glücklich machen würden."

„Unsere Vorfahren lebten in ganzheitlicher Verbindung mit sich, den anderen, der Natur, allen Geschöpfen der Erde und des Himmels. Doch dann begann der Siegeszug des Verstandes und der Mensch versuchte mehr und mehr die uneingeschränkte Herrschaft über den Planeten zu erringen. Vernunft und Wissenschaft begannen ihren Siegeszug und brachten Großes hervor. Die Menschen entwickelten sich mehr und mehr individuell und bauten Mauern um sich herum. Mit jeder Mauer, die sie so errichteten verloren sie aber ein Stück Verbindung zur Natur. Sie vergaßen das tiefe Wissen, dass sie nicht getrennt sind von der Erde, von sich

144

selbst, von anderen Menschen, von der Natur. Sie verloren ihr Vertrauen in die Weisheit des Herzens, die Verbindung zur Höheren Weisheit, jenseits der Vernunft." Gregg Branden, Im Einklang mit der göttlichen Matrix

Je mehr der Mensch der Neuzeit seit dem Beginn der industriellen Revolution der Vernunft und der Wissenschaft den Vorzug gab, gleichzeitig aber die Weisheit seines Herzens missachtete, desto mehr lösten sich seine Gefühle und seine innige Verbindung zur Natur. Dadurch erst wurde es möglich, dass er die Gesetze und das Gleichgewicht der Natur gröblich verletzte.

Unser Gehirn ist polar aufgebaut. Die linke Hemisphäre dient der Intelligenz, der Sprache, Lesen, Rechnen, Logik, Fakten, Regeln, während die rechte Hemisphäre den Gefühlen, Tastsinn, Musik, Intuition, Kreativität, Ganzheitserfassung dient. Wir Menschen wurden mit der Neuzeit immer kopflastiger, mit Überbewertung der linken Hemisphäre, während die rechte Hemisphäre zunehmend vernachlässigt wurde. Sogar in den Schulen werden kreative Fächer wie Zeichnen, Malen, Musik, Basteln, welche die rechte Gehirnhälfte aktivieren, zugunsten der wissenschaftlichen Fächer stark dezimiert. Es erfolgt eine starke Überbewertung der linken Hemisphäre durch die permanenten Wissens- und Informationsimpulse.

Wenn ich mich an mein Medizinstudium in den Jahren nach 1963 erinnere, so sind mir die vielen unnötigen exotischen Krankheitsbilder mit ihren 20 Variationen, die man alle auswendig lernen musste, jedoch später niemals brauchte, in lebhafter Erinnerung. Was jedoch wesentlich wichtiger gewesen wäre, nämlich der psychologische Umgang mit Patienten, also die medizinische Psychologie, wurde damals

145

mit keinem Wort gelehrt. Auch in der universitären medizinischen Ausbildung wurde der menschliche Aspekt des Arztseins völlig ausgeklammert und nur die Fakten und alles Beweisbare gelehrt.

In all den Jahren des Siegeszugs der intellektuellen Beweisführung ist dadurch ein Verlust an Kreativität, an Intuition, an Herzensgefühlen, an Innenschau festzustellen. Es gibt jedoch mehr als bloß Fakten und Beweise. Hervorgerufen durch das unerhörte Streben nach mehr Konsum, mehr Macht, mehr Besitz, grenzenlosen Wachstum, verkümmerte die intuitive Seite des Menschen. Der geänderte Lebensstil, die pausenlose Kommunikation, das Streben nach mehr und immer mehr, hat den Menschen unserer Zeit weit von seinen tiefen inneren Wurzeln entfernt und in das Außen katapultiert.

Das Glück des Menschen kann sich aber nicht durch kalte Beweisführungen herbeiführen lassen, sondern bedarf des inneren Seelenfriedens und Gefühlsreichtums.

Wenn wir heute vom Reduzieren sprechen um wieder ein stabiles Gleichgewicht in der Welt herzustellen, so geht es vor allem darum, dieses Streben nach MEHR zu reduzieren und sich wieder um das WENIGER, die innere GENÜGSAMKEIT, zu bemühen.

➢ *Eigenbericht:*

Bei all meinen Reisen nach Indien, die ich seit nunmehr 38 Jahren mache, hat es mich mit großer Genugtuung erfüllt, dass ich mich an die verschiedensten äußeren Gegebenheiten anzupassen wusste. In den Anfängen, 1980, war ich in Rajasthan, Nordindien, in einer Wüstengegend mehrere Tage ohne Waschmöglichkeiten unterwegs, was für Menschen des

Westens fast unvorstellbar ist. Nur Zähneputzen und Hände-
waschen waren möglich, das war alles. Bis heute erinnere ich
mich an den schönsten Augenblick dieser Reise – es waren
nicht die interessanten Menschen, die Burgen oder die Landschaften, die mir in Erinnerung blieben. Nein – es war ein
einfaches Waschzelt! Als uns nämlich nach dem sechsten
Tag ohne Waschmöglichkeit endlich ein Zelt zur Verfügung
gestellt wurde, in dem wir uns waschen konnten. Drinnen
befanden sich nur ein Kübel mit Wasser, eine Seife und daneben ein Stein auf den man sich setzen konnte, das war
alles. Niemals zuvor und danach habe ich die Kostbarkeit des
Wassers so wunderbar empfunden wie damals. Es war einfach das wonnigste, schönste Wassererlebnis das ich je hatte.
Die körperliche Reinigung und die Berührung des Wassers
am Körper waren so wohltuend, dass es sich mit keinem
Wellness Bad vergleichen ließ. Bis heute ist mir dieses Bad
in lebhafter Erinnerung geblieben.

*Wenn wir alles haben, wissen wir nicht um den Wert der ein-
zelnen Dinge.*

*Wenn wir es nicht haben, lernen wir erst deren wahren Wert
zu schätzen.*

Als ich dann 25 Jahre später begann in den Himalaya zu gehen, gab es dort in 3200 m Höhe kein warmes Wasser, keine
Heizung, was bei Temperaturen von ca.7 Grad draußen und
8 Grad innen, eine Herausforderung war. Es blieb nichts anderes übrig als mit all den Kleidern, die man am Tage trug,
abends unter die Decke zu schlüpfen. Ich glaube, ich habe
noch nie so gefroren wie damals. Meine Tagesjacke aus
Flies, die ich Tag und Nacht trug, verfärbte sich langsam von
einem sattem Orange in ein Braun, da ich keine Möglichkeit
hatte die Jacke zu waschen und vor allem sie zu trocknen,

denn es war zu kalt und zu feucht dazu. Auch in späteren Jahren als sich meine Unterbringungen dort langsam verbesserten, reichten sie bei weitem nicht an einen europäischen Standard heran. Und doch: obwohl ich in Österreich jeden nur möglichen Komfort zum Leben habe, macht es mir nichts aus, unter äußerst einfachen und schwierigen Bedingungen monatelang zu leben.

Denn ich gewann eine sehr wichtige Erkenntnis:

Es geht auch mit WENIGER!

Und ich kann mich an äußere schwierige Umstände **ANPASSEN.** Das war für mich eine wichtige Erfahrung – **UNABHÄNGIG** zu sein vom Komfort, vom Supermarkt, vom TV-Sender, von allen Medien, vom Internet. Da im Himalaya zeitweise auch die Zufuhr von Nahrungsmitteln nicht möglich war, da die Zufahrtsstraße wegen Murenabgängen gesperrt war, gab es praktisch kein Obst, kein frisches Gemüse, keine vielfältigen Joghurts und all die anderen Luxuswaren des Supermarkts – und siehe da – es ging auch so: mit Kartoffeln, Reis, Brotfladen aus Vollkornmehl, Getreidebrei, Linsengerichten, Kraut, Trockenfrüchten, Bohnen konnte man eine einfache, schmackhafte Kost zubereiten. Außerdem gab es noch Milch von den Bergkühen.

Da habe ich innerlich wirklich gelacht: Wozu der ganze Aufwand in unseren Super – Supermärkten in unserer Super – Superwelt? **Wir brauchen doch das alles nicht!** weder die Erdbeeren rund ums Jahr, das ständige Grüngemüse und Früchte, die uns im Winter die Fülle des Sommers vorgaukeln, während es draußen schneit. Es werden uns Bedürfnisse schmackhaft gemacht, die wir gar nicht haben, mit denaturierten Produkten, die fern von Einfachheit und Natürlichem sind. Im Prinzip unnötig und ungesund, da sie zudem mit Haltbarmachern, Pestiziden, Farbstoffen und chemischen Zusätzen versehen sind. Leider passen wir uns auch da an und merken kaum, dass wir vielfach manipuliert werden. Viel Geld für wenig Gesundes aber viel künstliches Ungesundes.

Besser wäre wenig Geld für viel Gesundes und Natürliches.

Dazu bedarf es allerdings eines Umdenkens, das nur von uns Konsumenten ausgehen kann, nicht von den Gewerbetreibenden und Großfirmen, die ausschließlich auf Profit ausgerichtet sind. Außerdem, wenn du gut überlegst, dich nicht verführen lässt und bewusst weniger einkaufst, sparst du Geld und wirfst auch keine Essensreste weg.

> **Tipp**: *Merke, dass das Denken dem Menschen gegeben ist um zu denken und somit auch zu lenken!*

34. Unsere gemeinsame Energie

Jedes Jahr pilgern rund 2,5 Millionen Muslime zur großen Pilgerfahrt, dem Haddsch, nach Mekka, um das Heiligtum der Kaaba zu besuchen, das gleichzeitig der zentrale Wallfahrtsort des Islams ist. Bei der rituellen Umrundung, dem Tawaf, umkreisen tausende Menschen betend die Kaaba. Eine unerhörte Energie erfüllt den Ort.

Bei der Papstreise im Jahre 2008 versammelten sich Millionen Menschen um ihn zu begrüßen. Auch dort beteten alle zusammen und waren vereint in ihrer Begeisterung und ihrem Bekenntnis zum Christentum. Allen gemeinsam ist die Kraft des Glaubens. Durch diesen Glauben verbinden sich die Menschen und erzeugen eine gesammelte, unglaublich starke Energie.

Ein Chorgesang ist stärker als eine einzelne zarte Stimme, ein gesamtes Orchester klingt mächtiger als ein einzelner Musiker, ein Rudel von Wölfen jagt besser, ein Wald beinhaltet mehr Leben als ein einzelner Baum, ein Ameisenhaufen schützt sich besser als eine einzelne Ameise usw.

Eine wirksame, gemeinsame Energie aufzubauen um hehre Ziele zu erreichen, ist die Stärke einer Gruppe. Denn einer trägt den anderen, inspiriert ihn und gemeinsam schaffen sie den Weg. Daher ist es wichtig, mit anderen Gleichgesinnten Erfahrungen auszutauschen, gemeinsam Pläne zu schmieden und auch zu verwirklichen.

Die Kraft der Gemeinschaft schafft neue Dimensionen der Wirklichkeit und der Energie. Daher: Sprich mit dem Du und verbindet euch zum Wir.

„Dieses Wir bezog sich bei unseren Vorfahren meist auf die Höhle, das Tal und vielleicht den nächsten Berg. Er sorgte für sich und seine Familie und bemühte sich, das Überleben seiner Familie zu erreichen. Er besaß eine eingeschränkte Sicht, die sich auf sein direktes Umfeld beschränkte. Globales Denken war er nicht gewöhnt, da er nicht wusste was sich hinter seinem Tal verbarg, er kannte den Rest der Welt nicht." Wolfgang Pekny

Wahrscheinlich ist etwas von diesen Millionen Jahren der Evolution anhaltende *Höhlensicht* noch immer in uns gespeichert. Denn wie ist es sonst zu erklären, dass der stolze **homo intelligentus** des 21. Jahrhunderts trotz all dem Wissen, das er seit mindestens 40 Jahren über die Umweltzerstörung hat, nicht agiert? Sind wir noch immer engsichtige Höhlenmenschen und keine Weitsichtmenschen?

Sind wir noch immer im Höhlengeist gefangen, in der Enge und im Kampf mit Pfeil und Bogen für uns selbst und unsere Familie tätig? Haben wir es noch immer nicht geschafft über den nächsten Hügel zu blicken? Trotz weltweiter medialer Kommunikation? Wir besitzen aber bereits Satelliten, Mondfähren, Flugzeuge, digitale Technik usw., die uns die ganze Welt zu Füßen legt und uns weltweit verbindet. Doch wir sitzen, so scheint es, noch immer in der Höhle der Engsichtigkeit.

> *Es wird Zeit, dass wir uns vom Höhlenmenschen zum Globalmenschen weiterentwickeln, der die gesamte Welt als seine Höhle ansieht.*

Ein Aufruf an die Menschheit aus dem Jahrtausende altem Rig Veda, 10.191.2, geschrieben vor über 4000 Jahren:

„O Bewohner der Welt! Lebt in Harmonie und Übereinstimmung,
Seid organisiert und kooperativ,
*Sprecht mit **einer** Stimme und macht Eure Beschlüsse in **einem** Geiste.*
Wie unsere alten Heiligen und Seher, Anführer und Lehrer ihre Pflichten rechtschaffen erfüllt haben.
Gleichermaßen wirst Du nicht zaudern deine Pflichten zu erfüllen."

Unsere gemeinsame Energie kann alles verwirklichen was wir uns vornehmen. Und das ist so.

Lies die berührenden Worte von Häuptling Seattle:

„Wenn der letzte rote Mann von dieser Erde verschwunden ist und sein Gedächtnis nur noch der Schatten einer Wolke über der Prärie, wird noch immer der Geist meiner Väter in diesen Ufern und diesen Wäldern lebendig sein. Denn sie liebten diese Erde wie das Neugeborene den Herzschlag seiner Mutter. Wenn wir euch unser Land verkaufen, liebt es so, wie wir es liebten, pflegt es, wie wir es pflegten, bewahrt die Erinnerung an das Land, so wie es ist, wenn ihr es nehmt. Und mit all eurer Kraft, eurem Geist, eurem Herzen erhaltet es für eure Kinder und liebt es, so wie Gott uns alle liebt. Denn eines wissen wir – unser Gott ist derselbe Gott. Diese Erde ist heilig. Selbst der weiße Mann kann dem gemeinsamen Schicksal nicht entgehen. Vielleicht werden wir am Ende doch Brüder. Wir werden sehen. " Gregg Branden, Im Einklang mit der göttlichen Matrix

35. Die Heilung unseres Planeten geschieht in unseren Herzen

„Niemand wird mit dem Hass auf andere Menschen wegen ihrer Hautfarbe, ethnischer Herkunft oder Religion geboren. Hass wird gelernt. Und wenn man Hass lernen kann, kann man auch lernen zu lieben. Denn Liebe ist ein viel natürlicheres Empfinden im Herzen eines Menschen als das Gegenteil. " Nelson Mandela

„Der Weg liegt nicht im Himmel. Der Weg liegt im Herzen!" Bernd Heinrich Wilhelm von Kleist

Alles was deine rechte Gehirnhälfte aktiviert, wird dein ganzes Wesen ins Gleichgewicht bringen. Du wirst dann nicht bloß ein kopflastiger Mensch sein, sondern ein fühlendes und denkendes Wesen. „Wir schreiben auch nicht „Köpfliche"

Grüße, sondern „Herzliche" Grüße, wenn du an einen lieben Menschen schreibst" (Vishwaguruji). Die vielen Sprüche, die der Volksmund gebraucht im Zusammenhang mit dem Herzen, lassen die große symbolische Bedeutung des Herzens als Zentrum des Gefühls und der Liebe erkennen.

„Denke mit dem Herzen, das Herz am rechten Fleck haben, das Herz auf der Zunge tragen, ein Herz für etwas haben, etwas nicht übers Herz bringen, etwas auf dem Herz haben, jemanden ans Herz gewachsen sein, jemandem geht das Herz auf, herzig sein, mein Herzblatt, es lacht das Herz im Leibe, jemandem schlägt das Herz bis zum Halse, jemandem sein Herz schenken, das Herz öffnen, jemandem wird leicht ums Herz, großherzig sein, jemanden ins Herz schließen" usw. In diesen vielen Redewendungen ist das Herz der Ausdruck der liebenden Seele, doch es gibt auch das Gegenteil: „Herzlos sein, engherzig sein, jemanden das Herz schwer machen, es kostet mich das Herzblut, jemanden ins Herz schneiden, jemand rutscht das Herz in die Hose, es blutet mir das Herz, ein Herz aus Stein…"

„Das Problem ist heute nicht die Atomenergie, sondern das Herz des Menschen." Albert Einstein

„Der Mensch bringt sein Haar täglich in Ordnung. Warum nicht auch sein Herz?" aus Indien

Unser Herz besitzt die größte Kraft und Energie, stärker als der Verstand. Die Forscher am Institute of Heart Math (Kalifornien) entdeckten das ungeheure Magnetfeld des Herzens: Die elektrische Komponente dieses Feldes ist etwa 60-mal stärker als die des Gehirns, die magnetische sogar bis zu 5000-mal und kann noch mehrere Meter vom Körper entfernt gemessen werden. Das Magnetfeld des Herzens ist demnach größer als das Magnetfeld des Gehirns. Wenn es uns gelingt diese beiden zu verbinden, so dass sie zu Einem verschmelzen, erzielen wir eine noch größere Energie, die uns befähigt Entscheidungen im Einklang mit den kosmischen Gesetzen zu treffen.

Ein Beispiel: Wenn du eine Arbeit annimmst, oder jahrelang studierst nur weil ein Elternteil es so von dir wollte, bist du wie ein Roboter, der zwar den Befehlen gehorcht, aber wahrscheinlich nicht sehr glücklich dabei ist. Denn es fehlt dabei die Freude. Alles was du ausschließlich verstandesmäßig machst, nach deinem Kopf oder dem der anderen, trägt kein Feuer in sich und bringt deshalb niemals innere Erfüllung. Wenn du aber eine Arbeit, eine Ausbildung wählst, einen Weg beschreitest, welcher dir Freude bereitet und dich erfüllt, wirst du keine Mühe scheuen um dein vorgegebenes Ziel zu erreichen. Deine Entscheidung entsprang sowohl deinem Verstand als auch deinem Herzen und dadurch erlebst du Freiheit im Sein und Freude im Tun.

Eine Herzensentscheidung ist wertvoller als ein reiner Kopfentschluss.

„Es gibt ein Licht das leuchtet
hinter allen Dingen auf Erden, hinter uns allen
hinter dem Himmel, hinter dem höchsten,
dem allerhöchsten Himmel.
Das ist das Licht das in unserem Herzen leuchtet."
Chandogya Upanishad

Im Herzen leben heißt der inneren Seelenstimme zuzuhören, seinem „Bauchgefühl" zu folgen, zuzulassen dass wir ganz tief in uns wissen, was im richtigen Moment das Richtige ist. Denn unser tiefster Seelenanteil weiß mehr als unser Kopf.

Die Symbiose von beiden zusammen ergibt dann das beste Resultat. Gehe also zurück zu deinen inneren Werten, zu deiner inneren Quelle, die dir genau sagt, was jetzt richtig und wichtig für dich ist

Lass nicht zu, dass der Kopf der alleinige Dirigent deines Lebens ist!

Im Symphonieorchester geht der Klang der feinen Flöte unter im Getöse der Bässe und Trommeln. Gleichermaßen bleibt deine innere Stimme unhörbar, wenn laute Töne des Intellekts und des Verstandes, sowie die Meinungen der anderen die sanfte Melodie des Herzens übertönen.

Tipp: Wenn du wichtige Entscheidungen zu treffen hast, übe dich darin allein zu sein oder spazieren zu gehen, deine Gedanken zu beruhigen, loszulassen und lass kommen, was dein Herzen Dir sagen will. Du musst still werden um diese zarte Stimme zu vernehmen….

„Der kühle Verstand klammert sich stets an das, was er kennt und einzuordnen weiß. Das fühlende Herz hingegen ist offen für das Ungesagte, es macht Dir Mut einzutauchen in eine andere Wirklichkeit." Stefan Hertrich

Bei wichtigen Entscheidungen wende diese Meditation an:

Die Frage- und Antwort Meditation:

Du suchst eine Antwort auf eine wichtige Frage. Ziehe dich zurück, in Stille und Einsamkeit. Beruhige zuerst deine Gedanken indem du einige Male tief ein- und ausatmest und beim Einatmen sage dir: „Ich atme Ruhe ein, beim Ausatmen sagst du Loslassen…" mache da so lange bis du spürst dass du ruhig geworden bist. Dann beginne:

„Singe 3x Om, konzentriere dich auf deinen Atem, beobachte ihn, spüre das auf und ab deines Atems, lenke deine Aufmerksamkeit auf deinen Körper und den Bewegungen deines Körpers mit der Atmung. Mit jedem Atemzug werde ich ruhiger und ruhiger, entspannter und entspannter, einatmen, ausatmen, nachspüren. Einatmend Ruhe einatmen, ausatmend loslassen - alle Gedanken des Tages, alles ich muss, ich soll. Einige Male wiederholen mit dem Atem, mit jedem Atemzug werde ich ruhiger und ruhiger, entspannen, einfach nur entspannen.

Ich bin eins mit der Energie des Kosmos. Ich spüre Ruhe und Frieden. Lenke nun deine Aufmerksamkeit auf deinen inneren Raum. Vor dir eine Tafel: du schreibst deine Frage auf diese Tafel. Atme ruhig weiter. Warte. Kommt eine Antwort? Warte. Atme ruhig weiter. Warte. Wenn keine deutliche Antwort kommt, so bitte um ein Zeichen, einen Satz, ein Bild oder Ähnliches, so dass du die Nachricht verstehen kannst. Wenn auch das nicht geht, so bitte um ein Zeichen, das sich später im Außen zeigt, so dass du deutlich erkennen kannst, was damit gemeint ist. Lass dir Zeit, bleib ganz entspannt, atme ruhig weiter.

Werde dir nun wieder deines Körpers bewusst, deines Atems, atme nun einige Male tief ein und aus, singe dann dreimal Om und kehre langsam wieder zurück ins Hier und Jetzt. Danke für diese Meditation."

Vertraue darauf, dass du in jedem Fall eine Antwort bekommst.

Denn wer anklopft an die Tür des Herzens, dem wird geöffnet werden. Wenn die Augen offen sind, kannst du sehen, wenn das Herz offen ist, kannst du verstehen.

Du musst etwas Geduld haben, wenn nicht gleich eine Antwort kommt. Sie kommt ganz bestimmt zum richtigen Zeitpunkt und du wirst sie dann auch verstehen. Vertraue darauf. Auch ein Gebet wird nicht vom Kopf ausgesprochen, sondern aus dem Herzen. Spirituelle Heiler in der ganzen Welt wenden die Technik der Imagination von einer bereits eingetretenen Heilung an, auch wenn der Patient derzeit noch sehr krank ist. Zusammen mit dem Gefühl im Herzen, der Verbindung mit der höchsten Kraft und der Vorstellung, dass der Patient tatsächlich bereits vollkommen gesund ist, erzielen sie große Erfolge. Was natürlich nicht heißen soll, dass man die normale medizinische Behandlung ausschließen soll, die Medizin ist wahrhaft zu Großem fähig. Doch auch hier verbessert eine positive Vorstellung der eingetretenen Heilung sicherlich den Genesungsverlauf.

Um den Planeten Erde zu heilen, können wir ebenfalls die geistigen Instrumente des Gebets, des Segnens, des Glaubens, der Imagination und Überzeugung zur Gesundung von Mutter Erde aktiv einsetzen. So können wir wesentlichen Einfluss auf ihr Heilungsgeschehen nehmen. Denn die Änderung der Matrix durch unsere geistige Heilungshilfe bewirkt auch eine Änderung in der physischen Wirklichkeit.

Deine Herzkraft wird die Erde heilen.

Das heilende Herz

Gedankenmacht
Vorstellungskraft
ein Glaube der Berge versetzt
dein Herz vereint mit Verstand
in der Liaison des liebevollen Friedens
sendet den Segen zurück

an die Urmutter des Seins
die auf dich wartet
in stiller Beglückung
und Freude über
dein sie heilendes Herz

Heile Dich selbst, heile alle Wesensanteile in Dir, denn wenn
Du voll Herzensenergie bist, kannst Du am wirkungsvollsten
einen Beitrag für unseren verletzten Planeten und die Menschen auf ihm leisten.

36. Die Stille ist das Heilkraut der Seele

Heimkehr zur Wurzel heißt: Stille.
Stille heißt: Rückkehr zur Bestimmung.
Rückkehr zur Bestimmung heißt: Ewigkeit.
Erkennen des Ewigen heißt: Erleuchtung.
Lao-Tse

Wenn du einen Tag oder auch nur eine Stunde still in der
Natur verbringst, lädt sich deine Lebensbatterie wieder voll
auf! Im Wald gibt es kein WIFI, aber die Vögel werden dich
zwitschernd updaten und der Wind wird dich mit deinen Brü-
dern und Schwestern per Luftpost telepathisch verbinden
und du wirst wieder über alles Bescheid wissen, wie unsere
Urahnen es auch praktizierten. Die Pflanzen sagen dir die
Erdbeschaffenheit, der Boden die Trockenheit oder Nässe,
der Baumstamm die Himmelsrichtung, die Sonne die Zeit,
die Sterne den Ort, der Himmel das Wetter.

„Nur der Schweigende hört." Dr. Josef Pieper, Philosoph

Ein Waldspaziergang ist die reinste Medizin und du kommst
als neuer Mensch zurück, denn die heilende Energie des

Waldes versetzt dich in einen besonderen körperlichen und seelischen Zustand. Es ist das Prana, die Lebensenergie, die hier in reiner Form auf dich einwirkt, wie überall in der unberührten Natur. Die Ruhe, die frische Luft, das Gleichmaß, das Grün, die verschiedenen Düfte und Klänge. All das wirkt wie ein erfrischendes Bad auf Körper und Geist. Dein Handy solltest du abstellen und falls du mit jemanden gemeinsam gehst, so ist es gut, Stille zu bewahren um deine volle Aufmerksamkeit auf die Natur und ihre Ausstrahlung zu lenken.

„Nicht außerhalb,
nur in sich selbst
soll man den Frieden suchen.
wer die innere Stille gefunden hat,
der greift nach nichts,
und er verwirft auch nichts"
Buddha

Tipp: Geh mehrmals täglich in die Stille, wirf allen Ballast ab und lass geschehen was geschehen darf, denn die Wahrheit findest du nur in der Stille.

„Je stiller du wirst umso mehr kannst du hören." Ram Dass

„Die Bäume, die Blumen, die Pflanzen wachsen in der Stille. Die Sterne, die Sonne, der Mond bewegen sich still. Die Stille erschließt eine neue Perspektive." Mutter Theresa

37. Meine Tipps für deinen Erdentag

Hier einige Vorschläge, wie du dich mit Mutter Erde verbinden kannst und damit sensibler für ihre Bedürfnisse wirst.

1. Stell eine Herzensverbindung her

Unsere Erde ist kein totes Gestein, auf dem wir leben, sie ist ein werdender Entwicklungskörper, auf dem wir wohnen. Sie ist ein lebendiges Wesen, das atmet, fühlt und handelt. Vergiss nicht, dass sie dir wirklich Mutter ist: sie lässt dich atmen, sie füttert dich, du stehst auf ihr, du kannst alles benützen was sie besitzt. Einer Mutter zollt man den höchsten Respekt, Liebe und Anerkennung. Versuche mit deinen Möglichkeiten eine Nahverbindung zu ihr herzustellen und zu pflegen.

Die heilende Verbindung:

Erdung: deine Fußsohlen berühren den Boden, spüre deine Verbindung zum Erdboden und zu Mutter Erde, bis zu ihrem Mittelpunkt, sprich in deinen Worten, aus deinem Herzen heraus Liebe und tiefe Dankbarkeit zu ihr aus. Diese Verbindung zum Mittelpunkt der Erde gibt dir Kraft, Stärke und Schutz. Mache das öfters am Tag, es hilft dir dich zu erden und Vertrauen in dich selbst und das Leben zu entwickeln.

Verbindungen nach oben: Du kannst die Erdung noch erweitern: Verbinde dich ebenso mit der Energie des Lichts oberhalb von dir. Beides verbindet sich in deinem Energiefeld zu einem einzigen Energiestrom, der dein ganzes Phänomen durchströmt. Fühle wie dieser Lichtstrom dich völlig umhüllt und schützt. Diese wunderbare Energieverbindung heilt dein ganzes Wesen.

2. Nachdenken:

Veränderung beginnt im Kopf!

Glaubst du, dass es ein Zufall ist, dass seit 2002 die Zahl der Naturkatastrophen sich verdoppelt hat, von 3500 auf 6000?

Und weiterhin ansteigt? Dass dabei 8 Millionen Menschen seit 1900 starben (Geophysiker James Daniell, Karlsruhe Institut für Technologie) und 250 Millionen Menschen jährlich direkt davon betroffen waren (Jan Egeland, Uno Koordinator für humanitäre Einsätze)?

Kann es sein, dass die lebendige Erde bereits auf unsere Respektlosigkeit und Lieblosigkeit reagiert?

Wenn sogar das Wasser auf Gefühle mit einer veränderten Struktur reagiert – um wie viel mehr reagiert die ganze Erde auf unser Tun und unsere Gleichgültigkeit ihr gegenüber? Noch dazu wo unser Planet der blaue Planet genannt wird, da 70 % seiner Oberfläche aus einem riesigen Informationsmedium, dem Wasser besteht.

Erforsche: Was folgerst du daraus?

3. Sende Liebe an die Erde!

Das wird unweigerlich positive Folgen nach sich ziehen- berühre die Erde, nimm Verbindung mit ihr auf: „Erde ich liebe dich, Erde ich danke dir, Erde ich achte dich, Erde ich schätze dich…usw." Wenn das Millionen Menschen machen, wird die Erde im Positiven darauf reagieren. Ursache und Wirkung sind ja ihr Gesetz.

Du kannst diesen Dank bei einem Spaziergang sprechen: *Sprich mit jedem bewussten Schritt z.B.* „Erde ich liebe Dich♥, Erde ich danke Dir☺, Erde ich liebe Dich♥, Erde ich danke Dir☺,… Erde ich liebe Dich♥, Erde ich danke Dir☺,… Erde ich liebe Dich♥, Erde ich danke Dir☺,…"

Nimm Berührung mit der Erde auf während du sprichst.

Wie fühlt sich das an?

4. Was willst Du?

Willst du in eine lebenswerte Zukunft, in eine andere Dimension aufsteigen? Oder willst du weiter in den Abgrund absteigen?

Wenn weiterhin WEG- statt HIN-geschaut wird, so wird es zu einer allgemeinen Verknappung an Vorräten und Rohstoffen kommen und es wird ein erbitterter Kampf darum entstehen. Aufgrund des Mangels (Wasser, Nahrung, Boden zum Beispiel) wird es zu Gewalt und Kriegen kommen. Krieg ist wohl das Schrecklichste was einem Menschen und einem Volk passieren kann. Willst du das wirklich? Oder willst du eine gerechte weltweite Verteilung der Ressourcen und eine friedliche Koexistenz aller Menschen?

Es sind deine Entscheidungen welche die Zukunft des Planeten und die Lebensgrundlage für kommende Generationen bestimmen.

Aktiv: Schreib einen Satz auf, der all das beinhaltet was du willst!

5. Verlass dich auf dich

Auf wen kann ich mich verlassen um Wichtiges zu erreichen? Sicherlich nicht auf die Politik. Denn dort sind Menschen am Werk, die nicht gelernt haben, große Lösungsvorschläge zu machen, die meist auch keinen Mut aufbringen unpopuläre Maßnahmen zu setzen aus Angst Wählerstimmen zu verlieren. Sie sind also gebunden und abhängig vom Parteiapparat, von Macht und Eigenstreben. Doch nur wer frei von Geltungsbedürfnis und Machtstreben ist, kann klare und gerechte Entscheidungen treffen. Daher kann man sich nicht auf die Impulse der Politik verlassen, sondern mehr auf unsere Eigeninitiativen. Wenn wir selbst von etwas überzeugt sind, werden wir andere überzeugen können. Wenn der Schneeball ins Rollen kommt, wird eine mächtige Lawine daraus, die viele mitreißen kann.

Überlege*: habe ich Selbstvertrauen und Selbstsicherheit? Kraft und Durchsetzungsvermögen?*

6. Rege andere zu Diskussionen an

Bringe Menschen durch deine Überzeugungen zum Nachdenken – das ist eine unserer Hauptaufgaben!

Wer denkt, der lenkt.

7. Krempel die Ärmel hoch

Setze DEINE Vision einer funktionierenden Welt um! Agiere im Rahmen DEINER individuellen Möglichkeiten.

„Zweifle nie daran, dass eine kleine Gruppe engagierter Menschen die Welt verändern kann - tatsächlich ist dies die einzige Art und Weise, in der die Welt jemals verändert wurde." Margaret Maed

Entscheide: Wähle aus all den Möglichkeiten, das für dich Passende und Effektive aus und setze es auch um. Es bedarf nur der kritischen Masse von 12 - 15% und alle anderen werden von alleine nachfolgen. Denn:

8. Wir sind Nachäffer.

Es sind nicht die Worte, die die Menschen überzeugen, davon bekommen sie via Medien und Informationsangebot Tag und Nacht genug – sondern deine Taten. Genauso wenig kannst du deinem Kind die Schokolade verbieten, während du sie selber isst. Auch wenn du dich mit deinen besten Argumenten darum bemühst, wird es dir nicht folgen. Nur dein Beispiel zählt und wird es überzeugen.

Man erzählt sich von Mahatma Gandhi folgendes: *„Als eine Mutter mit ihrer kleinen Tochter zu ihm kamen und die Mutter ihn bat, dem Kind die Süßigkeiten zu verbieten, die es statt der gesunden Ernährung naschte, bat er, dass sie beide erst eine Woche später vorbeikommen, dann werde er mit dem kleinen Mädchen sprechen. Eine Woche später kamen Mutter und Tochter wieder und Gandhi sprach intensiv mit der Kleinen über den Unwert des Naschens und konnte sie tatsächlich überzeugen ihre süßen Essgewohnheiten aufzugeben. Als man ihn fragte warum er die Sitzung auf eine Woche später verlegt hatte, antwortete er: „Ich musste mir selbst erst die Süßigkeiten abgewöhnen um das kleine Mädchen zu überzeugen."* Erzählt von Vishwaguruji

Vielleicht ist es ein Relikt aus unserer Evolutionsgeschichte, dass wir auf das Nachmachen und Nachahmen ausgerichtet sind, wie es die Affen machen. Dieser Nachäffensaspekt in uns hat aber seinen Vorteil:

Wenn wir es den anderen VORMACHEN, so werden sie es NACHMACHEN!

Deshalb ist das Verbreiten der Lösungen zur Gesundung unseres kranken Planeten so wichtig, denn du weißt nicht, wen du mit deinen Aussagen und Taten zum Mittun animieren kannst. Als ich intensiv damit begann, bei Wolfgang Pekny Umweltunterricht zu nehmen, gab es bald niemanden mehr, den ich nicht von den 5 Fs (siehe unten) erzählt hätte - vom Buschauffeur angefangen bis hin zum Botschafter, von Freunden und Familie ganz abzusehen. Und es ergaben sich sehr interessante Gespräche dadurch und viel Zustimmung.

9. Sprich

Erzähle anderen was dich am meisten bewegt in all den Umweltfragen: Industrialisierung, Konsumgesellschaft, Fleischkonsum, Meeresspiegel, Antarktisschmelze, Klimaerwärmung, Genmanipulationen, Anbau statt Regenwald, Feuerrodungen, Wassermangel etc. etc. Auswahl gibt es ja genug. Am leichtesten ist es, über die 5 F zu sprechen, denn längstens beim Thema „Leben wie im Fass" schaut Dich dein Gegenüber fassungslos an und beginnt zu denken. Und damit hast Du schon viel erreicht!

Die **5 F** sind die 5 Faktoren, die den größten ökologischen Fußabdruck auf der Erde hinterlassen: **F**liegen: besser nie; **F**ahren: weniger, langsam, nie allein; **F**leisch und tierische Produkte: reduzieren auf 1x pro Woche, besser noch vegetarisch oder vegan leben; Wohnen wie im **F**ass: klein, gut isoliert, erneuerbare Energien; **F**reude an einem guten Leben, das nicht auf Kosten anderer geht. Näheres siehe: www.footprint.at

10. Sei ein Beispiel

„Sei die Veränderung, die du in der Welt vorfinden möchtest" sagt Mahatma Gandhi.

Dies gilt sowohl für das Individuum als auch global-politisch. Auch wenn du nicht alle Punkte der 5F perfekt einhältst, ist es gut, richtig und vor allem wichtig, dass du dein Bestmöglichstes versuchst. Sei es, dass du nur einmal in der Woche Fleisch isst oder zum Vegetarier wirst, nur lokale und regionale Produkte kaufst, dass du weniger fliegst und Auto fährst, dein Konsumverhalten änderst, viel in die Natur gehst und andere mitnimmst, noch liebenswerter wirst, innere Werte lebst usw. Versuche vor der eigenen Haustür zu kehren und anderen das gute Leben vorzuzeigen: denn es gibt dann mehr Zeit für Dich, für deine Freunde, deine Familie, deine Weisheit, deine Hobbies. *Deinem Beispiel werden andere folgen, denn die Zeit ist reif dafür.*

11. Achte auf deine Gedanken.

Nach wie vor ist die Gedankenkontrolle die wichtigste geistige Übung, wichtiger als je zuvor. Und jeder, ohne Einschränkungen, kann sie durchführen. Wir wissen, dass uns ein gemeinsames Feld verbindet, wo ein Gedanke, ein Gefühl, eine Tat, Auswirkungen auf das ganze Universum hat. Da jeder von uns nachweislich telepathisch fähig ist, ist Gedankenkontrolle sowohl für unser Wohlergehen wichtig, als auch zum Wohle der gesamten Menschheit.

> *Es ist der Gedanke der Pfeil, der das ganze Universum durchdringt und entweder als heller Strahl erleuchtend wirkt oder als Kampfwaffe dunkles Leid hervorruft.*

Tipp*:* **Test zur Gedankenkontrolle**:

Kontrolliere jede Stunde wo du mit deinen Gedanken bist. Mache das ganz konsequent einen Tag lang. Stell dir die Uhr und schreib auf, wo du mit deinen Gedanken gerade bist. Eine tägliche Gedankenhygiene ist wichtig, nicht nur die tägliche Körperhygiene. Du wirst so viel über dich selbst lernen. Diese Übung mindestens 5 Tage wiederholen und dann wöchentlich 3x durchführen. Es ist sehr aufschlussreich, wohin du deine Gedankenenergie lenkst - ob sie sich im negativen Bereich bewegen oder im positiven. Dir also Energie rauben oder deinen Energie-Pegel anheben.

12. Sei selbstbewusst!

„Wenn du meinst, zu klein zu sein, um etwas zu bewegen, dann hattest du noch nie eine Mücke im Bett." Volksweisheit aus Indien

Was immer du dir vornimmst, wirst du erreichen oder zumindest einen Großteil davon.

„Es hat noch niemand etwas Ordentliches erreicht, der nicht etwas Außerordentliches erreichen wollte!" schrieb mir meine Mutter ins Tagebuch.

Auch ein Teilerfolg ist ein Erfolg. Lobe dich dafür!

<u>*Du kannst auch gerne nach einem weiteren Planeten suchen,*</u> den wir Menschen bewohnen könnten oder eine Methode, die ein weiteres Wachstum der Erde bewirkt. Bitte melde Dich, wenn du ihn gefunden hast. Zum jetzigen Zeitpunkt haben wir schon mehr als 1,5 Planeten Erde verbraucht und zehren bereits vom Erdkapital.

Danke, dass du all den aufgezeigten 37 Wegweisern bis hierher gefolgt bist. Jetzt kommt etwas Wichtiges, nämlich die Gesetzmäßigkeiten der Natur, wie ich sie sehe und ich hoffe, dass sie deine Zustimmung finden. Ohne Praxis ist alles leeres Gerede, daher schlage ich im Folgenden nach jedem Gesetz der Natur eine praktische Übung vor.

Zuvor aber eine kurze, entspannende Meditation:

<u>Frieden im Jetzt - Mein Rückzugsort</u>

Nach einem hektischen Tag, bei seelischem Ungleichgewicht, wenn Du abschalten möchtest, als Entspannung oder Vorbereitung für den Tag mache diese Meditation:

„Setze dich aufrecht hin, mit geradem Rücken. Sing 3-mal Om. Mache einige tiefe, bewusste Atemzüge. Einatmen – Ausatmen, loslassen, entspannen, hier sein. Entspanne dich, alle Glieder einzeln, den ganzen Körper, folge dann deinem Atemstrom, dem gleichmäßigen Auf und Ab deines Atems. Sei dir deiner Anwesenheit hier an diesem Ort bewusst. Lass beim Ausatmen alles los, was dich in irgendeiner Weise bedrückt oder beengt, lass deine Gedanken verstummen, löse die Ketten der Vergangenheit und der Zukunft. Atme Licht und Wohlgefühl ein und alles Störende aus. Mache das einige Minuten lang. Sei bewusst im Hier und Jetzt.

Stell dir nun einen Ort in der Natur vor, deinen Lieblingsort, einen Ort des Friedens und der Ruhe. Es ist dein Rückzugsort, wo du dich tief entspannen kannst. Egal was du machst oder gemacht hast, jetzt ist es an der Zeit, dich zu entspannen und dich mit der vollendeten Harmonie dieser Landschaft zu verbinden. Stell Dir bildhaft in allen Einzelheiten diesen Ort vor und lass seine Schönheit auf dich einwirken. Entspanne dich vollkommen…Fühle den Energiestrom deiner wundervollen Umgebung, nimm ihn auf und lass ihn durch deinen ganzen Körper fließen…Es gibt jetzt nichts zu tun, einfach nur entspannen…Fühle dich gelöst, frei, ganz entspannt und eingebettet im Sein. Tiefer Friede erfüllt dein ganzes Wesen.

Verbleibe so einige Zeit in völliger Entspannung, solange es für dich angenehm ist. Atme dann wieder einige Male tief ein und aus und nimm diesen Frieden und diese Ruhe mit hinaus in deine Welt. Atme einige Male tief ein und aus, sing 3-mal Om, bewege langsam deine Hände, deine Füße, deinen ganzen Körper und komme ganz langsam zurück ins Hier und Jetzt."

Wenn du diese Entspannung täglich machst, wird sie dir zur lieben Gewohnheit werden und nach einiger Zeit kannst du dich überall gut und schnell entspannen und zu innerer Ruhe finden. „Übung macht den Meister." Entspannungsübungen und Meditation bringen dir Ruhe und inneren Frieden.

Nun zu den Gesetzen der Natur. Am besten legst du dir für die folgenden Inspirationen ein Heft oder Tagebuch an, wo du deine Gedanken zu den gestellten Fragen einträgst. Die schriftliche Aufzeichnung ist wertvoll, denn später kannst du deine Eintragungen bestätigen oder ändern und verfolgst so deine Transformation.

IV. 37 Allgemeingültige Gesetzmäßigkeiten der Natur

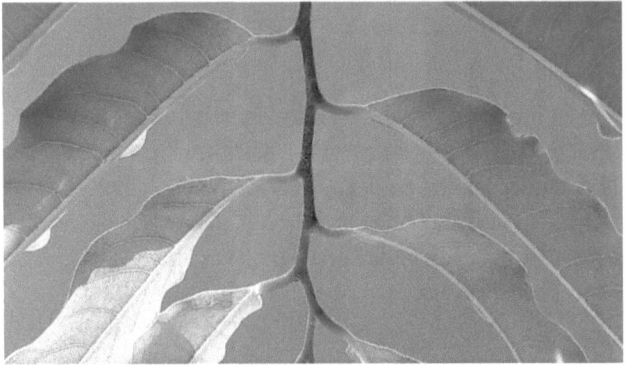

Warum gab uns der Schöpfer die vielen Gesetzmäßigkeiten der Natur? Hinter allem liegt ein Sinn im Universum, daher lässt sich dieser Sinn auch finden. Die höchste Intelligenz hätte ja auch etwas völlig anderes erschaffen können: dass wir weder Wasser noch Luft benötigen, auf Steinen schlafen, nur vom Licht leben können und so fort. Doch dem ist nicht so. Vielleicht gab er uns seine Regel- und Funktionskreise, damit wir sie als solche erkennen, ihre Botschaft verstehen, sie uns aneignen und zu Nutze machen.

Die folgenden 37 Regeln habe ich als solche erkannt und ins Geistige umgesetzt, so dass wir sie im täglichen Leben anwenden können. Sie helfen uns, eine andere Sichtweise zu entwickeln, die uns zu Zufriedenheit in Einklang und Harmonie mit der Schöpfung und allen Lebewesen führt.

An jedes Gesetz habe ich seine geistige, mentale Bedeutung hinzugefügt und einen Test zur Selbsterkenntnis.

Hör auf die Natur – sie sagt dir vieles was du für ein Leben in Freiheit und Glück brauchst.

1. Gleichgewicht

„Die kleinste Bewegung ist für die ganze Natur von Bedeutung; das ganze Meer verändert sich, wenn ein Stein hineingeworfen wird." Blaise Pascal

Die Natur ist stets im Gleichgewicht, weil ihr Ablauf gemäß dem Gesetz der Balance funktioniert. Gleich - Gewicht bedeutet, wie der Name schon sagt, ausgeglichene Gewichtsverteilung auf beiden Seiten einer Waage. Dadurch herrscht Harmonie und dieses Gesetz der Harmonie regiert alles Leben. Ein Seiltänzer balanciert sehr vorsichtig und reagiert sehr sensibel auf jede Störung während seines Balanceaktes. Ein Windstoß oder der Verlust des Gleichgewichts bewirken, dass er abstürzt. Gleichermaßen befindet sich die Natur in einem solchen Balanceakt, den sie für uns vollbringt. Denn wir Menschen brauchen für ein angenehmes Leben eine gewisse Außentemperatur, eine bestimmte Luftzusammensetzung, mit einem konstanten Gehalt an Sauerstoff und Stickstoff, einen gesicherten Luftdruck, eine bestimmte Körpertemperatur von 36 Grad, eine gleichbleibende Erdanziehungskraft usw. Außerdem brauchen wir ausreichend Nahrung, reines Wasser, reine Luft für unsere Gesundheit und Wohlergehen. Das alles bereit zu stellen und so zu bewahren ist nicht einfach und erfordert höchsten Einsatz. Mutter Natur sorgt unermüdlich Tag und Nacht für uns und unser Wohlbefinden.

Wie eine Seiltänzerin tanzt Mutter Erde auf dem Seil der
Natur einen unnachahmlichen Balanceakt.

Dieses Kunststück ist überaus heikel, denn der Seiltanz erfolgt ohne Absicherung, ohne Fangnetz. Bereits kleine Störungen können fatale Folgen nach sich ziehen. Am Beispiel der Atmung lässt sich das sehr gut demonstrieren: wenn wir zu viel einatmen oder zu viel ausatmen kommt es zu schwerwiegenden Störungen im Sauerstoffgehalt des Blutes. Wenn wir gar nicht atmen führt das zum Tod. Wenn zu viel Salz in einer Wasserlösung ist, kann es nicht mehr aufgenommen werden und das Salz fällt aus. Wenn es zu viel regnet, kommt es zu Überschwemmungen mit verheerenden Folgen. Wenn zu wenig Regen in der Natur vorhanden ist, kommt es zu Dürre, Verknappung, Armut, Hunger und Tod. Wenn es keine Bienen mehr gibt, kann es keine Früchte geben, da die Bestäubung fehlt. Wenn die Meere verschmutzt sind, sterben die Fische und Meerespflanzen. Wenn die Klimaerwärmung fortschreitet, wird die Artenvielfalt weiterhin drastisch zurückgehen, da Tiere und Pflanzen aussterben, weil ihnen ihr Lebensraum genommen wurde. Wir Menschen sind ebensolche empfindliche Wesen, die bei Störungen verschiedenster Art mit Unwohlsein, Schmerzen und Krankheiten reagieren. Genauso ist auch die Erde ein lebendiges, sensibles Wesen, das, wie wir, auf Störungen heftig reagiert.

Das bedeutet für uns Menschen, dass wir die äußerst heiklen Abläufe der Natur nicht MUTWILLIG stören sollen. Es gibt ohnehin immer plötzliche, unvorhersehbare Naturgewalten, denen der Mensch fast hilflos ausgeliefert ist - Vulkane, Feuerbrände, Erdbeben, Überschwemmungen, Lawinen, etc. mit denen er fertig werden muss. Wenn der Mensch selbst zusätzlich auch noch Störungen in den Balanceakt der Natur einbaut, wenn er Sand ins Welten Getriebe streut, wird durch diese Störung eine der beiden Waagschalen immer weiter hinunter gedrückt. Ein starkes Ungleichgewicht ist die Folge.

Wenn hingegen ein ungestörter, rhythmischer Ablauf in der Natur stattfindet, so ist alles im Gleichgewicht und voll funktionsfähig.

Die ausgewogene Balance aller Lebenszyklen der Natur mutwillig zu stören, ist ein Akt GEGEN die Menschheit, ihren Erhalt und ihren Fortbestand.

Wir dürfen nun wieder lernen, gemeinsam MIT der Natur zu leben und nicht im Gegensatz zu ihr. Denn die Natur ist selbst perfekter Meister aller Vorgänge in ihrem Organismus. Jede mutwillige Vergewaltigung der Natur zieht verheerende Konsequenzen nach sich!

Der Mensch, als Teil der Natur, kann sich der Natur anpassen und nicht versuchen, sie zu beherrschen. Denn dabei wird er immer den Kürzeren ziehen. Mutter Erde wird sich unser Tun auf Dauer nicht gefallen lassen. Profitgier und Egozentrik werden mit Bestimmtheit auf kurz oder lang diesen Kampf verlieren. *Die Natur siegt immer über das Wollen des Menschen.* Es ist eine große Herausforderung an uns alle, allgemein gültige ethische Prinzipien zu leben und zu verbreiten, wie Liebe und Mitgefühl, denn dann wird sich ganz von alleine Verständnis für unseren Planeten und alle Lebewesen auf ihm entwickeln.

Warum erlaubt sich eigentlich der Mensch, in ein bestens geregeltes, autonomes System einzugreifen, das durch Millionen und Milliarden Jahre die Schöpfung im Gleichgewicht hielt? Erst seit der technischen Revolution vor 300 Jahren ist die Welt der Natur aus den Fugen geraten.

> Ein sich selbstorganisierendes, funktionierendes System soll man in Ruhe lassen, das ist ein Gesetz der Vernunft und des gesunden Menschenverstands.

Genauso wie du nicht eine Lampe austauscht, wenn sie noch funktioniert oder ein ganzes Haus nicht niederreißt, nur weil die Fassade etwas ramponiert ist. Soll man nicht ganze Regenwälder abholzen nur wegen der Gaumengier vieler Menschen.

Auch unsere Gesundheit wird durch ein autonomes, bestens geregeltes System erhalten. Auf Störungen von außen hat der Körper ein ganzes Bataillon an Abwehrkräften eingerichtet. Auch hier gilt: Greife nicht ein, wenn eine Eigenregulation möglich ist, gib dem Körper die Gelegenheit zur Regeneration. Man muss nicht mit Kanonen auf Spatzen schießen.

Zuerst versuche mit natürlichen Mitteln zu kurieren. Die Natur besitzt ein unerhörtes Regenerationspotential – man muss ihr nur die Chance geben, dieses Potential einzusetzen! Das braucht allerdings Zeit und etwas Geduld. Gib also der Natur die Chance zur Regeneration! Sie kann es!

Sowohl in der Umwelt als auch im eigenen Körper. Du musst nicht beim kleinsten Infekt ein Antibiotikum nehmen, mit all seinen Nebenwirkungen – leg dich lieber hin, trink Lindenblütentee und mach ein aufsteigendes Fußbad. Warte ab, wie sich der Infekt entwickelt. Es kann durchaus sein, dass du mit natürlichen Mitteln wieder gesund wirst. In der Umwelt: du musst nicht sämtliche Kohlereserven, Mineralstoffe, Wasser etc. aufbrauchen und unseren Nachfahren einen

riesigen Mangelplaneten hinterlassen, sondern lieber alterna-
tive Methoden der Versorgung ausarbeiten und auch verwirklichen. In die wissenschaftlichen Umweltforschungen
investieren und nicht in die Rüstungsindustrie und die
Kriegsmaschinerie!

*Das Wasser ist für das Überleben der Menschen wichtiger
als die Waffenproduktionen, die diese Leben zerstören!*

Der Köper hat sein eigenes Gleichgewicht – Regulationsner-
vensystem eingebaut: Das Sympathische und das Parasym-
pathische Nervensystem, die beide gegensätzlich arbeiten,
Teile des vegetativen Nervensystems (VNS) sind für die un-
willkürliche Steuerung der Organe, Körperfunktionen wie
Pulsschlag, Blutdruck oder Muskeltonus verantwortlich.
Der Sympathikus ist das System der Aktion, der Leistungs-
steigerung des Organismus („Arbeitsnerv") indes der
Parasympathikus das System der Ruhe, der Erholung („Ruhe
- oder Erholungsnerv") ist. Während der Sympathikus die
Organe handlungsbereit macht, sorgt der Parasympathikus
für deren Erholung. Diese beiden wirken als sich ergänzende
Gegenspieler und ermöglichen dadurch eine überaus feine
Steuerung der Organe. Zum Beispiel erhöht der Sympathikus
die Herzfrequenz, den Puls, die Atmung im Stress, während
der Parasympathikus den Puls und die Erregungsleitung verlangsamt und den Körper wieder in die Erholungsphase
bringt. So arbeitet im Körper ein fein ausgeklügeltes Gleich-
gewichtssystem, das perfekt funktioniert. Allerdings sollten
beide Systeme ausgeglichen sein, weder das eine noch das
andere überwiegen. Anspannung und Entspannung, Aktivität und Passivität, Arbeit und Ruhe sollten einander die
Waage halten. Dadurch ergibt sich Gesundheit und Wohlbe-

finden. Bei ständigem Überwiegen des einen oder des anderen Systems folgen Störungen, Krankheiten mit teils schwerwiegenden Folgen. Eigentlich tragen wir bereits in unserem Körper alles Wissenswerte für ein ausgeglichenes, gutes Leben mit uns herum. Haben wir aber seine Sprache auch verstanden?

Alles ist so organisiert, dass die ganze Natur wie ein Räderwerk mit ineinandergreifenden Zahnrädern funktioniert, welches von der Urkraft geleitet wird. Wenn nur ein einziges Rädchen einer Maschine (z.B. eines Autos) defekt ist, bricht das ganze Laufwerk zusammen und die ganze tolle Maschinerie funktioniert nicht mehr. Auch ein Fahrrad, bei dem nur ein einziges Glied der Fahrradkette defekt ist, kann nicht mehr fahren. Wenn ein Teil unseres Körpers krank ist, so ist der ganze Körper, körperlich, geistig und seelisch betroffen. So ist es auch in der Natur: Wird ein Teil defekt, so hat das weitreichende Konsequenzen. Z.B. hat die Klimaerwärmung einen fatalen Einfluss auf die Temperatur des ganzen Erdballs und die weiteren Konsequenzen dieser Erwärmung sind erschreckend und weithin nicht absehbar. Desgleichen zieht das soziale Ungleichgewicht zwischen Arm und Reich Aggression und Gewalt nach sich. Diese Schere öffnet sich derzeit immer weiter – 60 Menschen besitzen derzeit so viel wie die Hälfte der ärmeren Weltbevölkerung (das sind 3,5 Milliarden Menschen).

Nur eine Ausgewogenheit im sozialen Bereich, Chancengleichheit, gerechte Einkommens– und Ressourcenverteilung, eine Ein-Klassengesellschaft statt einer Zwei-Klassengesellschaft, wird eine friedliche Kooperation aller Menschen ermöglichen.

Um seelisch ins Gleichgewicht zu kommen, empfiehlt sich auch Musik! Am besten Melodien aus der Natur. Dr. Joe Dispenza hat folgendes herausgefunden: „Wir haben in klinischen Studien beweisen können, dass das Anhören von 2 Stunden Naturgeräuschen pro Tag, die Stresshormone bis zu 80% reduzieren und 500 - 600 DANN-Segmente aktiviert, von denen wir wissen, dass sie für die Gesundheit und die Heilungsfähigkeit des Körpers verantwortlich sind." Also: Vogelgezwitscher im Büro hebt die Stimmung - aber auch die Gesundheit!

> *Die Natur sagt dir vieles – lies im Buch der Natur und du wirst verstehen*

Mental: Wenn man ausgewogen wacht und schläft, genügend körperlich und geistig aktiv ist, ausgewogen und gesund isst und positiv denkt, so hat man das Beste für seine Gesundheit und sein inneres Gleichgewicht getan.

Heute haben wir häufig eine Dysbalance im Lebensrhythmus. Wir sitzen zu viel, obwohl der Mensch für das Gehen gebaut ist. Um Schritt für Schritt körperlich und geistig vitaler zu werden, empfiehlt die WHO, täglich 10.000 Schritte zu tun, was einer Strecke von 6,3 bis 7,3 Kilometern entspricht. Meist gehen wir aber nur 700 Meter. Wir ernähren uns
außerdem häufig falsch, denn durch die sitzende Lebensweise braucht der Körper eine leichte Kost mit maximal 2000 Kalorien pro Tag. Die Essenszeiten sollten auch gemäß dem Körperrhythmus stattfinden, da abends und nachts die Verdauungstätigkeit reduziert ist. Eine Volksweisheit besagt: „Frühstücken wie ein König, Mittagessen wie ein Kaiser und Abendessen wie ein Bettler." Wenn wir das

177

berücksichtigen würden, wären viele Krankheiten verschwunden.

Die richtige Mitte zu finden bedeutet: Weder zu viel arbeiten, noch zu wenig, weder zu viel essen, noch zu wenig, weder zu viel trinken, noch zu wenig, weder zu viel schlafen, noch zu wenig, weder zu viel Stress noch zu wenig Stress etc. Ausgeglichenheit in allem bringt Gesundheit, Freude, Leistungsfähigkeit und Harmonie.

Eine einfache Regel für die Gesundheit ist: „Alles in Maßen"

Ein Mensch, der sich im seelischen Gleichgewicht befindet, besitzt innere Ruhe und Gelassenheit. Auch im geistigen Bereich sollten wir uns nicht zu viel sorgen, sondern bewusst im Jetzt leben, achtsam sein und auch etwas für unsere Freude tun. Denn ein fröhlicher, gefestigter, ausgeglichener Mensch ist ein Labsal für seine Umgebung.

Selbsterkenntnis:

- ➤ Fühle ich mich im Gleichgewicht?
- ➤ Wenn Nein – Wo bin ich aus dem Gleichgewicht gefallen?
- ➤ Körperlich? Störung oder Krankheit? Seelisch?
- ➤ Was kann ich tun, um wieder in die Balance zu kommen?
- ➤ Lachst du oft? Hörst du oft Musik? Gehst du täglich 10.000 Schritte?
- ➤ Mein Vorschlag: ....

2. Alles ist mit allem verbunden

Du bist lebenslang mit der Natur verbunden – diese Nabelschnur wird nur bei deinem physischen Tod durchtrennt werden. Im Leben bist du durch deinen Atem, die Berührung des
Bodens mit deinen Füßen, den Erdmagnetismus, die Nahrung, die du zu dir nimmst, das Wasser, das du trinkst, mit
der Erde verbunden.

*Sei dir stets bewusst: Unser Planet ist wie ein verlängerter
Teil deines Körpers, dein Außenkörper quasi, der dich am
Leben erhält. Dein Organismus ist ein Teil des Erdorganis-
mus.*

Auch hier ist der physische Körper ein gutes Beispiel für:
„Alles ist mit allem verbunden". Mit der Atmung gelangt
Sauerstoff in den Körper. Durch das Blut wird er an sämtliche Zellen des Organismus transportiert, ohne den die Stoff-
wechselvorgänge nicht funktionieren können. Fehlt er, so ist
binnen 3 Minuten ohne Atmung der Tod die Folge, obwohl
alle anderen Organe völlig gesund sind. Wenn nur eines der
lebenswichtigen Organe wie Gehirn, Herz, Leber, Lunge,
Nieren nicht mehr funktionieren, so stirbt man ebenfalls
(ohne Kunsteingriffe). Im Körper ist alles mit allem verbunden. Sensationen des Körpers gehen über die Sinne und das
Nervensystem an übergeordnete Zentren, die wiederum
Reaktionen im physischen und emotionalen Bereich hervorrufen. Wenn nur eine winzig kleine Ameise über unsere
Zehen läuft, beeinträchtigt das unser Wohlbefinden – wir
versuchen sie loszuwerden mit der Hand, fürchten dass sie
uns beißt (emotional) – kurz und gut wir sind maßlos irritiert.
Sogar wenn wir Zahnschmerzen haben, ist eine Reihe von

anderen Funktionen gestört (Appetitlosigkeit, Angst, Schmerzen, Unwohlsein).

Denn unser körperliches und allgemeines Wohlbefinden ist vom ungestörten Funktionieren sämtlicher Organsysteme und Regulationen abhängig, im Innen wie im Außen. Dieses innere Funktionieren ist mit der Außenwelt untrennbar verbunden, sonst könnten wir nicht weiterleben. Ohne Nahrung, Luft, Licht, Wasser kann der Mensch nicht existieren - all das erhält er von seiner Erdenmutter, die ständig für ihn sorgt.

Die Erde selbst ist ebenso ein solch lebendiges Wesen. Am Beispiel Ökosystem: wenn die Abfälle aus den Großstädten im Wasser der Flüsse und Meere landen, deren Boden mit Plastikflaschen übersät ist, Öl in den Ozeanen versickert, die Computer und andere elektrische und technische Geräte in Afrikas Boden landen, so ist das eine enorme Belastung für die Erde. Unsere Flüsse und Ozeane werden durch giftige Abwässer verschmutzt, die das natürliche Leben im Wasser Großteils vernichten. Durch Methangase, die weitgehend durch den Fleischkonsum und die Massentierhaltung verursacht sind, erfolgt eine Erwärmung der Atmosphäre, die die Gletscher zum Schmelzen bringen, den Meeressspiegel ansteigen lassen und die Temperaturen der Erde um ca. 2-3 Grad erhöhen, was wiederum verheerende Folgen für die Natur hat. Eine erschreckende Anzahl an Lebewesen ist bereits durch die Klimaerwärmung ausgestorben, bzw. vom Aussterben bedroht. Die Regenwälder, die tausende Kilometer von uns entfernt sind, stellen das globale Gleichgewicht her, beeinflussen das Weltklima, die Artenvielfalt und die natürlichen Ressourcen. Wenn sie verschwinden zieht das schlimme Konsequenzen nach sich.

Wenn die Menschen im Westen und der USA zu viel Fleisch konsumieren, werden die Regenwälder in Südamerika dezimiert. Bereits jetzt ist der Methanausstoß von den Masttieren in diesen Tierfarmen größer als der Ausstoß von allen Verkehrsmitteln zusammen. Wenn die Schlachttiere welche mit Hormonen, Antibiotika usw. gefüttert und gemästet werden, so gelangen diese Chemikalien durch den Verzehr in deren Körper und später in den unseren. Turbokühe, Vernichtung der männlichen Küken, katastrophale Tierhaltung und Transporte etc. ist gegen die Natur. Viele Tiere werden als Genussobjekte ausgenützt, gequält und getötet. So als wären sie seelenlose Wesen, die man einfach umbringen darf. Jeder, der einen Hund, eine Katze, einen Vogel oder ein anderes Haustier hat, weiß genau, dass die Tiere empfindsame Seelen besitzen. Nur wir Menschen behandeln sie als seelenlos, ohne zu bedenken, dass wir die gleiche Abstammung besitzen.

Merke: Auch du stammst vom Affen ab! Tötest du ein Tier, vergehst du dich an deiner eigenen Gattung!

„Tiere sind meine Freunde und ich esse meine Freunde nicht." George Bernhard Shaw.

Gestatte mir, dass ich noch einige Missstände im Umweltgeschehen anführe, doch alles geschieht leider immer und immer wieder und es hat sich noch nichts geändert.

Plastikprodukte, Flaschen, Öl, Pestizide, Abfallprodukte verschiedenster Art gelangen in die Flüsse und auf den Meeresboden, zerstören dort das biologische Gleichgewicht.

Andere Beispiele:

➢ Das Great Barrier Riff in Australien, welches CO_2 absorbiert, ist bereits zur Hälfte zerstört und sehr stark beschädigt. 2016 und 2017 traten vermehrt Korallenbleichen auf, denn Korallenriffe sind sehr empfindliche Ökosysteme. Korallen sind lebende Organismen, Nesseltiere, welche in Symbiose mit einzelligen Algen leben. Jede Veränderung kann unvorhersehbare Schäden verursachen. Wenn die Temperatur des Meeres ansteigt produziert es durch den Wärmestress Giftstoffe und diese werden von den Korallen abgestoßen. Es kommt zu einem Ausbleichen der Korallen, die schließlich absterben. Ein Teil konnte sich wieder erholen, doch ein großer Teil des Riffs wurde in so gravierender Weise zerstört, dass es mehrere Jahre bis Jahrzehnte dauern wird, bis sich das Riff von den Schäden wieder vollständig erholt hat.

➢ Laut einer wissenschaftlichen Untersuchung sind bereits mehr als 75 % der fliegenden Insekten ausgestorben. Das renommierte Wissenschaftsjournal PLOS ONE veröffentlichte diese Studie „More than 75 percent decline over 27 years in total flying insect biomass in protected areas". Diese bestätigt erstmals den Insektenschwund in Deutschland. Zahlreiche ehrenamtliche Entomologen haben wissenschaftliche Daten zwischen 1989 und 2015 an über 60 Standorten gesammelt – die Ergebnisse sind erschreckend: Mehr als 75 Prozent Verlust an Biomasse bei Fluginsekten! Das bedeutet weniger Bienen, Fliegen, Schmetterlinge für Bestäubung und Nahrung für andere Tiere und deren Babys.

„Unsere Beobachtungen in Nordrhein-Westfalen sind beängstigend. Wenn uns die Fluginsekten fehlen, gerät die gesamte Nahrungskette in Gefahr: Blumen und Bäume werden

nicht mehr bestäubt und Mauerseglern und Schwalben fehlt die Nahrungsgrundlage", warnte Josef Tumbrinck, Landesvorsitzender des NABU Nordrhein-Westfalen.

„Zu viele Autos und Flugzeuge hinterlassen eine Spur von C02 in der Atmosphäre, was wiederum das Ozonloch grösser werden lässt und zur Klimaerwärmung beiträgt. Wenn die Klimaerwärmung weiter ansteigt, so ist die Folge eine weitere, weltweite Klimaveränderung und eine weitreichende Zerstörung der bestehenden Ökosysteme. Das wissen wir alle und spüren auch bereits die Konsequenzen. Die Gletscher schmelzen weltweit, die Eisberge der Antarktis ebenfalls, der Wasserspiegel der Meere steigt, der Grundwasserspiegel sinkt. Wassermangel in vielen Teilen der Welt wird zum vorrangigen Problem. Bereits heute herrscht an manchen Gebieten Afrikas, Indiens und der USA Wassermangel und Dürre als Folge. Die Menschen fliehen aus diesen Gebieten, um zu überleben.

Der Anteil an Umweltflüchtlingen ist bereits grösser als die der Kriegsflüchtlinge.

Frage dich selbst: Wie wird das enden? Was meinst du?

Probleme durch den Klimawandel sind bereits grösser als die Probleme durch den Krieg.

➢ *Eigenbericht:*

Im Jahr 2016 machte ich eine schockierende Entdeckung: in 3200 Meter Höhe, im Himalaya, nur 200 Meter vom Anfang des Pilgerortes entfernt, ging während der Wintermonate eine 20 Meter hohe, 40 Meter breite und 700 Meter lange Gletscherzunge vom Nar Berg in Badrinath ab und verlegte die Zufahrtsstraße. Doch nicht nur das - 2 km nach Ortsende ging noch eine kleinere Gletscherzunge ab und zerstörte ebenfalls die dortige Straße. Sogar in 4400 Meter Höhe verlegte ein Gletscherabgang den Zugang zu einem berühmten Gebirgszug, den man daraufhin nur unter großen Gefahren passieren konnte.

Fünf Jahre zuvor, als ich selbst auf diesem steilen Bergweg unterwegs war, sah ich einen riesigen Haufen aus Eisbruchstücken am Fuße eines 5700 Meter hohen Berges liegen. Zuerst dachte ich mir nur: „Was ist denn das? Hat hier jemand Eis angesammelt oder hergetragen?" Naiv wie ich damals war, habe ich zuerst gar nicht begriffen, woher die Eisschollen kamen, die hier mächtig überall herum lagen. Erst mein Bergführer erklärte mir, dass diese Eisansammlung ein Teil eines Millionen Jahre alten Gletschers war, der abgeschmolzen, daraufhin abgebrochen und heruntergestürzt war. Auch im September 2016 marschierte ich in 4300 Meter Höhe über eine 1 Kilometer lange und breite Gletscherzunge, die vom gleichen Gletscher abgestürzt war, auch das eine Konsequenz der weltweiten Klimaerwärmung.

Wie sieht wohl die Zukunft unserer Berge und Gletscher aus? Und all der Menschen die dort leben? Werden unsere Berge aussterben? Und unsere Zukunft mit dazu? Werden wir bald Kriege um das Recht auf Wasser führen?

Als ich das Erlebte entsetzt jemanden erzählte, sagte der bloß ungerührt: „Ja, ja, das ist ja jetzt überall so!".... er sagte das so, als wäre das die normalste Sache der Welt, dass überall die Gletscher schmelzen.

Normal ist, dass der Mensch stirbt – es ist aber NICHT NORMAL, dass die Natur stirbt!

Die Natur lebt im ständigen Werden weiter – wenn der Mensch sie lässt……

Wenn wir Menschen nur nach unseren eigenen Wünschen und Begierden handeln, ohne Rücksicht auf die Gesetzmäßigkeiten der Natur, werden wir sie auf lange Sicht gesehen zerstören und uns selbst dazu. Es ist eine Art Selbstmordkommando, das wir hier und jetzt betreiben.

Der kanadische Stamm der Cree-Indianer: *„Erst wenn der letzte Baum gerodet, der letzte Fluss vergiftet, der letzte Fisch gefangen ist, werden die Menschen feststellen, dass man Geld nicht essen kann."*

„Lehrt eure Kinder, wie wir unseren Kindern lehren: Die Erde ist unsere Mutter. Was der Erde widerfährt, widerfährt auch den Söhnen der Erde. Wenn Menschen auf die Erde spucken, bespeien sie sich selbst.

Denn das wissen wir, die Erde gehört nicht den Menschen, der Mensch gehört der Erde. Das wissen wir. Alles steht mit allem in Verbindung, wie das Blut, das eine Familie vereint.

Was immer der Erde widerfährt, widerfährt auch den Söhnen der Erde. Der Mensch hat das Gewebe des Lebens nicht erschaffen, er ist nur eine Faser.

Was immer ihr dem Gewebe antut, das tut ihr euch selber an." Aus der Rede des Häuptlings Seattle an den Präsidenten der USA im Jahre 1855. Olten 1982/1992

> die Natur sagt dir vieles – lies im Buch der Natur und du wirst verstehen

Mental: Wir sind also im grob- und feinstofflichen stofflichen Bereich miteinander verbunden, eine einzige, große Menschenfamilie. Die Quanten, die kleinsten Bausteine der

Materie, sind von einem universellen Feld, der Matrix, umgeben. Im feinstofflichen Bereich sind wir durch das universelle Bewusstsein miteinander vernetzt. Alles, du, ich, wir, Menschen, Tiere, Pflanzen und die Natur bilden ein Ganzes, eine Einheit. Wie ein Tropfen Meerwasser alle Eigenschaften des Ozeanwassers besitzt, so haben wir in unserer Seele das Bewusstsein des Schöpfergeistes, das im hebräisch „odem", im Sanskrit „atma", in der Huna Philosphie „kane" heißt. Die neuen wissenschaftlichen Erkenntnisse decken sich mit den Aussagen der uralten Weisheitslehren des Ostens und des Westens. Wir kehren derzeit zu den alten Wahrheiten zurück und erkennen wissenschaftlich ihren Wahrheitswert.

Es ergibt sich also, dass Achtsamkeit und Respekt im Umgang mit allem was den Namen Natur trägt, eine „conditio sine qua non", eine unbedingte Voraussetzung, für ein gemeinsames, friedliches Leben auf diesem einzigartigen Planeten Erde ist.

Selbsterkenntnis:

➢ Bin ich von diesen Gedanken überzeugt? Ja? Nein?
➢ Wieso Ja? Wieso Nein?
➢ Fühle ich mich als Teil eines größeren Ganzen?
➢ Fühle ich mich isoliert, getrennt vom Ganzen?
➢ Was sind die Konsequenzen?

3. Das Einzelne beeinflusst das Ganze

Der „Regen" im Osten beeinflusst das Wetter im Norden, die Hitze am Äquator beeinflusst die Temperaturen am Mittelmeer, die Kälte der Antarktis beeinflusst die Temperaturen in Afrika. Elektromagnetische Wellen durchziehen die Kontinente und beeinflussen das Individuum und das Weltgeschehen.

Wenn du dich als Teil der Welt siehst und nicht getrennt von ihr, so kannst du mit Hilfe deiner Gedankenkraft vieles in Bewegung setzen. Denn man weiß heute, dass sich Informationen schneller als die Lichtgeschwindigkeit ausbreiten können und an zwei Orten gleichzeitig sein können.

Beispiel aus dem „Healing Code" von Dr. Alex Loyd, S 178: an Hand eines einfachen Experiments weist er nach dass unsere Gedanken, die aus dem Herzen kommen über den Gedanken, die vom Gehirn kommen, stets siegen.

Ein einzelner Gedanke, jede Handlung, jede Entscheidung, jedes Gefühl beeinflusst das Energiefeld des Universums. Es besteht also die reale Möglichkeit, dass man über das universelle Energiefeld Einfluss nehmen kann um Frieden, Liebe, Mitgefühl für unseren Planeten und seine Bewohner zu erreichen.

„Man kann sich den göttlichen Ursprung wie ein unendlich großes Tuch vorstellen, welches sich weich durch das ganze Universum spannt. Ab und zu wirft es ein paar „Falten", die dann als Stein, Baum, Pflanze oder Mensch in Erscheinung treten. Letztlich sind all diese Dinge nur Wellen im Feld." Gregg Braden (Im Einklang mit der göttlichen Matrix).

Neue Möglichkeiten eröffnen sich für uns. Wir haben viel mehr Chancen, Dinge auf verschiedenen Ebenen zu beeinflussen als jemals zuvor Individuen in der Menschheitsgeschichte vor uns. Diese segensreichen Werkzeuge können zum Wohle der gesamten Menschheit eingesetzt werden.

> *Die Natur sagt dir vieles – lies im Buch der Natur und du wirst verstehen*

Mental: Man darf nicht glauben, dass der Einzelne nichts ausrichten kann in einer Gemeinschaft, mag sie auch noch so groß sein. Immer wieder hören wir von solchen Leistungen. Snowden z.B., der die Machenschaften der CIA aufdeckte, unter Gefahr für ihn selbst, M. Gandhi, der der Gewaltlosigkeit politische Macht verlieh, Nelson Mandela in Afrika, der den Friedensnobelpreis erhielt. Was trieb diese Menschen dazu, sich gegen den Strom zu stellen? Überzeugung der gerechten Sache, selbstloser Einsatz, Mitgefühl für andere Menschen und Vertrauen in das Ziel. Dies verlieh ihnen besondere Kräfte, die es ihnen ermöglichte, Großes zu erreichen.

„Wir sind nicht Geschöpfe der Umstände, wir sind Schöpfer von Umständen." Bernd Heinrich Wilhelm von Kleist

Im Energiefeld deines Körpers spielt der Einfluss deiner Gedanken und Gefühle eine übergeordnete Rolle. Allein der bloße Gedanke, dass ein Tiger im nächsten Moment dein Zimmer betritt, löst eine Kette an Angstreaktionen in dir aus, die du kaum beherrschen kannst. Wenn du hingegen an schöne und erhebende Augenblicke denkst, so erhöht sich augenblicklich dein Energiepegel. Mit Disziplin und Selbstkontrolle gelingt es den Geist zu kontrollieren und ihn in eine bestimmte Richtung zu lenken.

Selbsterkenntnis:

➢ Bin ich von meiner mentalen Kraft überzeugt?
➢ Habe ich die Kraft und die Selbstsicherheit, mich durchzusetzen?
➢ Meine Stärken zu entwickeln?

188

> Bin ich überzeugt, dass meine Gedanken weithin wirken?
> Übe ich mich in Gedankenkontrolle?
> Kann ich Ziele klar formulieren und verfolgen?
> Nenne Beispiele ……………………………………..

4. Die Natur genügt sich selbst

Die Natur kommt ohne den Menschen aus - doch der Mensch braucht für seinen Fortbestand UNBEDINGT die Natur!

Wenn du je in einen unberührten Regenwald warst, wo niemals ein Mensch eingriff, wirst du die wunderbare, heilende Energie des natürlichen gewachsenen Waldes spüren. Wenn du hingegen in einen tadellos gepflegten Park in der Stadt gehst, wirst du eine ganz andere Art der Energie wahrnehmen. Das heißt nicht, dass es keine Parks mehr geben soll, sondern dass jeder Eingriff des Menschen in die Natur ihr Schwingungsfeld verändert.

Je unberührter die Natur bleibt, umso stärker ist ihre heilende Wirkung. Dort wo der Mensch in die Natur eingreift, schwächt er ihr heilbringendes Energiefeld ab.

Deshalb fühlst du dich in den Wiesen wohl, im Schnee, am Meer, am Fluss, in den Dünen, am Felsen, in den Bergen. Wenn du die Erde unter deinen nackten Füssen spürst, den Duft der Blumen riechst, den Wind der deine Wangen streichelt, das Rauschen des Wassers hörst, das Vogelgezwitscher - das alles ist unberührte Natur pur, die zu deiner Regeneration benötigst.

Es ist eine Tatsache, dass die Natur sich selbst genügt. Sie besitzt die Fähigkeit der Selbstregulation und funktioniert nach einem streng geregelten Plan. Wenn auch nur ein einziger Regelkreis, z.B. der perfekte Wasserkreislauf anders abläuft, wirkt sich das auf das ganze System aus und bringt es zum Erliegen. Dies ist eine Tatsache, die uns zum Nachdenken zwingt.

In der ganzen langen Evolutionsgeschichte des Menschen und der Erde gab es immer wieder Phasen der Zerstörung. Die Sintflut, mehrere Eiszeiten rotteten fast alles Leben auf Erden aus. Doch in den nachfolgenden Jahrtausenden fand sich wieder neues Leben, neue Tiere, Pflanzen, Arten und Gattungen entstanden und der Planet wurde wieder belebt. Es erfolgte eine Regeneration nach dem totalen Zusammenbruch. Die Natur passte sich an die neuen Gegebenheiten **langsam** an und stellte sich auf die neuen Anforderungen mit neuen Kreationen ein. Das geschah allerdings nicht in wenigen Jahren, sondern in großen Zeitabschnitten.

Heute jedoch hat die Natur keine Zeit der Regeneration und keine Zeit, sich auf die neuen Situationen einzustellen und darauf zu reagieren. Sie ist einfach überfordert. Zu schnell werden die Wälder gerodet. Ein Baum der 100 Jahre Wachstum benötigte, kann nicht in 3 Jahren wieder vollkommen nachgewachsen sein. Der Wald braucht seine Zeit, um wieder ein Wald zu werden. Eine Feuerrodung vernichtet auch sämtliche Tierarten und das ganze Ökosystem. Es dauert Jahrzehnte, bis wieder ein ganzer Wald entsteht. Ein Feld, das ausgebeutet wurde, kann nicht im nächsten Jahr wieder eine tragfähige Ernte tragen und so entstehen unfruchtbares Land, Erosionen und Wüsten. 600 Millionen Hektar Land weltweit wurden bereits durch falsche Bewirtschaftung an die Wüste verloren.

Wusstest du, dass:

> JEDEN TAG EIN BAUM 100 LITER WASSER AN DIE LUFT ABGIBT?

> REGENWÄLDER HEUTE NUR MEHR 7% des FESTLANDS BEDECKEN? Das Schicksal ganzer Völker hängt von diesen Wäldern ab.

> Der tropische Regenwald außerdem 50% aller lebenden Arten schützt?

> 50% der Medikamente aus Pflanzen hergestellt wird?

> Durch den Fleischkonsum wir indirekt zur Abholzung der Wälder beitragen?

> Ein SOLAROFEN 10 kg Holzkohle pro Tag spart?

> Bäume nicht alt werden, weil sie immer wachsen und sich regenerieren?

> Wir BAUMBEWOHNER waren? Unser aufrechter Gang kommt von den Primaten, die sich an den Händen durch die Äste der Bäume geschwungen haben.

> Der Wald lebenswichtig ist? Durch ihn können wir atmen, durch ihn erst ist die Erde bewohnbar. Wird ein Baum gefällt, schicken wir mehr Co2 in die Luft und verstärken somit die Klimakrise.

> Der Baum folglich unser Lebenserhalter ist?

> Die Vernichtung des Waldes zu 20% für den Treibhauseffekt verantwortlich ist, die gleiche Menge wie der gesamte Verkehr?

> Es ohne Bäume keine Menschheit gibt?

Folgerung: Pflanze so viele Bäume als möglich! - Immer, überall, so viele du kannst! Denn BÄUME SIND UNSERE VERBÜNDETEN und Lebens-Erhalter!

Millionen von neu gesetzten Bäumen könnten die Klimaerwärmung aufhalten – denn dieser wird durch das CO_2 hervorgerufen, das die Bäume absorbieren und in O_2 umwandeln können!

> *Die Natur sagt dir vieles – lies im Buch der Natur und du wirst verstehen*

Mental: Leider kann man nicht behaupten, dass die Menschheit sich selbst genügt, wie es uns die Natur vorgibt, denn wir sind von ihr physisch vollkommen abhängig. Wo dieses Gesetz allerdings Anwendung findet, ist im geistigen Bereich. Das Wissen um die Einheit des Individuums mit der Schöpfernatur macht uns unabhängig von äußeren Umständen. Diese geistige Unabhängigkeit zu entwickeln ist ein Aspekt von hoher Lebensweisheit. Daher wird in vielen religiösen und geistigen Richtungen die Aufgabe von eigenen Wünschen und Begierden (da sie Abhängigkeiten erzeugen) gelehrt und praktiziert.

Wenn wir unabhängig sind von Zuspruch, Lob oder Tadel von anderen, unabhängig von Hitze oder Kälte, Freud oder Leid, immer gelassen und in uns selbst ruhend, so haben wir den Zustand der geistigen Freiheit und Unabhängigkeit erreicht, den uns die Natur vorgibt. Im Einklang mit den geistigen Werten, genüge ich mir selbst und richte mein Leben auf mein Lebensziel aus. So werde ich unabhängig und gleichzeitig zum Lichtträger für andere.

Selbsterkenntnis:

➤ Welches System arbeitet selbstständig? Gib Beispiele
➤ Gibt es überhaupt Abgeschlossenheit in der Natur?

➢ In welchen selbständigen Kreislauf bin ich integriert?

➢ Bin ich unabhängig? Geistig? körperlich? seelisch?

5. Akzeptanz

Akzeptanz ist die Bereitschaft, etwas an-zu-nehmen. Akzeptanz (von lat. „accipere"=gutheißen). Es wird verstanden als annehmen, anerkennen, einwilligen, hinnehmen, billigen, mit jemandem oder etwas einverstanden sein. Akzeptanz bedeutet aber nicht Tatenlosigkeit: es ist eine innere Einstellung, die uns aber nicht daran hindert Taten zu setzen.

Eine der größten Lehren, die uns die Natur beschert ist ihre unerhörte Akzeptanz. Die Natur ist Olympiasiegerin in der Sparte Akzeptanz.

Hast du dir schon einmal überlegt, dass ein Baum einfach auf seinem Platz stehen bleibt, egal ob bei Sonne, Wind, Regen, Sturm oder Schnee? Egal ob man seine Zweige beschneidet oder seine Früchte pflückt? Er bleibt immer gleich, er wehrt sich nicht. Oder hast du erlebt, wenn du seine Kirschen pflückst, dass der Kirschenbaum mit seinen Zweigen dir eine Ohrfeige verpasst? oder dass er dir einen spitzen Ast in den Rücken sticht, wenn du dich an ihn anlehnst? Dass ein Baum zurückschlägt, wenn man ihn fällt? Wohl kaum – denn der Baum akzeptiert alles. Er läuft auch nicht davon, egal was mit ihm oder um ihn herum geschieht. Diese Eigenschaft war die erste Entdeckung auf meinem Weg zur Heilsprache der Natur und sie hat mich sehr beeindruckt- denn ich stellte mir die überaus wichtige Frage: Akzeptiere ICH alles was das Leben mir bietet? Wo gibt es Widerstände in mir?

> *die Natur sagt dir vieles – lies im Buch der Natur und du wirst verstehen*

Mental: Alles zu akzeptieren bedeutet auch, nicht zu verurteilen, sondern die Dinge einfach als Tatsachen, ohne emotionale Bewertung, anzunehmen, so wie sie sind. Das Leben so annehmen, wie es ist. Das heißt aber nicht, tatenlos zu sein, sondern nur emotionslos den Dingen gegenüber sein, doch sehr wohl aktiv zu werden, wenn es nötig ist. Zum Beispiel: „Ich akzeptiere es, dass ich jetzt krank bin, werde aber alles tun, um wieder gesund zu werden. Außerdem versuche ich, den Sinn dieser Erkrankung zu begreifen."

Dazu eine wunderbare Geschichte:

„In einem kleinen Dorf, in dem der große Zen-Meister Hakuin lebte, wurde ein Mädchen schwanger. Ihr Vater wollte sie zwingen, ihm den Namen ihres Liebhabers zu nennen, und so sagte sie schließlich, nur um einer Bestrafung zu entgehen, dass es Hakuin war. Da schwieg der Vater, aber als die Zeit der Geburt gekommen war, brachte er das Baby sofort zu Hakuin und warf es ihm hin." Es scheint, dass das dein Kind ist" sprach er und empörte sich lang und breit über diese Schande. Der Zen-Meister sagte nur: „Ach, ist das so?" und nahm das Baby in seine Arme. Wohin er nun ging, nahm er das Baby mit, eingewickelt in den Ärmeln seines zerlumpten Gewandes. An regnerischen Tagen und in stürmischen Nächten ging er in die Nachbarhäuser und bettelte um Milch. Viele seiner Schüler, die ihn als gefallen betrachteten, wandten sich gegen ihn und zogen davon. Und Hakuin sagte kein einziges Wort. Unterdessen entdeckte die Mutter, dass sie den Schmerz, von ihrem Kind getrennt zu sein, nicht ertragen konnte. Sie bekannte den Namen des wirklichen Vaters, und ihr eigener Vater eilte zu Hakuin, warf sich vor diesem nieder und bat ihn immer wieder um

Vergebung. Hakuin sagte nur: „Ach, ist es so?" und gab ihm das Kind zurück." Geschichte von Osho

Das nennt man wahrlich ein hohes Maß an Akzeptanz und Gelassenheit. So wie ein Spiegel dein Bild reflektiert – er tut es einfach und das ist weder gut noch ist es schlecht. Die Dinge nicht zu akzeptieren, der Kampf GEGEN etwas ist ein enormer Kraftakt, denn deine Gefühlswellen gehen hoch und dadurch verlierst du an Energie. Akzeptanz hingegen ist wie die ruhige, stille See und deine innere Ruhe bleibt unberührt. Wenn du in der Lage bist, alles in dir und außerhalb von dir, in deinem Leben zu akzeptieren, so lebst du ohne Spannungen und bist ein gelassener, zufriedener und in sich gefestigter Mensch.

Selbsterkenntnis:

➤ Akzeptiere ich alles, was in meinem Leben geschieht?

➤ Was kann ich nicht akzeptieren?

➤ Welche Gefühle entwickeln sich in mir durch meine Nicht- Akzeptanz?

➤ Sind es angenehme Gefühle? oder unangenehme?

➤ Wie kann ich damit umgehen?

➤ Mein Vorschlag für mehr Akzeptanz: …………………..

6. Geduld

„Nimm den Frieden der Natur in Dir auf, ihr Geheimnis ist Geduld." Ralph Waldo Emerson

Es gibt keinen Beschleuniger in der Natur. Keine Hektik, Überarbeiten, keinen Stress, keinen Druck. Die Natur kennt kein BURNOUT.

Geduld ist ein Hauptkriterium der Natur. Wachstum und Reifung geschieht in eben der Zeiteinheit, die nötig ist. Der Apfel kann nicht schon im Frühjahr geerntet werden, auch wenn du dich noch so sehr bemühst. Die Sonne wird nicht schneller untergehen, die Mondphasen sich nicht verkürzen, der Kaktus nicht öfter blühen, die richtige Austragungszeit eines Babys sich weder verlängern noch verkürzen, das Maiglöckchen kannst du nicht im Winter pflücken, die Vögel singen nicht im Winter – nur weil DU es willst. Wachsen und Heranreifen geschieht nach dem individuellen, universellen Plan, in der dafür bestimmten Zeiteinheit.

„Treib' den Fluss nicht an, lass' ihn strömen." Lao-Tse

Geduld bringt innere Ruhe, Ruhe bringt Zufriedenheit, Zufriedenheit bringt Wohlgefühl. Mit Geduld erreicht man seine Ziele, verletzt niemanden, steht gelassen über den Dingen.

Dazu eine schöne Geschichte:

Das Geheimnis der Zufriedenheit

Es kamen ein paar Suchende zu einem alten Zen-Meister. "Herr," fragten sie "was tust du, um glücklich und zufrieden zu sein? Wir wären auch gerne so glücklich wie du."

Der Alte antwortete mit mildem Lächeln: "Wenn ich liege, dann liege ich. Wenn ich aufstehe, dann stehe ich auf. Wenn ich gehe, dann gehe ich und wenn ich esse, dann esse ich."

Die Fragenden schauten etwas betreten in die Runde. Einer platzte heraus: "Bitte, treibe keinen Spott mit uns. Was du sagst, tun wir auch. Wir schlafen, essen und gehen. Aber wir sind nicht glücklich. Was ist also dein Geheimnis?"

Es kam die gleiche Antwort: "Wenn ich liege, dann liege ich. Wenn ich aufstehe, dann stehe ich auf. Wenn ich gehe, dann gehe ist und wenn ich esse, dann esse ich."

Die Unruhe und den Unmut der Suchenden spürend, fügte der Meister nach einer Weile hinzu: "Sicher liegt auch Ihr und Ihr geht auch und Ihr esst. Aber während Ihr liegt, denkt Ihr schon ans Aufstehen. Während Ihr aufsteht, überlegt Ihr wohin Ihr geht und während Ihr geht, fragt Ihr Euch, was ihr essen werdet. So sind Eure Gedanken ständig woanders und nicht da, wo Ihr gerade seid. In dem Schnittpunkt zwischen Vergangenheit und Zukunft findet das eigentliche Leben statt. Lasst Euch auf diesen nicht messbaren Augenblick ganz ein und Ihr habt die Chance, wirklich glücklich und zufrieden zu sein." Verfasser unbekannt, aus https://www.lichtkreis.at

> die Natur sagt dir vieles - lies im Buch der Natur und du wirst verstehen

Geduld ist eine Eigenschaft, die in unserer schnelllebigen Zeit rar geworden ist. So ist es gut, dass wir die Natur als Meisterin der Geduld vor unseren Augen haben. Die alten Weisen lehren uns immer wieder: Geduld, Gelassenheit, Erwartungslosigkeit sind die Pfeiler, die man braucht, um inneren Frieden und Ausgeglichenheit zu erwirken.

Der Weise wartet geduldig bis die Zeit reif ist, denn er weiß, dass Ungeduld keine Früchte trägt.

„Das Gras wächst nicht schneller, wenn man es zieht." Afrikanisches Sprichwort

Vielleicht ist diese Geduld einer der Gründe, warum wir uns in der Natur so gut sammeln können und ruhig werden. Denn die Energie, die unsere Umgebung ausstrahlt, wirkt auf uns zurück. In einer lauten, befahrenen Straße wirst du dich nicht so wohl fühlen, wie auf einer Bergwiese. Die Energien sind total gegensätzlich: da die künstliche, technische Umgebung, der Lärm, die Auspuffgase, Menschen in Eile – all das ist nicht erholsam. Dort die natürliche Bergwiese, wo alles in Ruhe und Gleichmaß geschieht, wo Schönheit dein Auge erfreut, die Luft klar und rein ist, da reflektiert dieser harmonische Gleichklang auf dich zurück. Geduld ist eine Kunst, die du beherrschst, wenn du in Ruhe auf den richtigen Zeitpunkt wartest.

„Es braucht seine Zeit, bis aus einem Keim ein großer Baum wird." Vishwaguruji

"Unter 20 Fällen macht 19mal fester Wille und Geduld das sogenannte Unmögliche, ganz über alle Erwartungen, leicht möglich." Hermann von Pückler-Muskau

Selbsterkenntnis:

➢ Wie siehst du dich?

➢ Geduldig oder ungeduldig? Bewerte es auf einer Skala von 1 – 10

➢ Wartest du geduldig in einer Menschenschlange? Oder nicht?

➢ In welcher Situation warst du ungeduldig?

➢ In welcher Situation warst du geduldig? Lobe dich dafür!

➢ Wofür ist Geduld wichtig? Nenne bitte mindestens fünf Gründe.

Die Geschichte von Buddha, der seinem Schüler Ananda erklärt, wie er seinen inneren Buddha entdeckt - trotz Emotionen und aufwühlender Gedanken:

„Gautam Buddha und Ananda, sein Schüler, gingen durch einen Wald. Sie hatten gerade einen kleinen Fluss durchschritten. Buddha war ein alter Mann und sagte zu Ananda: „Ich habe Durst, gehe bitte mit meiner Bettelschale zurück zum Fluss und bringe mir Wasser." Ananda nahm die Schüssel und ging. In der Zwischenzeit hatten mehrere Fuhrwerke den Fluss durchquert und das Wasser total aufgewühlt. Es war ganz schlammig. Verwelkte Blätter, die vorher still am Grund gelegen hatten, waren nach oben geschwemmt worden. Das Wasser war nicht trinkbar und Ananda wusste nicht, was er tun sollte. Also ging er zurück.

Es braucht ein wenig Geduld, bis das Wasser wieder klar wird: Buddha saß unter einem Baum und fragte ihn: „Hast du das Wasser?" Ananda erzählte ihm, was passiert war. Buddha sagte: „Du hast nicht verstanden. Gehe wieder zurück und setze dich neben den Bach. Als wir kamen, war er klar. Warte, es braucht nur ein wenig Geduld. Bald werden die Blätter wieder weg sein, denn der Fluss fließt, sie können nicht lange dortbleiben. Der Schmutz wird absinken. Die Gravitation zieht alles dauernd zu sich. Bald wird das Wasser wieder klar sein."

Die Buddha-Natur in uns enthüllt sich mit Geduld.

Ananda ging zurück zum Fluss, der zu seinem Erstaunen völlig klar geworden war. Er schöpfte Wasser in Buddhas Schale und ging zurück. Auf dem Weg dorthin verstand er, was Buddha gemeint hatte. Genau wie die Blätter und der Schmutz, die nicht zu einem Fluss gehören, genau wie sie irgendwann bestimmt weggeschwemmt werden, genauso passiert es mit unseren Gedanken und Emotionen, unseren Empfindungen, die ebenfalls nicht zur Buddha-Natur gehören.

Wenn wir geduldig warten, dann wird alles verschwinden, ohne dass wir etwas dazu tun müssen. Die Reinheit wird sich selbst durchsetzen. Der innere Buddha taucht spontan auf.“
Osho, Auszug aus The Miracle #4

Bei aufwühlenden Gedanken oder Gefühlen habe Geduld, der emotionale Schlamm wird absinken und dann wird sich deine wahre innere Natur zeigen.

7. Genügsamkeit

„Wer bekommt, was er mag, ist erfolgreich. Wer mag, was er bekommt, ist glücklich.“ Martin Luther

Genügsamkeit ist eine Selbstregulation der Natur. Sie ist so klug und flexibel, sich auf geänderte äußere Umstände wie Temperatur, Jahreszeiten, Feuchtigkeit oder Trockenheit, Hitze oder Kälte einzustellen. Sie verändert sich gemäß den äußeren Umständen. Beispiele:

➢ In der Trockenzeit begrenzen sich die Bäume in der Wüste eigenständig: Sie opfern Triebe und ganze Zweige, damit der Baum weniger Wasser braucht, da es wenig davon gibt. Sie reduzieren ihren Wasserbedarf, indem sie sich selbst kürzen und sichern somit ihr Überleben. Welche Intelligenz und Nachhaltigkeit! Sie entschließen sich zu überleben und ziehen daraus die Konsequenz, auch wenn sie dadurch ihre Weiterentwicklung verlieren. Sie werden genügsamer, um das Wenige das vorhanden ist, sinnvoll zur eigenen Lebenserhaltung zu verwenden. Kakteen können außerdem bis zu mehreren Hundert Liter Wasser speichern. Wasser sammeln und Verbrauch minimieren lautet ihre Überlebensdevise. Welch ein Beispiel!

- ➢ Im Herbst zieht sich aus den Bäumen das Wasser zurück, die Blätter fallen ab, sie reduzieren sich auf ihren inneren Stoffwechsel.
- ➢ Wenn der Mensch einen schweren körperlichen Schock erleidet, kontrahieren sich die Gefäße an der Peripherie und das Blut wird zu den lebenswichtigen Organen gepumpt.
- ➢ Bären und andere Tiere begeben sich in den Winterschlaf, wo sie nur wenig zum Überleben brauchen.
- ➢ Pflanzen und Blumen wachsen aus winzigen Steinritzen hervor.
- ➢ Der Mensch ist fähig, sich mit Genügsamkeit an schwierige äußere Umstände anzupassen.
- ➢ Für die Gesundheit ist Genügsamkeit besser als Überfluss. Überfluss ist immer ungesund.
- ➢ Kinder besser zu Genügsamkeit erziehen statt zum Überfluss.
- ➢ Genügsamkeit führt zu Einfachheit und Zufriedenheit.
- ➢ Genügsamkeit durch Konzentration auf eine Sache führt zum Wesentlichen: Den Gesang eines Vogels hören, ein Bild betrachten, eine Blume sehen, den Himmel beobachten. Die Sinne auf ein Objekt zu konzentrieren ist Grundlage von Meditationstechniken und Yogaübungen, weil es die innere Sammlung und die Konzentrationsfähigkeit fördert und erhöht. Dadurch beruhigt sich auch der Geist und man wird ruhig und entspannt.

Die Natur ist genügsam. Die Pflanze nimmt nicht mehr Wasser auf als sie braucht. Bekommt sie zu viel oder zu wenig Wasser stirbt sie ab - entweder ertrinkt sie oder sie verdorrt. Der menschliche Körper braucht eine gewisse Menge an Sauerstoff zum Atmen. Bekommt er zu wenig, funktioniert der gesamte Zellstoffwechsel nicht mehr, wenn von der

Lunge nicht genügend O2 an die Peripherie transportiert wird (z.B. bei Asthma, Höhenkrankheit). Gelangt er unter einen kritischen Wert, ist der Tod die Folge. Bekommt der Körper zu viel O2, so ist ebenfalls Krankheit die Folge. Bei der Caisson Krankheit durch zu tiefe Tauchgänge kommt es zu einer O2-Vergiftung am zentralen Nervensystem

Alles was ZU VIEL – oder ZU WENIG in der Natur ist, führt zu gravierenden Schäden, die oftmals irreversibel sind.

Zu viel Wasser führt zu Überschwemmungen, zu wenig Wasser zu Dürren, zu viel Wind zu Stürmen und Tornados. Zu viel Sonne kann zu Hautkrebs führen, zu wenig Sonne zu Depressionen und Vitamin D3 Mangel. Zu viel Jod im Körper führt zu Hyperthyreosen, zu wenig Jod führt zu Hypothyreose, beides Schilddrüsenerkrankungen mit massiven Symptomen. Zu viele Borkenkäfer schädigen den Wald bis zum Tod der Bäume, zu wenige Borkenkäfer fehlen den Tieren in der Nahrungskette. Die Liste ließe sich endlos fortsetzen.

Wir sehen also, dass es in der gesamten Natur genaue Grenzwerte gibt, die nicht zu über- oder unterschreiten sind, da sonst schwere Schädigungen eintreten.

So ist die Genügsamkeit eine Taktik der Natur, um Leben und Fortbestand zu sichern.

➢ **absolut nachahmenswert!**

> die Natur sagt dir vieles – lies im Buch der Natur und du wirst verstehen

Mental: Heilsam ist es, das Viele auf Weniger zu reduzieren. Beispiel an Zu viel: Sich zu viel sorgen, zu viele Gedanken, zu viel reden, zu viel essen, zu viel schlafen, zu viel sitzen, zu viel leiden, zu viel kaufen, zu viel rauchen, zu viel saufen, zu viel TV schauen, zu viel in den elektronischen Medien sein, zu viel nörgeln, zu viel…, zu viel…

Die Natur zeigt uns vor: VERBRAUCH MINIMIEREN, Überfluss reduzieren – genügsamer und zufriedener werden.

„Das wahre Glück liegt in der Genügsamkeit" Johann Wolfgang von Goethe

Das Gegenteil von Genügsamkeit ist Habgier, die Gier, etwas haben zu wollen. Ist es nicht gerade diese Eigenschaft, die uns all die Probleme auf der Erde bringt? Habgier in der Wirtschaft, Habgier des Einzelnen, gieren nach mehr Geld, mehr Besitz, mehr Macht, mehr Schmuck, mehr Delikatessen, mehr Fleisch, mehr und immer wieder mehr. Im Westen bekommen wir den Weg der Genügsamkeit immer weniger gelehrt oder vorgezeigt. Die Wirtschaft gaukelt uns vor, dass wir durch ständige Wunscherfüllung reich und zufrieden werden. Doch das Gegenteil ist der Fall: Ist ein Wunsch erfüllt, kommt sofort der nächste, wir hören nicht auf, uns etwas zu wünschen, es ist wie eine Sucht.

Dazu eine berühmte Geschichte aus Indien:

BEGEHREN - **Die wundersame Bettelschale**

Ein Bettler sprach einmal einen König an. Es war früh am Morgen und der König begab sich gerade auf einen Morgenspaziergang in seinen wunderschönen Park; ansonsten wäre es für den Bettler schwierig gewesen, den König zu

treffen. Aber nun war gerade niemand da, um den Bettler zu verjagen.

"Was begehrst du?" fragte der König. Der Bettler sagte: "Bevor du mich das fragst, überlege es dir gut." Der König war noch nie einem solchen Menschen begegnet, denn er war ein Mann wie ein Löwe! Der König hatte viele Siege errungen und klar demonstriert, dass niemand mächtiger ist als er, und dieser Bettler wagte es tatsächlich, ihm zu sagen: "Überlege dir gut, was du sagst, denn es kann sein, dass du es nicht erfüllen kannst."

Der König meinte: "Keine Sorge, das ist meine Sache. Begehre, was du willst, und es wird geschehen." Der Bettler sagte: "Siehst du meine Bettelschale? Ich möchte, dass sie gefüllt wird. Es spielt keine Rolle, womit - die einzige Bedingung ist, dass sie gefüllt wird. Sie sollte voll sein. Du kannst immer noch Nein sagen. Wenn du aber Ja sagst, riskierst du viel."

Der König lachte. Nur die Schale eines Bettlers füllen. Und dieser warnte ihn auch noch? Er rief seinen Großwesir und ließ ihn die Bettelschale mit Diamanten füllen, damit dieser Bettler wusste, mit wem er es zu tun hatte. Der Bettler sagte noch einmal: "Überleg es dir gut."

Und schon bald wurde klar, dass der Bettler Recht gehabt hatte, denn in dem Moment, als die Diamanten in die Bettelschale geschüttet wurden, verschwanden sie einfach. Es sprach sich in Windeseile in der ganzen Stadt herum, und Tausende von Leuten kamen, um zuzuschauen. Als alle Edelsteine fort waren, sagte der König: "Bringt das ganze Gold und Silber herbei, alles! Mein ganzes Reich, mein guter Ruf

steht auf dem Spiel." Doch am Abend war alles verschwun-
den. Nur zwei Bettler blieben übrig - einer von ihnen war
einmal der König gewesen.

Der König sagte: "Bevor ich mich bei dir entschuldige, dass
ich auf deine Warnungen nicht gehört habe, verrate mir bitte
das Geheimnis dieser Bettelschale."

Der Bettler erwiderte: "Es gibt kein Geheimnis. Ich habe sie
poliert, damit sie wie eine Schale aussieht, aber es ist die
Schädeldecke eines Menschen. Du kannst den Kopf mit allem
Möglichen füllen – doch alles verschwindet sofort, denn
deine Wünsche sind endlos." Erzählt von Vishwaguruji

Die Geschichte ist bedeutsam. Hast du schon einmal über
deine eigene Bettelschale nachgedacht? All deine Wünsche
verschwinden darin – Schmuck, Autos, Diplome, Macht,
Ansehen, Reichtum. Hast du das Eine bekommen, willst du
das Nächste, dann wieder das Nächste und so fort. Doch alles
verschwindet in deiner Bettelschale und sie verlangt immer
mehr und mehr. Durch dein ständiges „Ich will mehr " wirst
du immer wieder abgelenkt von dem, was in diesem Augenblick für dich da ist.

Die meisten Menschen laufen ein ganzes Leben lang ihren
eigenen Wünschen hinterher. Sie behalten ihre Bettelschale
und nehmen sie oft sogar mit in ihr Grab. Nur ganz wenige
geben die Bettelschale weg, lassen alle Wünsche los und sind
dankbar im Hier und Jetzt zu leben. Das sind jene Menschen,
die alles in sich selbst finden.

Zufriedenheit hat also mit Genügsamkeit zu tun. Genieße
das, was Du hast, nimm das Geschenk des Augenblicks, sei
genügsam. Frage Dich selbst: Was möchte ich im Leben
erreichen? Will ich Dinge im Außen wie Status, Macht,

Besitz? Dann wird es immer ein MEHR sein und die Bettel-schale wird nie voll werden. Doch was willst du wirklich? Kommt es nicht auch auf andere Werte an? All die Schätze, die in deinem Inneren darauf warten, dass du sie verwirk-lichst? Willst du ewig ein Bettler bleiben oder ein König an Liebe, Mitgefühl, Toleranz, Verständnis, Respekt, Achtung? Dann brauchst du weniger im Außen und das ZUVIEL wandelt sich in ein WENIGER, EINFACHER, dafür aber WESENTLICHER.

> *die Natur sagt dir vieles – lies im Buch der Natur und du wirst verstehen*

Selbsterkenntnis:

➢ Geh in die Stille, entspanne Dich.
➢ Was ist für mich wesentlich?
➢ Was sind meine inneren Ziele?
➢ Was sind meine Wünsche?
➢ Welches „Weniger" verwirkliche ich nun? Nenne fünf Dinge, wo ein Weniger wichtig ist: ....
➢ Wann bin ich zufrieden?
➢ Wann bin ich unzufrieden?

Lobe dich, wenn dir etwas gelungen ist, was du dir vorge-nommen hast „Das habe ich aber gut gemacht", klopf, klopf, klopf auf deine Schulter und lache dazu. Mach das auch bei nebensächlichen Dingen und kleinen Erfolgen. Wenn du dich besonders angestrengt hast um in der richtigen Richtung weiter zu machen oder wenn du jemanden eine Freude gemacht hast.

Merke: Freude ist die beste Motivation! Motiviere Dich selbst in der Übung der Genügsamkeit, „Freudig bin ich genügsam und ich lobe mich, wann immer es mir gelingt."

Nichts ist selbstverständlich – Danke für all die wunderschönen Dinge in deinem Leben!

8. Nichts geht verloren

Die Erde wurde für uns alle geschaffen – nicht nur für einige
von uns.

Transformation heißt das Zauberwort der Wiederverwertung
in der Natur. Transformieren = umformen. Allerdings müssen es verwertbare, verwandelbare, natürliche Dinge sein,
sonst funktioniert Recycling nicht. Viele Produkte, welche
sich nicht umformen lassen, bleiben im Ozean oder in der
Erde liegen und belasten das fragile Gleichgewicht der Ökosysteme enorm.

Folgerung: Achte auf die Möglichkeit der Wiederverwertung
bei allen Produkten, die Du kaufst – damit bestimmst Du den
Zustand unseres Planeten.

Beachte: **Die Erde ist keine Mülldeponie!**
Die Natur selbst ist der ideale Recycling-Hof.

Abbau und Wiederaufbereitung organischen Materials wird
im Ökosystem Natur von zahlreichen (unbezahlten) Mitar-
beitern zu 100% erfolgreich erreicht. Die Natur verschwen-
det nichts. Alles wird wieder verwertet. Mehr als 90% der
abgestorbenen Pflanzen werden durch zahlreiche Prozesse
abgebaut und zersetzt. Dadurch werden die Nährstoffe aus
dem toten Material wieder den lebenden Organismen zugeführt. Auch Kot und Urin, welches von Mensch und Tier ausgeschieden wird, geht in den Kreislauf der Wiederverwertung ein. Auch diese Endprodukte werden von anderen

Lebewesen wie Fliegen, Bakterien, Mistkäfern und Pilzen weiter abgebaut. Man kann sich das kaum vorstellen:

1g Boden kann bis zu 4 Milliarden Bakterien enthalten! Auch der Mensch hat es immer verstanden mit der Natur zusammen zu leben und alles zu verwenden, was er für sein Leben und Überleben nutzen kann. Dort wo Holz rar ist, werden z.B. die Kuhfladen an der Sonne getrocknet und als Brennmaterial verwendet. Das ist in Indien der Fall, wo man damit auch Feuer macht. Denn Kühe gibt es oft mehr als Holz.

Am hervorragendsten ist wohl die Photosynthese anzusehen, da sie Sonne, Mensch und Pflanzen in ein unmittelbares, lebenserhaltendes System einbindet. Chlorophyll, das grüne Pigment der Pflanzen, fängt Sonnenlicht ein und verarbeitet es mit dem Kohlendioxyd der Luft (welches z.B. vom Menschen ausgeatmet wird) zu einfachen Kohlenstoffverbindungen und Zucker. Jahr für Jahr werden so 150 Milliarden Tonnen Zucker synthetisch erzeugt. Ein wichtiges Nebenprodukt ist der Sauerstoff, der als Abfallprodukt in die Atmosphäre entweicht und als lebensnotwendiges Gas uns von den Pflanzen zur Verfügung gestellt wird. Die atmosphärische Schicht unseres Planeten verdankt ihre Zusammensetzung allein der Photosynthese, was bedeutet, dass die Pflanzen uns das Atmen und damit das Leben ermöglichen. Dank an die Pflanzenwelt!

Alles in der Natur wird in der einen oder anderen Art verwertet. Eine unglaublich kreative Kraft verwandelt die Materie von einem Zustand in einen anderen, so lange bis sie völlig verändert und nutzbar wird. Fällt im Herbst das Blatt vom Baum, verrottet es und dient im kommenden Jahr der neuen Saat als Dünger, da es unter anderem Stickstoff enthält, das zum Wachstum nötig ist. Im Regenwald findet neues Wachstum und Verrottung von abgestorbenen Bäumen nebeneinander ohne menschliches Zutun statt. Jeder Abfall (nicht unmittelbar Verwertbares) der aus der Natur selbst kommt, wird auch von der Natur selbst „recycelt". Die Natur arbeitet in phantastischen Kreisläufen, in denen Leben und Tod die Grundlagen ihrer Existenz bilden.

Wenn der Mensch aber eingreift und Unnatürliches produziert – Plastik, technische Geräte, Giftstoffe aus Fabriken, chemische Substanzen, Pestizide etc. und es im Schoss von Mutter Erde entsorgt, greift er in ein bestens funktionierendes System ein. Er besitzt jedoch nicht den Geist des Schöpfers, sondern nur einen beschränkten Intellekt, der wenig Einblick in die Konsequenzen seiner Handlungen hat. Dadurch kommt es zu schweren Veränderungen der bestehenden Ordnung, deren Folgen wir täglich spüren.

> *die Natur sagt dir vieles – lies im Buch der Natur und du wirst verstehen*

Mental: Dieser Prozess der Natur lässt sich im Geistigen mit dem Karma Prinzip vergleichen. Es geht nichts verloren von deinen Gedanken, Gefühlen und Taten - weder von den guten noch von den schlechten. Denn das Gesetz von Ursache und Wirkung bindet den Menschen an seine Handlungen und ist konsequent ohne jede Emotion.

Du kannst dein Karma verbessern, indem du gute Taten setzt, auch das wird gerechnet. Da alles mit allem verbunden ist, wird dein gutes Tun auch Auswirkungen auf andere haben. Sogar jenseits des Fassbaren wirkt es in unendliche Weiten. Das Geistige kennt keine Grenzen.

„Die größte Umweltverschmutzung ist die geistige Verschmutzung!" Vishwaguruji

Reinige und kläre Deine Gedanken und Gefühle, denn negative Gedanken und Gefühle vergiften das Energiefeld des Universums. Positive Gedanken und Gefühle heben das Energiefeld des Universums an.

UMWELTSCHUTZ beginnt also in deinem KOPF!

Gute Gedanken, Gebete, gute Wünsche kannst du über Meere und Kontinente hinweg senden, sie werden immer ankommen. Auch wenn die Person oder der Bereich dem du Heil – und/oder Segenswünsche schickst, sie im Moment nicht annehmen kann, bleiben sie doch in dessen Aura gespeichert und werden zu einem späteren Zeitpunkt aktiv werden – denn nichts geht verloren in der Natur.

Selbsterkenntnis:

➢ Wie findet eine Umwandlung im Geiste statt?

➢ Welche Gedanken hast Du in Bezug auf Transformation?

➢ Nenne 3 Beispiele deiner eigenen geistigen Umwandlung: ....

Tipp: Der Umwandlungs-Tipp:

Stell Dir den Prozess der Transformation mit Hilfe deiner Vorstellungskraft vor:

➢ Ich wandle jetzt z.B. meinen Ärger in Sanftmut um. „Schließe deine Augen, entspanne dich: Akzeptiere zuerst dass du Ärger verspürst. Gib dem Ärger ein Bild, das sich langsam in etwas anderes, in ein anderes Bild löst und verwandelt z.B. in eine Rose. Rieche an der Rose, stell sie Dir lebhaft vor, ihre Farbe, ihr Aussehen, der Duft…wie fühlt sich das jetzt an? Mach das ganz intensiv, versetze dich in die Rose, erfahre ihre Vollkommenheit, ihre Schönheit und Sanftheit. Spüre wie sich diese schönen Qualitäten in dir ausbreiten.

➢ Oder wende eine andere Imaginationstechnik an: Sieh die negative Eigenschaft als Dunkelheit und stell dir dann bildhaft vor wie das Dunkle langsam mit Licht durchströmt wird, bis nur mehr Helligkeit im gesamten Gesichtsfeld zu sehen ist und das Dunkle sich aufgelöst hat.

Wiederhole diese Übung sooft es nötig ist – Danke für diese Transformation, die mir und allen zugutekommt.

Du kannst mit dieser Technik ebenso auch andere Eigenschaften, die du verändern möchtest, hernehmen und ebenso vorgehen. Viel Erfolg dabei!

9. Die Natur gibt bedingungslos

Bedingungslos geben heißt Geben ohne Etwas dafür zu wollen, ohne Erwartungen. Die Natur gibt uns alles selbstlos. Verlangt sie etwas dafür? Nein: Sie gibt uns Schutz, Licht,

Luft, Nahrung, Wasser, Pflanzen für unser Leben, ohne auch nur das Geringste dafür zu verlangen. Die Erde umgibt uns sogar mit einer dünnen atmosphärischen Schicht in der wir atmen und somit existieren können. Vergleichbar mit der Fruchtblase der Mutter, die das Embryo (die Erde) umhüllt und uns über die Nabelschnur (die Luft) am Leben erhält.

Selbstlosigkeit sieht man überall in der Natur: Mutter Natur gibt allen alles ohne Gegenleistung. Selbstlos spenden Bäume Schatten, Bäume und Sträucher schenken Früchte, Quellen, Flüsse und Meere geben Wasser, Sonne erzeugt Wärme und Licht für andere, Blumen duften, Nacht gibt Kühle und Ruhe, Regen bringt Wachstum, Erde gibt Schutz und Nahrung, sogar die Tiere geben selbstlos. Das Herz im Körper des Menschen arbeitet pausenlos selbstlos, um das mit Sauerstoff angereicherte Blut an alle Körperzellen und Organe weiter zu leiten damit du am Leben bleibst. Alle Regelungen und diffizilen Abläufe im menschlichen Organismus erfolgen auf einer selbstlosen Basis.

Für andere zu leben ist ein Gesetz der Natur.

Selbstlosigkeit kann nur auf Grund von Liebe erfolgen.

Die Natur erwartet keine Gegenleistung von dir, sie gibt um des Gebens willen, ohne Verlangen und Bedingungen. Sie gibt rund um die Uhr, jede Sekunde, Minute, Stunde, Tage, 365 Tage im Jahr, lebenslang, um all ihre Geschöpfe zu erhalten. Sie verschenkt sich großzügig und liebevoll an alles Leben. Ihre selbstlose Liebe ist wie ein Lichtstrahl, der die Herzen und den Verstand der Menschen erhellt, um sein Leben und das gesamte Leben auf diesem Planeten zu ermöglichen.

> *die Natur sagt dir vieles – lies im Buch der Natur und du*
> *wirst verstehen*

Mental: Selbstlose Liebe ist uneigennützige Liebe, also Liebe um der Liebe willen, ohne etwas zu erhoffen. Selbstlose Liebe fragt nicht: Welchen Vorteil habe ich davon? Sie ist kein Trödler, der fragt, ob Geben und Nehmen im Gleichgewicht sind. Selbstlosigkeit ist jene Eigenschaft, die dich zu Zufriedenheit und damit zum Glücklichsein führt. Denn wenn du keine Erwartungen hegst, kannst du auch nicht enttäuscht werden. Der Dienst am Nächsten ist wohl der wertvollste Beitrag im Zusammenleben der Menschen. Sei es wenn du einem Hilflosen hilfst, einen Familienangehörigen pflegst, einen Kranken oder Einsamen betreust oder wenn du dich für eine gemeinnützige Sache engagierst. Selbstlose Liebe ist der Sonnenstrahl, den du aussendest um die Herzen der Menschen zu erwärmen.

In unserer Zeit nehmen wir oft mehr als wir geben. Doch viele Menschen brauchen Verständnis und Mitgefühl. Beides können wir als Herzensgeschenk geben.

Gleiches zieht Gleiches an. Da uns Mutter Erde selbstlos alles gibt, was wir zum Leben brauchen, sollten wir ihr dasselbe wieder zurückgeben und dadurch die liebevollen Energien auf unserem Planeten verstärken. Wenn wir aber ihre Liebe mit Eigenliebe und Egoismus beantworten, so sinkt durch diese Disharmonie der Energiepegel und Unstimmigkeiten, Streit und Gewalt sind die Folge. So ist es in den Beziehungen zwischen Menschen, aber auch in der Beziehung zu Mutter Erde.

In allen Verhältnissen, gleich welcher Art, sollte Geben und Nehmen im Einklang sein, damit die Verbindung für beide Teile glückt.

Die vielen schrecklichen Dinge, die derzeit auf der Erde geschehen, haben auch darin ihren Ursprung, dass wir eigennützig und in egoistischer Weise der Natur Gewalt antun, statt sie zu respektieren und zu achten. Denn: Gewalt erzeugt wieder Gewalt.

Da wir Gewalt anwenden im Umgang mit unserem Planeten, ist es nicht erstaunlich, dass Gewalt in vielfältiger Form auf uns zurückfällt.

Mutter Erde erzeugt aus ihrem liebenden Schoß grenzenlose Fülle, doch der Mensch weiß das oft nicht zu schätzen, weiß damit nicht richtig umzugehen und erzeugt eine Situation, die für die Erdenmutter Gaia unerträglich ist. Obwohl alles reichhaltig vorhanden ist, missbraucht der Mensch Gaia, nimmt sich, was ihm beliebt, und missachtet die Gaben, die sie großzügig und freiwillig für uns alle bereitstellt.

Stell dir vor wie sich dein Partner – und Mutter Erde ist dein Partner - fühlt, wenn du sie oder ihn ausbeutest, ausraubst, achtlos, respektlos und obendrein noch gleichgültig und lieblos behandelst?

Wenn du hingegen selbstlos liebst, bekommst du alles was du gibst in vielfacher Weise wieder zurück. Das ist ein kosmisches Gesetz. Es kommt auch dir selbst zugute, wenn du dich anderen gegenüber liebevoll, achtsam, großzügig und respektvoll erweist.

Über die selbstlose Liebe:

„Die Liebe, die ich fühle, gilt der ganzen Welt Gottes. Ich weiß, dass jedes lebende Ding ein Teil Gottes ist, und tief drinnen hege ich Liebe für jeden Menschen, jedes Tier, jeden Baum und jede Blume, für jeden Vogel, jeden Fluss und jeden Ozean und für alle Geschöpfe in aller Welt. Ich verbringe mein Leben in liebendem Dienst und bin dabei das beste Ich, das ich sein kann, und ich verstehe die Vollkommenheit göttlicher Wahrheit immer ein bisschen mehr und werde immer glücklicher in der Heiterkeit bedingungsloser Liebe." Sandy Stevonson

Selbsterkenntnis:

➤ Wo wende ich Gewalt an?
➤ Gegen mich? Gegen andere?
➤ Wo liebe ich selbstlos?
➤ Liebe ich mich selbst?
➤ Empfinde ich Mitgefühl? Wo? Wie? Wofür?
➤ Meine Gedanken dazu: ....

10. Der Rhythmus ist ein Hauptprinzip der Natur

„Im Anfang war der Rhythmus", formulierte es der Dirigent und Komponist Hans von Bülow.

Tatsächlich gibt es ohne Rhythmus keine Schöpfung. Oder, wie es der römische Rhetoriker Quintilianus ausdrückte: *„Einige von den Alten nannten den Rhythmus das männliche, die Melodie das weibliche Prinzip."*

Beide zusammen spielen die Musik des Lebens. Der Rhythmus ist ein grundlegendes Kennzeichen des Lebens, es ist der Pulsschlag des Lebens. Die ganze Existenz atmet in einem gewissen Rhythmus. Herzschlag, Atemzüge, Pulsfrequenz, Gangart, Schritte sind Rhythmen des lebendigen Körpers. Vogelgesang, Zirpen, Lockrufe, Tierlaute sind Takte der Tiere. Ebbe und Flut, der Wellengang, Regen- und Schneefall, Sonnenaufgang und Sonnenuntergang, Mondphasen usw. sind Rhythmen der Natur. Wo rhythmische Vorgänge bestehen, findet Veränderung und Lebendigkeit statt. Tag und Nacht, die Gezeiten, Frühling, Sommer, Herbst und Winter, Menstruationszyklus, Geburt, Leben und Tod, Erdumdrehung, alles folgt einem ganz bestimmten Rhythmus. Regelmäßiger Takt gibt Sicherheit und Ansporn, er wirkt stimulierend bei Tanz, Konzerten, Musikfestivals, Marsch-musik. Rhythmische Bewegung regt uns an in den Lebensrhythmus einzutauchen und uns der Lust an der Bewegung hinzugeben.

Es ist nachgewiesen, dass Rosenkranzbeten, OM-Gesänge, gesprochene oder gesungene Mantras eine gesundheitsfördernde Wirkung haben. Puls und Atem gelangen in Übereinstimmung, eine tiefe Ruhe breitet sich aus. Das Hexameterversmaß, bei dem sechs Silben pro Verszeile betont werden (wie beim OM MANI PAD ME HUM = das „Juwel im Lotos" der Buddhisten) schwingt den Körper in seinen eigenen Rhythmus ein, was Atem und Herzschlag beruhigt. Der Takt wiederholt sich, streng geordnet, der Rhythmus hingegen erneuert und verändert sich ständig in Abhängigkeit vom Ganzen. Er ist der Herzschlag des Lebens, geborgen im großen Rhythmus des Universums, elastisch, eine verwandelnde, entwicklungsfähige Kraft.

Zwei der wichtigsten Organe des Menschen sind das Herz und die Lunge. Das Herz, das pausenlos, ohne Wartung, unermüdlich in rhythmischer Folge 70-mal pro Minute,

100.000mal am Tag und 36,800,000mal im Jahr ein ganzes Leben lang schlägt, ist doch ein absolutes Meisterstück. Dieser Herzschlag, den du jederzeit fühlen kannst, verbindet dich direkt mit der lebensspendenden Schöpferkraft. Ja, unsere Herzen schlagen im Rhythmus der kosmischen Energie, Tag und Nacht, auch wenn wir dies meist gar nicht beachten.

Die Lunge? Wir machen 16 bis 20 Lungenzüge in der Minute, 1.080 in der Stunde und, man höre und staune: 25.920mal atmen wir ein und aus an einem einzigen Tag! Goethe war davon ergriffen, schrieb er doch einen Lobgesang auf dieses Wunderorgan:

„Im Atemholen sind zweierlei Gnaden,
Die Luft einziehen, sich ihrer entladen.
Jenes bedrängt, dieses erfrischt,
So wunderbar ist das Leben gemischt,
Du, danke Gott, wenn er dich presst,
Und dank Ihm, wenn Er dich wieder entlässt. "

Wir können durch eine rhythmische Atmung von mehrmaligem, tiefem Einatmen, Anhalten Ausatmen, Anhalten (in einem 8er- oder 4er-Rhythmus) Gedanken und Gefühle besser unter Kontrolle bringen, was sich wiederum auch körperlich auswirkt. Einatmend nehmen wir die Lebenskraft herein, die uns aufbaut und ausatmend lassen wir alles los was belastend ist. Diese und andere wirksame Atemtechniken übt man im Yoga. Gemäß der chinesischen Medizin existiert eine innere Organuhr, wonach die Lebensenergie durch die zwölf Meridiane fließt. Sie aktiviert die einzelnen Funktionsströme für jeweils zwei Stunden, nämlich: ab 3 Uhr die Lunge, dann folgt: Dickdarm, Magen, das Herz, Dünndarm, die Blase, der Kreislauf, der Dreifach- Erwärmer und schließlich die Gallenblase.

Auch der Schlafrhythmus ist wichtig, denn im Schlaf erfolgt die Regeneration von Körper und Geist. Während einer gesunden, wohltuenden Nachtruhe können wir im feinstofflichen Körper wichtige Erfahrungen machen oder Lösungen für unsere Probleme finden.

Die Haut, unser größtes Organ, stößt alle 27 Tage ihre oberste Schicht ab und während des Zeitraumes von sieben Jahren sterben alle alten Zellen in unserem Körper ab und werden durch neue ersetzt. Diese völlige Erneuerung ermöglicht es uns, das Leben von neuem zu leben. Alle Funktionen des Menschen unterliegen also einem gewissen regelmäßigen Rhythmus.

Der Mensch ist ein rhythmisches Wesen. Wenn wir Regelmäßigkeit in unseren Lebensstil einbringen, wirkt sich das positiv auf unsere Gesundheit aus. Regelmäßig aktiv und passiv sein, schlafen und wachen, arbeiten und entspannen. Der ausgeglichene Wechsel macht das Leben lebenswert.

*„Wenn die inneren Schwingungen außer Takt geraten sind, hat das grobe Folgen für die Gesundheit und das Wohlbefinden, "*sagt Ao. Univ. Prof. Maximilian Moser, MedUni Graz.

Seit Urzeiten ist es die Trommel, eines der ältesten Musikinstrumente der Welt, die uns bis in die Tiefe der Seele berührt, denn sie wiederholt den Rhythmus des Lebens. Bei regelmäßigem Trommelrhythmus werden wir angeregt und zentriert, denn das Gleichmaß bringt uns zurück ins natürliche Gleichgewicht. Afrikanische Naturvölker, Sufis, die Zeremonien der Hindus, der Schamanen, benützen die Trommel, um in höhere Seins-Zustände zu gelangen. Der Musikrhythmus ist ein wesentlicher Bestandteil musikalischer Traditionen und Kulturen, die uns erheben und erfreuen.

Wenn der Embryo im Mutterleib heranwächst, ist er ganz nahe am Herzschlag der Mutter und verbunden mit ihrem Lebensrhythmus. Das gibt ihm die Sicherheit und das Urvertrauen für sein eigenes Leben. Vielleicht ist das der Grund warum ein regelmäßiger Rhythmus, egal in welcher Form, eine so tiefe Wirkung auf uns hat. Wir kennen das aus unseren allerersten Lebenserfahrungen. Es ist eine Urerfahrung, die uns Sicherheit, Schutz, Ausgleich, Wachstum, Nahrung, Vertrauen, Leben und Überleben vermittelt.

Wenn wir dem Meeresrauschen lauschen, dem regelmäßigen Wellenschlag, dem Säuseln des Windes, dem Zirpen der Grillen, den fließenden Gewässern, werden wir durch diese rhythmischen Geräusche auf ganz natürliche Weise entspannt, gelöst und ausgeglichen.

Lass den Rhythmus deines Lebens wie den Rhythmus unserer Schöpfung sein – dann bist du heil und ganz.

> die Natur sagt dir vieles – lies im Buch der Natur und du wirst verstehen

Mental: Im Rhythmus zu leben ist eine geistige Herausforderung für jeden Menschen. Das Geheimnis der rhythmischen Vorgänge liegt darin, dass fortlaufend Gegensätze zueinander gebracht werden, das heißt, dass sie sich gegenseitig immer wieder ausgleichen. Einatmen-Ausatmen, Schlafen-Wachen, Ruhen-Arbeiten, Anspannen-Entspannen, Essen-Verdauen, Geben-Nehmen. Diesen Ausgleich gilt es anzustreben. Werden diese Gleichgewichte gestört, entstehen Störungen und Krankheiten, die dann gezwungenermaßen den Ausgleich einfordern.

Rhythmus ist ein Naturgesetz, vom Schöpfer erschaffen und von der Natur gelebt.

Wenn wir gemäß dem Rhythmus der Natur leben würden, wären wir um vieles gesünder. Allein ein regelmäßiger Tag und Nacht Rhythmus, diese Regelmäßigkeit, die den Rhythmus auszeichnet, bringt große innere Ruhe und Gelassenheit.

➢ *Erfahrungsbericht:*

Einmal lag ich mit einem gebrochenen Bein auf einem Bett im Freien in der Wüste Indiens. Ich musste dort 1 Woche mit einem Liegegips verbringen. Es gab keinen Strom oder andere Annehmlichkeiten, die wir Westler gewohnt sind. Zwar wurde ich mit dem Nötigsten versorgt, doch war die Lage ungewöhnlich. Was ich aber dabei lernte war Folgendes: Da das Tageslicht begrenzt war, musste man sich den Tag genau einteilen. Wenn es finster wurde, stoppte jede Aktivität, weil man nichts mehr sah und es blieb gar nichts anderes übrig als zu ruhen. Dafür war man beim ersten Strahl der Sonne bereits hellwach. Ich lebte also im natürlichen Rhythmus des Lichts. Damals wurde mir klar, dass wir eigentlich völlig verkehrt leben, nämlich - entgegen dem Rhythmus der Natur!

Wir verdrehen die Nacht zum Tag durch unsere künstliche, elektrische Welt und haben keinen Bezug mehr zum natürlichen Tagesrhythmus von Licht und Dunkelheit, Aktivität und Passivität. Dadurch überfordern wir unser Nervensystem, das die Ruhe der Nacht benötigt, um am Morgen wieder für die tausendfachen Eindrücke und Anforderungen des nächsten Tages bereit zu sein.

Die Menschen in früheren Zeiten lebten im Einklang mit der Natur und lebten gemäß ihrem Rhythmus. Sie standen mit der Sonne auf, wussten um den Mondzyklus Bescheid und richteten sich danach. Sie verrichteten ihre Arbeit am Tag und am Abend begannen sie, wie die Natur auch, sich auszuruhen. Heute herrscht überwiegend Aktivität, egal ob bei Tag oder bei Nacht. Dadurch kommt der Mensch in nervliche Anspannung, die zahlreiche psychosomatische Erkrankungen und Störungen hervorruft. In meiner Jugend kannte man das Wort „Burnout" (ausgebrannt) nicht. Wenn man eine Zeitlang zu viel gearbeitet hatte, dann ruhte man sich eben nachher aus. So einfach war und ist es eigentlich auch.

Der Mensch ist sicherlich nicht für unseren sogenannten „modernen" Lebensstil gemacht. Weder für die sitzende Lebensweise, noch für das Aufhalten in geschlossenen Räumen, noch für soziale Isolation, noch für Fast Food, noch für Schlafentzug und rasende Gangart. In den vielen Jahrtausenden der Evolution war er stets gezwungen, körperlich aktiv zu sein. Durch den ungesunden Lebensstil haben wir uns eine ganze Reihe von Zivilisationskrankheiten wie Diabetes, hoher Blutdruck, Übergewicht, Herz-Kreislauferkrankungen, Burn Out, Depressionen, vegetative Störungen usw. eingehandelt.

Stattdessen ist es ratsam aktiv und präventiv etwas für unsere Gesundheit zu tun: viel Bewegung, am besten in der Natur, zu machen, genügsam in allem zu sein, gesund essen, Grenzen setzen, Gemeinschaften pflegen, die Tagesrhythmen einhalten und auch heiter und gelassen sein.

Wähle ein menschenfreundliches Leben statt einem menschenfeindlichen „modernen" Leben!

DU hast stets die Wahl – niemand anderer sonst!

Ich bin sicher, dass viele psychosomatische und organische Erkrankungen vorgebeugt oder geheilt werden, wenn wir Menschen dem Beispiel der Natur folgten.

Tipp:

Besuche das berühmte „Lichtheilzentrum Natur" des Wohlfühlclubs „Uplifting Life" im Zwitscherwald beim Möchtegernsee: Wir hören Vogelgesang und Wasserplätschern, gehen um 6 oder 7pm zu Bett (je nach Monat, bei Einbruch der Dunkelheit)und stehen um 5-6 am wieder frisch und munter auf, gehen dann im nassen Gras spazieren, baden im Quellwasser, machen Yogaübungen oder Gymnastik im Freien oder in einem hellen Raum, meditieren zum Licht, verbringen den Großteils des Tages im Freien oder in sehr hellen Räumen mit vielen Pflanzen und Brunnen. Essen zu regelmäßigen Zeiten leichte vollwertige vegetarische Kost, trinken viel reines Wasser, bewegen uns viel und machen ansonsten das, was uns freut. Sitzen nicht an elektronischen Geräten sondern verrichten Arbeiten im Freien wie Gartenarbeit, Holz hacken, Hausarbeit, malen, basteln, musizieren, singen, in den Himmel schauen, meditieren, Gedichte schreiben, spazieren gehen, wandern,....alles Dinge ohne Elektronik und Künstlichkeit.

O wie fühlen wir uns hier wohl!

Nicht auf ein Ausgebrannt sein warten, sondern VORHER Kräfte und Energie sammeln! VORBEUGEN ist besser als behandeln.

Wenn die Erde einer Topfpflanze zu trocken ist, sie alle Blätter hängen lässt, gießt du sie schnell, damit sie sich erholen kann und nicht einfach abstirbt. Nimm dir also eine Auszeit, wenn du merkst, dass Stress und Erschöpfung zunehmen.

Merke: Es gibt niemanden außer dir, der sich FÜR DICH entscheiden kann! Es gilt zur rechten Zeit zu handeln umso Schäden an Leib und Seele zu meiden!

Tipp:

Nimm dir einen digitalen Urlaubstag und genieße einen Natur Tag!

Dazu brauchst du nicht unbedingt ein Lichtheilzentrum Natur- sondern du teilst dir z.B. einen Tag in der Woche für solch einen selbst gestalteten NATURTAG ein. Das wirkt Wunder! Einmal völlig abzuschalten und nur mit Dir und der NATUR EINS SEIN. Nimm dir dabei Zeit für dich, geh in deinen inneren Herzensschrein und lass all das Außen sein. Fühlen, sehen, hören, riechen, tasten, atmen, Stille - einfach nur im Sein sein.

„Der gleiche Lebensstrom, der Tag und Nacht durch meine Adern fließt, fließt durch die Welt und tanzt im rhythmischen Schritt - so wirst du eins mit dir sein." Rabindranath Tagore, Gitanjali LXIX

Selbsterkennnis:

➢ Wie steht es mit deinem Tagesrhythmus? Schreibe deinen Tagesablauf von 3 Tagen auf – dann analysiere ihn. Besteht Gleichgewicht?

➢ Fühlst Du Dich wohl am Ende deines Tages? Welches Gefühl hast Du dabei?

➢ Nimmst du dir mindestens 1 Stunde pro Tag um völlig abzuschalten?

➢ Machst Du genügend Bewegung? Gehst Du 10000 Schritte pro Tag?

➢ Hast Du Störungen oder Krankheitszeichen?

➢ Beachtest Du sie? Oder sind sie Dir gleichgültig?

➢ Was kann ich ändern, um ins körperliche –, geistig-, seelische Gleichgewicht zu kommen?

➢ Schreibe Dir deinen optimalen Tagesablauf auf und versuche dann, ihn schrittweise zu erreichen
➢ Mein ausführlicher Vorschlag für den Natur Tag:……..
➢ Führe ein Gesundheitstagebuch – und sei stolz auf deine Fortschritte!

11. Konstante Zeit

Ständige Beschleunigung ist kein Naturgesetz. In der Natur gibt es keine Eile. Alles verläuft in der dafür vorgesehen Zeit. Eine Rose kann nicht beschleunigt werden um zu blühen, genauso wenig wie der Apfelbaum schneller reife Äpfel liefert. Der Sommer kommt nicht rascher als es sein soll und die Blätter fallen nur zu einer ganz bestimmten Zeit von den Bäumen. Was sagt uns das?

Jeder Versuch der Beschleunigung im Wachstum ist gegen die Naturgesetze!

Unser heutiges Leben spielt sich in einer total beschleunigten Art und Weise ab. Wir laufen im Takt der Maschinen, die uns von allen Seiten umgeben. Handys, Computer, TV, Telefon, Internet, Uhren, alles läuft 24Stunden ohne Unterlass. Es besteht bald kein Unterschied mehr zwischen Tag und Nacht. Überall und jederzeit erreichbar, abhängig bis süchtig von der illusionären Medienwelt sind wir in eine ständige Überforderung geschleudert. Wir funktionieren im Takt der Maschinen und führen ein vollgestopftes Leben, das uns keinen Freiraum lässt. Immer wird der gleiche Takt geschlagen, Tag für Tag funktionieren wir gemäß diesem Takt, der unser ganzes Leben bestimmt. Immer das gleiche, tagein, tagaus mit zunehmendem Tempo und erhöhten Anforderungen. Nach dem Arbeitsstress kommt dann noch der Freizeitstress dazu – wir laufen wie ein Hamster im Rad.

Dagegen verläuft das Leben im Rhythmus der Natur anders: jeder Augenblick ist Veränderung, Werden, Bewegung.

Die Wirtschaft hingegen kurbelt das Tempo richtig an, um immer mehr und mehr Gewinn zu erzielen. In den letzten 25 Jahren ist die Wirtschaft um 500% gewachsen. Mehr Beschleunigung bringt mehr Gewinn ist ihr Motto, doch das geht auf Kosten der Gesundheit. Dabei kann rein physiologisch, aufgrund der begrenzten Kapazität des Körpers und des Gehirns, der Mensch nicht mehr mithalten. Die Folgen erkennt man an den zunehmenden psychosomatischen Erkrankungen. Er wird schließlich von Maschinen (Robotern, Computer) ersetzt werden, die schneller und effektiver arbeiten können als er. So wird der Mensch überflüssig werden. Er wird langsam wegrationalisiert und durch Maschinen ersetzt. Wenn es so weitergeht werden vermutlich die Maschinen die Welt erobern und den Menschen wegrationalisieren.

„Es gibt Wichtigeres im Leben als beständig dessen Geschwindigkeit zu erhöhen." Mahatma Gandhi

> Die Natur sagt dir vieles – lies im Buch der Natur und du wirst verstehen

Mental: Wenn wir rund um die Uhr, pausenlos, mit etwas beschäftigt sind, fehlt uns die Ruhe und die Zeit, uns um uns selbst und andere zu kümmern, soziale Ziele wahrzunehmen, einen Beitrag für die Gemeinschaft zu leisten, Wesentliches zu erkennen.

Unsere Lebensqualität und Freude werden immens steigen, wenn wir auch das wählen, was im Einklang mit unseren inneren Bedürfnissen steht. Das kann einmal eine Entspannung sein, Wellness, Fußball spielen oder einfach nur ausruhen und ein gutes Buch lesen oder gärtnern, Blumen pflegen, meditieren, schreiben, malen oder im Nichtstun schwelgen.

„Dein Tun sei Nichtstun, dein Wirken Lassen, dein Genießen nutzfrei." Laotse

> **Welche Alternative gibt es zu unserem Hochgeschwindigkeitsleben? Wohl nur eine: Nimm dir Zeit und lebe!**

Eigenerkenntnis:

Das Motto: **Entschleunigen**

➢ Was ist wichtig für mich?

➢ Setzt du Prioritäten und fokussierst du ständig darauf?

➢ Mache zuerst das Wichtige, lass das Unwichtige für später, dadurch gewinnst du an Energie

➢ Lerne NEIN zu sagen - auch zu dir selbst

➢ Bist du Sklave von Süchten?

➢ Strenges Zeitmanagement: Wann bist du erreichbar? Wann bist du am Computer? Wann nimmst du dir Zeit für Dich?

➢ Wie kann ich mein volles Potential und meine Begabungen entfalten?

➢ Auf was wirst du verzichten, um mehr Zeit zu haben?

➢ Bist Du nach irgendetwas süchtig? iPhone, Facebook, Twitter, Computer, Spiele, Filme? TV, Gesellschaft, Sport, Spiel oder.......................?

➢ Wo kannst du Zeitinseln setzen?: 2x pro Woche etwas freie Zeit nehmen, 1Wochenende frei halten, 1 Tag in der Woche einen Wohlfühltag oder Regenerationstag machen, 2x jährlich erholsamen Urlaub einteilen

➤ Setze deine blühende Phantasie ein um ein entschleunigtes Leben zu führen! Wenn du es wirklich willst – so schaffst du es!

Merke: *Wir haben nicht zu wenig Zeit – wir machen nur zu viel in der uns zur Verfügung stehende Zeit!*

Wir pressen zu viel hinein in unsere Zeit. Was ist die Lösung? Etwas herausnehmen – logisch, nicht wahr? Wenn wir eine Tragtasche mit zu viel Einkaufssachen vollstopfen und sie so schwer wird, dass wir sie kaum schleppen können – was tun wir dann? Wir nehmen etwas heraus und legen es zurück ins Regal. Soviel bis wir die Einkaufstasche leicht tragen können und nicht dahin humpeln ob der großen Last. Das ist der Weg zur Entschleunigung: Unwichtiges aufgeben, Wichtiges vorziehen, kühlen Kopf bewahren, an deine Gesundheit und Wohlbefinden denken.

„Wer in der Arbeit zu viel leistet, wird in der Freizeit humpeln!" Klaus Eckel, Kabarettist

12. Regelkreise und Gesetze

Es gibt in der Natur ewige Regelkreise und strenge Gesetze. Der Wasserzyklus, Regelkreise im Körper des Menschen und der Tiere, Geburt und Tod, Recycling, Gezeiten, das Wettergeschehen, Erdmagnetismus, Photosynthese, Fortpflanzung, Sonne – Erde - Mond, Planeten, um nur einige zu nennen.

Bei chemischen Reaktionen muss häufig ein Katalysator dabei sein, sonst gibt es keine Reaktion. Katalysatoren kommen in der Natur in vielfältiger Weise vor. In Lebewesen laufen fast alle lebensnotwendigen chemischen Reaktionen katalytisch ab (beispielsweise bei der Photosynthese, der Atmung oder der Energiegewinnung aus der Nahrung). Die Katalysatoren sind meist bestimmte Eiweiße, wie zum Beispiel die Enzyme.

Wenn wir die Natur auch als eine „Gesellschaft", als Kollektiv, als Gemeinschaft von belebten und unbelebten Wesen ansehen, so lehrt sie uns, dass alles nur dann problemlos funktioniert, wenn genaue und fixe Regeln eingehalten werden. Diese Regeln werden von allen respektiert und garantieren den Fortbestand der einzelnen Gattung sowie der Gesamtheit. Es sind „heilige" Gesetze, im Sinne von verehrungswürdig und unantastbar. Wenn man gegen die Gesetze des Lebens auf Erden verstößt, hat man die Konsequenzen selbst zu tragen.

In Bezug auf die Gesundheit lassen sich diese Regeln sehr klar erkennen: Wenn der Blutdruck zu hoch oder zu niedrig ist, die Herzfrequenz zu schnell, die Körpertemperatur zu hoch, das Gewicht zu groß ist, so verstößt das gegen die Norm (= Regel). Wenn alle Werte im Normbereich sind, hat man ein geringeres Risiko, an schweren Erkrankungen zu leiden. Wieder einmal zeigt uns die Natur (in diesem Fall der Körper) was der Schöpfer uns sagen will: Gesundheit, körperlich, geistig und seelisch verbessert sich, wenn alles den gesetzten Grenzwerten entspricht. Die Normen im Körperlichen sind leicht zu erkennen. Einhalten wirst Du sie aber nur, wenn du geistig und seelisch im Gleichgewicht bist, wenn du ein maßvolles, geregeltes Leben führst, wo Ruhe und Bewegung sich die Waage halten, Arbeit und Rasten sich ausgleichen, Aktivität und Passivität im Einklang sind,

Ernst und Humor in Balance sind. Die Gesetze der Natur ermöglichen perfekte Zyklen, Wachstum und Werden.

„Alles was die Natur anordnet, ist zu irgendeiner Absicht gut. Die ganze Natur ist eigentlich nichts anderes als ein Zusammenspiel von Erscheinungen nach Regeln und es gibt überhaupt keine Regellosigkeit." Immanuel Kant

> *Die Natur sagt dir vieles – lies im Buch der Natur und du wirst verstehen*

Mental: Wie eben ausgeführt, ist die Regelmäßigkeit eine der Grundregeln der Natur. Wenn wir Regelmäßigkeit in unser Leben einführen, so führt das zu innerer Ruhe und Ausgeglichenheit. Nichts zu viel, nichts zu wenig machen. Der Wechsel von Spannung und Entspannung sollte Teil unseres täglichen Lebens sein. Unsere Gesundheit, körperlich, geistig, seelisch, sozial, hängt vom Gleichmaß aller Faktoren ab. Regeln gliedern, strukturieren und ermöglichen ein soziales, optimales, friedliches Leben in der Gemeinschaft

Am Beispiel der Muskulatur kann man das gut verstehen: Es muss nach einer Anspannung der Muskelfasern eine Entspannung erfolgen, sonst bekommt man Schmerzen. In dieser Entspannungsphase kann sich das Gewebe wieder regenerieren und mit frischem Blut füllen, welches in der Anspannungsphase ausgepresst wurde.

Es gibt keine Regellosigkeit in der Natur, denn sonst würde das ganze System kollabieren. Dann würde vielleicht das Wasser bergauf statt bergab fließen, Tag und Nacht würden jedes Mal anders sein, die Sonne dreht sich einmal um die Erde, dann wieder umgekehrt, der Schnee würde im Sommer fallen, die Kirschen im Dezember reifen usw.

Regellosigkeit führt zu Disharmonie und Chaos.

Kurz und gut, wenn es keine Regeln gibt, gibt es auch keine Sicherheit und Frieden in der Gesellschaft. Die Regeln sind die Stützpfeiler und die Struktur einer Gesellschaft, ihrer Ökonomie, ihrer Politik. Unsere sozialen Systeme und auch die sozialen Systeme der Tierwelt sind auf Regeln aufgebaut, dadurch funktionieren Gemeinschaften.

Wenn wir heute den Schutz der Natur als Priorität in unsere Systeme einbauen (sozial, ökonomisch, politisch) wollen, so werden die alten Regeln neu aufzustellen sein. Es gilt eine globale Ethik zu entwickeln, die allen Menschen gleiche Rechte auf Land, Nahrung, reines Wasser, Luft garantiert.

Wolfgang Pekny: Die „Globale Ethik": *„Unsere „Freiheit", einen beliebigen Lebensstil zu wählen, endet dort, wo unsere Lebensart die Freiheit Anderer beschneidet, ein menschenwürdiges Leben zu führen."*

Selbsterkenntnis:

➢ Halte ich mich an Regeln? An welche?
➢ Wie wichtig sind mir Regeln?
➢ Anerkennst du Regeln in der Natur?
➢ Kannst du sie für dich umsetzen?
➢ Welchen Gesetzen kannst du nur schwer folgen? Nenne sie..

13. Genauigkeit

Oft habe ich den Sonnenaufgang auf den Bergspitzen fotografiert, welches ein einmaliges Ereignis ist. Spät erst erkannte ich dahinter eine weitere Regel der Natur:

Die Genauigkeit.

Durch die Lichtbrechung der Kameraoptik kann man genau sehen, wie die Sonnenstrahlen sich geometrisch exakt brechen. Unglaublich genau reflektieren sich Winkel für Winkel der Strahlen. So als wäre ein Mathematiker am Werk, der den exakten Brechungswinkel vorgibt.

Ohne diese Genauigkeit, die sich in allen Bereichen findet, würde diese Welt nicht funktionieren. Wenn wir z. B. auf eine heiße Herdplatte greifen – wird über das sensible Nervenreizsystem die Meldung des Schmerzes an das Rückenmark gesendet. Exakt und sofort reagiert es, indem es über seine motorischen Fasern den Befehl ausgibt die Hand rasch zurück zu ziehen, was auch geschieht. Stell Dir jetzt vor, dass dieser Reflex nicht augenblicklich eintritt: Unsere Hand würde weiterhin auf der Herdplatte schmoren und die Verbrennung wäre viel schlimmer.

Das Auge mit dem Sehnerv in Verbindung sendet uns exakte Bilder der Wirklichkeit zurück. Eigentlich unglaubliche Ereignisse!

Ohne die Genauigkeit der Natur würde die Welt im Tohuwabohu versinken.

Die Zeitrechnung, die sich traditionell nach dem (scheinbaren) Lauf der Sonne richtet, wäre ungenau, an jedem Tag anders. Die Folgen wären weitgreifend. Die Züge würden sich verspäten oder erst gar nicht abfahren, die automatische Weichenstellungen, die sich nach der Zeit richten, sind außer Kraft, verursachen Zusammenstöße und Unfälle. Die Menschen erreichen nicht zeitgerecht ihr Ziel, was wiederum immense Änderungen in allen Arbeits- und Wirtschaftsbereichen zur Folge hätte. Mit einem Wort: Die Welt würde

Kopf stehen und Dramen wären die Folge. Da das Universum wie eine Maschinerie mit exakt ineinandergreifenden Zahnrädern funktioniert, ist die Genauigkeit der einzelnen Elemente der Prozesse essentiell.

Die Natur ist ein einziger großer Lehrpfad, der das ganze Universum umfasst.

> Die Natur sagt dir vieles – lies im Buch der Natur und du wirst verstehen

Mental: Genauigkeit ist eine wunderbare Eigenschaft, die den bewussten Menschen auszeichnet. Genau zuhören, genau verstehen, pünktlich sein, genau arbeiten usw.

Selbsterkenntnis:

➢ Bin ich genau? Oder nachlässig?
➢ Bin ich pünktlich oder unpünktlich?
➢ Was bedeutet Genauigkeit für mich?
➢ Wo ist Genauigkeit wichtig?

14. Zielorientiert

Die Natur ist zielorientiert, da alles, was geschieht, in eine bestimmte Richtung zielt und einen bestimmten Sinn hat.

Aus dem Samen wächst der Keim, dann die Pflanze, der Baum, dieser entwickelt Blüten, welche reifen, Früchte tragen, die wiederum Samen erzeugen, diese werden ausgestreut zur Vervielfältigung. Ziel des Prozesses ist die Fortpflanzung und Weiterführung der Gattung, die man nur nach der vollkommenen Reife erreichen kann.

Flüsse und alles Wasser fließen zielgerichtet zum Meer hin, der Körper nimmt Nahrung und Wasser auf, scheidet Kot und Urin aus. Nervenzellen leiten Informationen weiter, um Aktivitäten wie das Gehen hervorzurufen. Das Wachstum der menschlichen und tierischen Individuen hat die Vollendung der spezifischen Art zum Ziel, bei den Pflanzen der spezifischen Pflanzenfamilien. Regen hat das Ziel den Boden feucht zu halten, dadurch ist Gedeihen möglich. etc.

„Die meisten Menschen tun alles nur halbherzig. Sie gebrauchen für alles nur ein Zehntel ihrer Konzentrationskraft. Deshalb haben sie keinen Erfolg. Tut alles mit ganzer Aufmerksamkeit. Diese konzentrierte Kraft erlangt man durch Meditation. Wenn ihr von dieser Brennkraft Gebrauch macht und sie auf irgendein Ziel richtet, werdet ihr Erfolg haben." Pramahans Yogananda

„Mache deine Aufgaben mit fester Entschlossenheit und der Erfolg ist Dir sicher." Sri Mahaprabhuji

> Die Natur sagt dir vieles – lies im Buch der Natur und du wirst verstehen.

Mental: Wenn man Auto fährt, ist es von Vorteil, wenn man weiß WOHIN man fährt, sonst fährt man in die Irre. So ist es auch auf unseren Schicksalspfaden. Wenn wir kein Ziel haben und nicht steuern, so werden wir wie ein Segelschiff vom Wind hin und her geschleudert und erreichen nicht den Zielhafen, da er uns ja nicht bekannt ist. Kennen wir aber das Ziel, so werden wir mit aller Kraft fahren, das Boot optimal manövrieren, unser ganzes Fahrwissen einsetzen, um möglichst rasch und sicher ans Ziel zu gelangen.

Es ist also wichtig, Ziele zu setzen, zuerst das Fernziel und dann die einzelnen Nahziele festlegen, um so Schritt für Schritt dem Endpunkt nahezukommen. Auch die genaue und positive Formulierung deines Vorhabens ist wesentlich.

Tipp:

Setze Gedanken- und Vorstellungskraft ein: Im täglichen Leben können wir mit mentaler Kraft Ziele anstreben und auch erreichen. Dazu wenden wir die Kraft der Gedanken an, aber auch die Kraft der Imagination. Wenn man ein Ziel gewählt hat, ist es gut, es sich bildlich vorzustellen, dann es mit allen Sinnen aufzuladen (fühlen, sehen, riechen), daran zu glauben und schließlich es als bereits erreicht zu betrachten. *Die Vorstellungskraft ist wie der Treibstoff im Tank des Fliegers, der dich an dein Ziel bringt.* Die Formulierung des Ziels allein ist nicht genug, es ist dann wie mit einem Flugzeug, das nach Rom fliegen will, aber keinen Treibstoff besitzt.

Wenn also unser Ziel die Heilung der Erde ist, dann sind unsere positiven Einstellungen dazu, unser Glaube an die mögliche Veränderung und Heilung, sowie unsere Vorstellung des zu erreichenden Ziels von großer Bedeutung. Je stärker wir dieses Ziel aufladen, desto stärker werden diese Gedankenwellen auch andere Menschen erreichen und so die Botschaft weitertragen.

Die Schöpfung zeigt uns in vielfältiger Weise Wachstum, Vollendung, Vermehrung – sowohl im Menschen-, Tier- und Pflanzenbereich. Darin muss ein Sinn liegen. Der Mensch als höchst entwickeltes Wesen der Natur hat die Möglichkeit sich über die niederen Bedürfnisse zu erheben und hohe geistige Ziele, wie die Einheit mit dem großen Ganzen, zu verwirklichen.

Selbsterkenntnis:

➤ Was ist mein Lebensziel?
➤ Welche Schritte setze ich um es zu erreichen?

- ➢ Was ist der erste Schritt? Und die nächsten Schritte?
- ➢ Fertige eine Schritt- und Zielliste an
- ➢ Lobe dich, wenn du ein Etappenziel erreicht hast!

15. Ständige Transformation

Der Wandel, die ständige Änderung, ist ein grundlegendes Gesetz der Natur.

"Das ganze All ist eine unendliche Abwandlung des Zeitwortes „tun"." Thomas Carlyle

In der Natur findet ständige Transformation statt, es gibt keinen Stillstand, alles ist im steten Werden begriffen. Menschen, Pflanzen, Tiere wandeln sich ständig, damit das Leben gesichert ist. Während der Mensch schläft, arbeiten alle seine Organe und Systeme trotzdem weiter, pausenlos, ein Leben lang. Der Stoffwechsel, die Assimilation, die Körperversorgungen, all das muss geschehen, da sonst das Leben sofort beendet wäre.

In der Nacht sind all diese Vorgänge verlangsamt, am Tag erfolgen sie rascher. Zwischen zehn und 50 Millionen Körperzellen pro Sekunde werden vom menschlichen Körper abgebaut und durch neue Zellen ersetzt. Für nahezu jedes Organ oder Gewebe existieren Stammzellen, die ständig für Nachschub sorgen und zum Beispiel neue Haut-, Blut- oder Schleimhautzellen bilden. Jeder Augenblick stirbt, um dem neuen Augenblick Platz zu machen, die Zeit steht nie still, jeder Wassertropfen, der den Fluss hinabfließt, verändert laufend seine Form, Wolken ändern sich, unsere Gedanken ändern sich ständig…

Wandel und Werden heißen die grundlegenden Prinzipien der Natur und bestimmen den Lauf der Zeit. Die ständige Transformation von einem Zustand in den nächsten ändert einen Daseinszustand in einen anderen. Für jedes Einzelne scheint es einen eigenen Wachstums- und Wandlungsplan zu geben, den die Natur unbeirrt einhält. Diese Transformationen, die Veränderung der bestehenden Eigenschaften, geht sogar so weit bis zur Aufgabe der eigenen Existenz.

„Pantha Re", „Alles fließt", steht auf den Toren von Delphi geschrieben, als höchste Weisheit einer hochentwickelten griechischen Zivilisation.

„Intelligenz ist die Fähigkeit zur Anpassung an den Wandel." Stephen Hawking

Wach auf

Wach auf, Geliebte, wach auf
Sonne und Mond ziehen
Ihre Bahn im weiten All
Planeten, Sterne, Galaxien kreisen
Wasser fließt laufend zum Ozean
Wolken und Wind ziehen rasend dahin
Bäume, Blumen, Körper leben
Im Ständigen sich regen
Wach auf Geliebte und komm,
Lass uns Teil sein am werdenden
Ganzen

> Die Natur sagt dir vieles – lies im Buch der Natur und du wirst verstehen

Mental: Bereit sein für Veränderungen verlangt Flexibilität im menschlichen Verhalten. Ein Baum wie die Birke ist flexibel und bricht nicht so leicht, hingegen wird eine mächtige Buche, die ein Flachwurzler ist, von heftigen Windböen aus dem Boden gerissen, da ihr Stamm starr und unnachgiebig ist.

Wenn du bereit bist für Änderung und Neubeginn, dann wirst du leicht im Leben zurechtkommen. Das eigene Konzept fallen zu lassen und etwas Neues mit Leichtigkeit annehmen, ist eine Lebenskunst.

Sich gegen Änderungen zu stellen – bedeutet, sich gegen das Leben zu stellen! Änderung bringt immer neue Erfahrungen und neue Chancen der Entwicklung.

Starre, das Ende von Bewegung und Transformation, bedeutet Tod in der Natur. Wir Menschen haben derzeit eine Verhaltensstarre, was die Schutzmaßnahmen zum Wohle der Umwelt betrifft. Was wird das auf Dauer bringen? Wer wird wohl den Kürzeren ziehen? Die Natur oder der Mensch?

„Die reinste Form des Wahnsinns ist es, alles beim Alten zu lassen und trotzdem zu hoffen, dass sich etwas ändert."
Albert Einstein

Im Leben hast du bei Schwierigkeiten immer folgende zwei Möglichkeiten:

„Ich verliere nie. Entweder gewinne ich, oder ich lerne."

Ich gewinne immer, wenn ich verstehe, weshalb mich dieses oder jenes Unangenehme trifft. Ich habe zwei Möglichkeiten: Ich kann entweder klagen und damit negative Energien heranziehen oder daran wachsen, indem ich versuche zu verstehen, was dieses Geschehnis mit mir zu tun hat. Was lerne ich daraus? Welche Änderungen muss ich vornehmen? Vielleicht will dieses unangenehme Ereignis mich auf eine Eigenschaft in mir aufmerksam machen, die mir vorher nicht bewusst war. Durch das Bewusstwerden der Zusammenhänge kann ich Änderungen bewirken und versuchen, Schwachstellen zu korrigieren. Also nicht starr bei seinen Meinungen, Gefühlen und Ansichten verharren, sondern flexibel auf alles reagieren. Ein Matchball prallt hart gegen eine harte Wand und wird hart zurückgeworfen, jedoch prallt er weich auf das zurückfedernde weiche Netz im Tennisfeld. Flexibilität bedeutet, weich auf den Matchball des Lebens zu reagieren. Ein harter Schlag ist meist mit Schmerzen verbunden.

Selbsterkenntnis:

➤ Bin ich bereit mich zu ändern? Wie beginne ich?
➤ In welchen Bereichen sollen Änderungen stattfinden?
➤ Welche Konsequenzen hat meine starre Haltung?
➤ Welche Konsequenzen hat meine flexible Haltung?
➤ Was wähle ich?

16. Aufgabe der eigenen Individualität

Das Sterben des Alten ermöglicht die Geburt des Neuen.

Ein Saatkorn, welches der Bauer in die Erde legt, muss zerfallen damit der neue Keim wachsen und sich entwickeln kann. Der einzelne Wassertropfen gibt sich auf und vereint sich mit dem Wasser des Flusses, Sees oder Meeres.

Wenn der männliche Samen sich mit der weiblichen Eizelle vereint, geben beide ihre Identität auf, um eine neue Einheit, ein neues Leben zu bilden.

Wenn die Raupe sich zum Schmetterling weiterentwickelt, muss sie ihren Körper vollkommen dem werdenden Schmetterling zur Verfügung stellen. Sie gibt sich auf, um dem Neuen zur Geburt zu verhelfen. Der „Schmetterlings-Effekt" und die gesellschaftliche Umgestaltung siehe: www.gungfu.de/facts/archives/2004/10/22/von-der-raupe-zum-schmetterling

Die Apfelblüte gibt ihre Identität auf und verwandelt sich in eine Frucht.

Wenn die Kohle zum Diamanten geformt wird, gibt sie ihre Eigenschaften als fossiler Brennstoff völlig auf und entwickelt sich zum kostbaren Diamanten.

Wenn aus dem Ei ein Küken schlüpft, zerbricht das Ei, um dem neuen Wesen die Möglichkeit zum Leben zu geben-

Wenn ein Mensch geboren wird, zerplatzt die Fruchtblase mitsamt der bisherigen Nährflüssigkeit, um dadurch dem neuen Erdenbürger den Eintritt ins Leben zu ermöglichen

Wenn die Zellen des menschlichen Körpers sich erneuern, gehen die alten Zellen zugrunde um der neuen Zellgeneration Platz zu machen.

Dieses Sterben, um dem Neuen Platz zu machen, ist höchst interessant. Diese Vorgänge sind auch aufschlussreich für die spirituelle Entwicklung. Auch hier ist die Voraussetzung zum Erreichen der Selbstverwirklichung die Aufgabe des Egos. Das Ego muss sterben, damit sich die selbstlose Liebe entwickeln kann.

„Alle Geburt ist Geburt aus Dunkel ans Licht; das Samenkorn muss in die Erde versenkt werden und in der Finsternis sterben, damit die schönere Lichtgestalt sich erhebe und am Sonnenstrahl sich entfalte." Friedrich Schelling, Über das Wesen der menschlichen Freiheit

> Die Natur sagt dir vieles – lies im Buch der Natur und du wirst verstehen

Mental: In den höchsten Lehren der alten Schriften wie dem Yoga, der Vedanta Philosophie Indiens, dem Buddhismus, dem Zen, dem Taoismus wird die Aufgabe des Egos als das Mittel zum Zweck der Selbstverwirklichung gelehrt. Eins zu werden mit der Schöpferkraft verlangt Reinheit und Einheit. Daher sind in all diesen Lehren das Einhalten ethischer Prinzipien Voraussetzungen für das Erreichen des Ziels.

Ob es nun Samadhi, Nirwana, Tao oder inneres Licht heißt, das Ziel ist dasselbe: Es verbindet sich der einzelne Lichtstrahl mit der Quelle des Lichts, der Fluss mit dem Ozean, bildlich gesprochen. Und dieser Lichtstrahl ist rein, klar und hell. So sollte auch das Wesen des Menschen sein, eins mit der Quelle des Lichts.

Um sich als geistiger Mensch, der wir alle sind, zum Wohle der gesamten Menschheit zu entwickeln ist es nötig Altes loszulassen, anderen zu verzeihen, positiv im Jetzt zu leben und an der Verbesserung unserer Eigenschaften zu arbeiten. Wenn wir dabei unsere Ich-Bezogenheit aufgeben und bereit für Änderungen sind, vollzieht sich die vollständige Metamorphose von der Raupe zum Schmetterling. Die Raupe, deren Hauptaufgabe das Fressen ist, wird zum Schmetterling, der von einer Vielzahl verschiedener Blüten Nektar aufnimmt, was für die Bestäubung wichtig ist. Von einer Nehmenden wird ein Gebender, dessen Schönheit erstaunlich ist. Dazu muss er seine vorige Identität völlig aufgeben um seiner wahren Berufung zu leben.

„Man findet Diamanten nur im Dunkel der Erde und Wahrheiten nur in den Tiefen des Denkens." Victor Hugo, Die Elenden

17. Leben im Jetzt

Nur der jetzige Augenblick ist der Moment des Lebens und Handelns. Es zählt weder die Vergangenheit noch die Zukunft – nur das Jetzt ist bedeutsam. Im Jetzt geschieht alles. So wie ein Fluss, der ständig fließt, ist Bewegung und Änderung die Entwicklungsform der Natur. Die einzige Chance etwas zu verändern geschieht jedoch nur im Jetzt.

Wenn du die Wolken am Himmel dahinziehen siehst, erkennst du, dass jede Wolkenformation einmalig ist. Sie kommt nie wieder in der Form vor, in der du sie jetzt siehst. Im Leben ist jeder einzige Augenblick einmalig und einzigartig. So wie du die Tropfen im Fluss nicht stoppen kannst, kannst du die Zeit nicht halten. Sie fließt und fließt. Vergangenes ist Chimäre, die Zukunft Vision. Nur das Jetzt ist Wirklichkeit.

Jeder Augenblick ist einmalig und einzigartig.

Nur im Augenblick kann geschehen was geschehen soll. Wirke im Augenblick der Wirklichkeit, denn niemals kehrt er wieder.

➢ *Erfahrungsbericht:*

Viele Lehren bekam ich in den Bergen, auch zu dem Thema „Leben in der Gegenwart."

Eines Tages war ich auf der Suche nach einem Ort der Stille, fernab von allem. Es war schon lange mein Wunsch, eine Zeitlang in einer Gebirgshöhle zu verbringen um zu meditieren, wie es so viele spirituell Suchende und Mönche im Himalaya machen. Ich wählte den Berg Alkapuri aus, der sich mächtig über dem Fluss Alaknanda erhebt, der ein Zufluss zum Ganges ist. Man sagte mir, dass ein großer Weiser mit Namen Sri Alakhpuriji vor Tausenden von Jahren dort gelebt hatte. So verbrachte ich einige Tage in dieser Höhle, fernab der Zivilisation. Ich meditierte viel und war sehr glücklich hier in der Einsamkeit der Bergwelt zu sein. Eines Nachmittags bekam ich während meiner Meditation eine Art Botschaft, ich soll doch den Berg Alkpuri hinaufsteigen, denn dort würde ich etwas Bedeutsames erfahren, was für meine Weiterentwicklung wichtig ist. Ich fragte mich was es wohl am Berg zu entdecken gibt, das mich am geistigen Weg weiterbringt? Da es schon spät war, beschloss ich erst am nächsten Morgen mit dem Bergsteigen zu beginnen.

Am nächsten Morgen, kurz nach Sonnenaufgang, begann ich, den steilen Berg, der an die 4800 Meter hoch ist, hinauf zu gehen. Niemand war zu sehen, doch wunderschöne Blumen, Gras und ein sanftes, glitzerndes Wassergerinnsel über glitschige Felsabhänge begleiteten mich auf meinem Weg hinauf. Immer höher kletterte ich auf einem schmalen Pfad, dessen Ende man nicht erkennen konnte. Der Berghang, den ich bestieg, hatte sicher eine Neigung von 60 Grad und ich ging sehr vorsichtig weiter um nicht zu stürzen. Manchmal blickte ich hinauf, was aber nicht so gut war, denn ich konnte das Ende des Weges nicht wahrnehmen, wusste nicht was sich hinter der nächsten Bergkuppe verbarg, ob dort ein Abgrund war oder Felsen oder bloß ein Hang. Nur die Bergspitze ganz hoch oben war deutlich zu sehen.

Ich beschloss vorsichtig zu sein, nicht alles zu wagen, um bis ganz hinauf zu kommen, sondern dann umzukehren, wenn ich keine Kraft mehr hatte, weiter zu steigen. Manchmal warf ich einen Blick zurück auf den steilen Abhang, den ich hinter mir gelassen hatte. Doch das war ausgesprochen gefährlich: ein Schwindel erfasste mich, wenn ich hinunterschaute und die Steilheit des Berges sah. Wie ein Sog zog es mich hinunter, so als zöge eine Kraft an mir, die mich hinunterstürzen wollte. Schnell blickte ich wieder nach oben um dieser Gefahr zu entgehen. Doch auch das war nicht die beste Lösung, denn der Blick nach oben auf den ungewissen Weg und die steilen Felsblöcke darüber lösten ein Gefühl der völligen Unsicherheit und Ohnmacht aus. Das Einzige was mir noch zu tun blieb, war, meine Aufmerksamkeit hinunter auf meine Schuhe und den Weg zu richten. Ich begann also auf meine Bergschuhe zu schauen und jeden Schritt bedächtig zu wählen. Jede Berührung meiner Füße mit dem Boden verlieh mir ein Gefühl der Sicherheit und verstärkte das Vertrauen in meinen Gang. Also stapfte ich Schritt für Schritt immer weiter hinauf, völlig auf meine Schritte konzentriert. Ab einer gewissen Höhe, von wo aus ich den weiteren Weg nicht mehr sehen konnte, sagte ich mir: „So, jetzt kann ich nicht mehr weiter, besser wieder zurück gehen, bin sowieso schon vier Stunden unterwegs gewesen." Ich lehnte mich an einen Felsen, betrachtete die phantastische Aussicht mit 360 Grad Fernblick auf die umliegenden Bergriesen, freute mich, dass ich das erleben durfte und ging dann ganz langsam wieder den Berg hinunter.

Erst viel später wurde mir die Bedeutung meiner Tour bewusst, als ich längst wieder zurück in der Höhle angelangt war. Auf dem Weg zu Einsicht muss man klar sehen und seine Schritte sehr bewusst setzen. Wenn wir mit dem Ballast der Vergangenheit und Angst vor der Zukunft belastet sind, so ist man sehr eingeschränkt in seinen Gedanken und Gefühlen, da alles vernebelt ist vom Müll, den wir mit uns tragen. So wie eine klare Sicht am Berg nötig ist um den richtigen Weg zu finden, ist die Befreiung von Altlasten, Sorgen und Ängsten nötig, um die richtigen Schritte zu setzen, die dich weiterbringen. Ein Schiff kann im Meer nur dann sicher navigieren, wenn die Wellen nicht übergroß, der Sturm nicht gewaltig ist, das Navigationsgerät in Ordnung, die Mannschaft fit ist, keine Hindernisse, wie unterirdische Felsen, den Weg behindern oder unmöglich machen.

Was also habe ich heute erkannt? Der Blick hinunter, der Sog, der mich hinunter zu stürzen drohte, bedeutete die Vergangenheit. Es ist sehr gefährlich in der Vergangenheit zu leben, es kann sogar dein Leben und die Gesundheit kosten. Der Blick nach oben auf die steilen Felsklippen in der Ferne, erfüllte mich mit Angst, Sorge und Unsicherheit. Sich allzu sehr mit der Zukunft zu befassen erzeugt genau diese Gefühle und hindert dich an einem glücklichen Leben.

Einzig das JETZT, der jetzige Schritt im Augenblick, gaben mir die Sicherheit, den Schutz und das Vertrauen den Weg weiter zu beschreiten. Alles andere war zerstörerisch und raubte mir meine Energien. Im JETZT zu sein, jeden Schritt bewusst zu setzen, vermittelten mir ein energetisches Hoch, eine Kraft und gleichzeitig auch eine Leichtigkeit, die mich beflügelte, fröhlich und unbeschwert weiter zu schreiten.

Befreie Dich von den Fesseln der Vergangenheit und lass die Zukunftsängste los, lebe im Jetzt, denn nur im Jetzt findest du Sinn und freudvolles Sein.

Tipp: Klarheit und Wahrheit kannst du nur finden, wenn du Folgendes machst: Klare Sicht schaffen, den Ballast der Vergangenheit abwerfen, ausschließlich im Jetzt leben, in die Zukunft vertrauen und durch Taten im Jetzt deine Zukunft bestimmen.

Die Sicht

Wenn Nebelschleier den Ausblick verdecken
Die Ketten der vergangenen Leiden dich fesseln
Gefangen wie ein Vogel im Käfig
Im Raum der Vergangenheit
Kannst du nicht ins Leben fliegen
Das Wunder des Augenblicks erleben

Den Nektar des jetzigen Atemzugs
Den Moment des Geschehens genießen
ist dir verwehrt
Frei sein bedeutet losgelöst
Und eins sein mit dem Augenblick
In dem alles geschieht

Im Lichte der Sonne kannst du lesen, in der Dunkelheit kannst du es nicht tun. Auch der Weg zu Erkenntnissen und Weisheit ist an ein klares Einsichts-Licht gebunden. So ist der Lebenspfad zur Sinnfindung im Jetzt verankert.

„Nichts geschah in der Vergangenheit, es geschieht im Jetzt. Nichts wird in der Zukunft geschehen es wird im Jetzt geschehen." Ekart Tolle

> Die Natur sagt dir vieles – lies im Buch der Natur und du wirst verstehen

Mental: Die Vergangenheit ist Geschichte, die Zukunft Chimäre, nur die Gegenwart zählt. Wir tragen oft unsere Vergangenheit lebenslang wie einen schweren Rucksack mit uns, der uns sehr belastet und am Weitergehen hindert. Schmerzen, Enttäuschungen, Frustrationen liegen wie Steine am Boden unserer Seele und verhindern ein Leben in Zufriedenheit und Freude. All diese negativen Erlebnisse loszulassen und zu erlösen, sich davon zu befreien ist wichtig um eine freie Entwicklung zu ermöglichen. Genauso wie ein Boot untergeht, wenn die Last zu groß ist, eine Brücke bricht, wenn sie zu stark belastet wird, wie ein Seil reißt, wenn es zu stark gespannt wird, ist die Belastung aus Vergangenem eben belastend und verhindert somit ein freies Leben. Versuche, diese Altlasten loszuwerden, arbeite daran alleine oder mit Hilfe von professionellen Personen.

Auch die Gedanken an die Zukunft, die Sorgen und Ängste was wohl sein wird, wenn……... sind Kräfte und Energie raubend. Wenn du sowohl in Vergangenem oder Zukünftigem kräfteraubend lebst, so bleibt dir nur wenig Energie für die Gegenwart!

Was auch immer du verwirklichen möchtest – mache es Jetzt!

Das Leben im Jetzt ist das Geschenk des Augenblicks. Im Englischen heißt die Gegenwart „present" und das Geschenk heißt auch „present." Die Gegenwart ist genau genommen ein Geschenk. Nur jetzt kannst du handeln, fühlen, denken und damit auch deine Zukunft bestimmen. Jetzt und hier kannst Du dem wirklichen Leben begegnen. Je freier und unabhängiger du bist, desto mehr kannst du die Geschenke des Augenblicks aufnehmen und erleben. Und das ist wirklich etwas Wunderbares. Es macht einen Unterschied, ob du die Welt mit beschlagenen Brillen der Vergangenheit, zusätzlich verfärbt mit dem Grauschleier der Zukunft, siehst oder ob du die Brille abnimmst und einen klaren Blick in das Jetzt richtest, wo alles für dich bereit ist.

Nimm das Geschenk des Augenblicks wahr, es wartet darauf, dass du es öffnest!

> Die Natur sagt dir vieles– lies im Buch der Natur und du wirst verstehen

<u>Tipp:</u>

1. ACHTSAMKEITSÜBUNG

Egal was du gerade machst, stelle dir Fragen zu deinem jetzigen Zustand. Du sitzt z.B. auf einem Sessel: welche Farbe hat er? Ist die Polsterung hart oder weich? Fühlst du dich wohl darin? Soll ich meine Position ändern? Oder ist alles ok? Kannst du mit ihm rollen? Oder verschieben? hat er Armlehnen? Wenn ja: in welcher Höhe? wie ist der Boden unter dem Sessel beschaffen? Liegt ein Teppich darunter? Welche Beschaffenheit hat der Boden? Lenke deine Aufmerksamkeit bewusst auf alle Teile deines Körpers. Wie fühlt sich das an? Du kannst diese Achtsamkeitsübung anwenden, wo immer du bist und sie auch ausweiten.

Auf diese Art wird deine gesamte Aufmerksamkeit auf den jetzigen Augenblick gelenkt. Du fokussierst auf das Jetzt und daneben hat nichts anderes mehr Platz. Mache diese Übung mehrmals täglich, und du wirst sehen wie du dadurch sehr achtsam auf die Gegenwart wirst.

SCHENKE DEM JETZT DEINE GANZE AUFMERK-SAMKEIT.

Mit dieser Praxis verschwinden Vergangenheit und Zukunft in der Achtsamkeit des Augenblicks!

2. ERFAHRE GEDANKENKONTROLLE

Beobachte Dich selbst: wo sind deine Gedanken? Stell dir einen Wecker: auf jede Stunde z.B. und beobachte wo du mit deinen Gedanken gerade bist? An was denkst du gerade? Welche Gefühle entstehen dabei?

➢ Gibt es immer wiederkehrende Gedanken oder Gefühle?
➢ Belasten sie dich? Erfreuen sie dich?
➢ Auf einer Werteskala von 0 – 10: Wie groß sind deine Belastungen? Wie groß deine Freuden?
➢ Analysiere selbst das Ergebnis und halte es schriftlich fest
➢ Was wirst du ändern? Wie wirst du es ändern?

➤ Lebst du im Hier? In der Vergangenheit? In der Zukunft?

➤ Halte die Ergebnisse schriftlich fest und auch die späteren Änderungen

18. Achtsamkeit

➤ Achtsamkeit geschieht nur, wenn du innehältst und aufmerksam beobachtest, als neutraler Beobachter gewissermaßen, ohne zu bewerten. Vor allem aber nur EINE Sache machen, nicht drei Dinge zugleich, denn dann wird die Aufmerksamkeit gespalten. Ein Autofahrer soll nicht zugleich Gas geben, telefonieren und essen. Ein Freund, der zugleich am I-Phone schreibt, sich unterhält und Anordnungen gibt, ist kein angenehmer Gesprächspartner.

Als ich begann Vögel zu fotografieren, lernte ich dabei vier Dinge: Erstens das Innehalten und die Konzentration auf EIN Ding, den Vogel, zweitens das achtsame Beobachten und drittens Geduld, denn sie bewegen sich fast ständig, vor allem wenn man gerade abdrücken will. Viertens bemerkte ich, dass sie ungemein aufmerksam sind. Es entgeht ihnen kein Geräusch, keine Gefahr. Sie sind jederzeit bereit wegzufliegen oder das Futter zu ergattern, das sie sehen. Für das Überleben der Vögel ist also die Konzentration auf alles was um sie herum geschieht lebensnotwendig. Denn kaum erschlaffen sie in ihrer Aufmerksamkeit, kann das bittere (und tödliche) Folgen haben.

Achtsamkeit, Konzentration und die Erkenntnisse aus der achtsamen Beobachtung sind die vier Pfeiler auf denen die Tierwelt ihr Überleben sichert. Fehlt es an Achtsamkeit ist oft Leid, Schmerz und Tod die Folge. Aus der Erkenntnis schließt sich die Entscheidung und danach die richtige Tat an.

Auch für uns ist die Achtsamkeit ein Leitbild und ein Prinzip, das es zu beachten gilt. Achtsam auf unsere Gedanken, unsere Gefühle, unsere Worte und Taten, unsere Entscheidungen, unsere Mitmenschen, unser Energiefeld, unsere Umwelt, unsere Gesundheit, unsere Nahrung, unsere Umgebung, unser soziales Umfeld, unseren Lebensstil. Durch die Achtsamkeit schärfen wir unsere Entscheidungskraft, indem wir unterscheiden, was gut und richtig ist und was nicht, was in Einklang mit den geistigen Gesetzen steht und was nicht, was förderlich für uns und andere ist und was nicht.

In unserer Zeit mit all den Ablenkungen und Versuchungen, die uns tagtäglich von allen Seiten in Versuchung führen, muss man wahrlich sehr achtsam sein um nicht in die Fallen der Abhängigkeiten zu stürzen. Wie viele Menschen sind heute nicht nur nach Drogen süchtig, sondern auch nach technischen Aufputschmitteln. Ständige Anwesenheit am Smartphone und am Computer führen tatsächlich zu einem Suchtverhalten. Verlangen nach immer mehr und mehr in eine illusionäre Welt der Täuschung einzutauchen, bedeutet gleichzeitig, die Gegenwart zu verleugnen. Ein Leben in der Unwirklichkeit der Fata Morgana und fern vom bewusst Erlebten im Jetzt grenzt uns vom tatsächlichen Leben aus. Das Leben bietet uns zahlreiche Chancen und Gelegenheiten um uns weiter zu entwickeln. Wenn wir die Augen davor verschließen ist Fortschritt nicht möglich.

Das allererste Feuer entstand durch die Reibung zweier besonderer Steine worauf sich ein Funke bildete, der brennbares Material in Brand setzte. Durch Abgabe von Licht und

Wärme erfolgte eine Anhebung des Energieniveaus und dadurch kam es zu einem Quantensprung in der Geschichte der Menschheit. Ebenso bedarf es der Reibung des Menschen in seinem sozialen Umfeld um auf ein höheres Energieniveau zu gelangen. Wenn alles immer gleichbliebe stagniert die Steigerung seiner Fähigkeiten, seiner Reife, seines Wissens, seines Verstandes, seiner Weisheit.

Dazu eine Geschichte:

Der alte Bauer und Gott:

Eines Tages kam ein alter, grauhaariger Bauer zu Gott und sagte zu ihm: „Schau, du magst Gott sein, und du magst die Welt erschaffen haben, aber eines muss ich dir sagen: Ein Bauer bist du nicht. Du kennst nicht mal das ABC des Ackerbaus. Da kannst du noch einiges lernen."

Gott sagte: „Was rätst du mir?"

Der Bauer antwortete: „Gib mir nur ein Jahr Zeit und lass alle Dinge so geschehen, wie ich es sage. Dann warte ab, was passiert. Es wird auf dieser Welt keine Armut mehr geben!"

Und so geschah es. Natürlich bestellte der alte Bauer nur das Feinste vom Feinen, stets dachte er nur an das Beste: keinen Donner, keinen starken Wind, keine Gefahren für die Ernte. Alles angenehm, behaglich, und er war sehr froh darüber. Der Weizen wuchs und wuchs immer höher! Wenn er Sonne wollte, schien diese; wenn er Regen wollte, regnete es, so viel er nur wollte. In diesem Jahr lief alles richtig, mathematisch richtig. Der Weizen wuchs sehr, sehr hoch.

Der Bauer ging oft zu Gott und sagte: „Schau! Dieses Jahr wird die Ernte so ausfallen, dass sie für viele, viele Jahre

*ausreicht, selbst wenn die Leute nicht arbeiten, wird es ge-
nug zu essen geben!"*

*Aber als die Ähren eingefahren wurden, war kein Weizen
darin. Der Bauer war überrascht. Er fragte Gott: "Was ist
passiert? Was ist schief gelaufen?"*

*Gott sagte: "Weil es keine einzige Herausforderung gab, kei-
nen Konflikt, keine Reibung, weil du alles vermieden hast,
was schlecht ist, blieb der Weizen unfruchtbar. Ein bisschen
Auseinandersetzung gehört zum Leben dazu. Stürme gehören dazu, und auch Donner und Blitze. Sie erst rütteln im
Weizen die Seele wach."* aus http://www.geistigenah-
rung.org

*"Die Trübsale dieser Welt gehen vorüber, und was uns
bleibt, ist das, was wir aus unserer Seele gemacht haben."*
Shoghi Effendi

Achtsamkeit beinhaltet offen und klar zu sein, sich auf etwas
Bestimmtes konzentrieren und daraus Erkenntnisse zu
gewinnen. Indem wir danach entscheiden und Taten folgen
lassen, sind wir aktiv in unseren Lebensprozess involviert.
Die Achtsamkeit führt uns zum bewussten Leben im
Einklang mit allem was ist. Achtsamkeit bedeutet auch am
wirklichen Leben teilzunehmen und die vielen großen und
kleinen Wunder bewusst zu erleben, aber auch vieles kritisch
zu hinterfragen. Mit dem Auge der Wachsamkeit legen wir
den Schleier, durch den wir alles nur unscharf gesehen haben
ab und sehen plötzlich klar.

*"Wir können nicht über Moral, Ethik oder Verhaltensregeln
sprechen, ohne gleichzeitig über Achtsamkeit, Konzentration
und Einsicht zu reden. Dank ihrer Energie sind Sie imstande,
einen Weg zu finden, einen Weg zu bahnen. Einen Weg zu*

mehr Menschlichkeit, einen Weg, der zu Frieden und Glück führen wird, einen Pfad der Transformation und Heilung. Es ist so wichtig, dass wir über globale Ethik stets in einer lebenspraktischen Weise nachdenken. Praxis besteht darin, die Energie der Aufmerksamkeit, Konzentration und Einsicht zu schaffen. Das erweckt Mitgefühl, Liebe, Harmonie und Frieden." Thich Nath Hanh

> *Die Natur sagt dir vieles– lies im Buch der Natur und du wirst verstehen*

Mental: Inne halten, achtsam sein, nicht automatisch agieren und reagieren, die Dinge wertfrei beobachten, ohne innere Emotionen. So wirst du zum Beobachter der Ereignisse und stehst über den Dingen. Danach schaltest du deinen Intellekt in seiner höchsten Form, der rechten Unterscheidungskraft ein um dich richtig zu entscheiden.

Beispiel: Nehmen wir an, ein Fenster in einem Raum im 5. Stock steht offen und dir ist sehr heiß. Du hältst inne und wirst gewahr, dass es drückend schwül ist und du am ganzen Körper schwitzt. Du siehst das offene Fenster: Deine erste Reaktion – ich springe hinaus, denn draußen ist es kühl, doch deine Vernunft hält dich davor zurück und sagt dir, dass du besser die Treppe nehmen sollst, was du dann auch befolgst. Du hast also unterschieden zwischen 2 Möglichkeiten und jene gewählt, die zu deinem Besten ist.

Erscheint dir das ein sehr primitives Beispiel zu sein? Hier ein anderes: Du sitzt auf einem dicken Ast eines Obstbaumes, es ist kühl und schön, du fühlst dich wohl. Du brauchst Holz zum Heizen: also nimmst du eine starke Säge und beginnst den Ast abzuschneiden auf dem du sitzt. Du fühlst dich mächtig und kraftvoll. Leider hältst du NICHT INNE, um zu beobachten was du tust und beachtest auch NICHT die Konsequenzen deiner Tat. Du beginnst zu sägen und zu sägen, bis der Ast durchgeschnitten ist und du mitsamt dem dicken Ast viele Meter abstürzt und dich schwer verletzt.

Du wirst jetzt sagen- das ist ja absurd! Wer würde denn so etwas tun? Genauso handeln wir aber im Umgang mit der Natur:

Der Mensch sägt am starken, nährenden Ast der Natur, auf dem er sitzt und übersieht dabei, dass er sich dabei selbst in den Abgrund stürzt.

Die Achtsamkeit ist wohl eine der wichtigsten Eigenschaften, die wir zu intensivieren haben. Achtsamkeit ist verbunden mit dem Leben im Augenblick, es bedeutet aufmerksam zu sein auf alles was hier ist. So kann man Schaden verhindern und bewusst mit allem umgehen. Sie ist Voraussetzung, um dem Leben eine selbstbestimmte Richtung zu geben.

Selbsterkenntnis:

➢ Was bedeutet Achtsamkeit für dich?
➢ Nenne ein Beispiel aus deinem Leben, wo dir die Achtsamkeit geholfen hat, eine Fehlentscheidung zu verhindern und ein Beispiel, wo du unachtsam warst
➢ Wie schaut deine Zeiteinteilung aus?
➢ Wie viel Zeit arbeitest du?
➢ Ruhst du dich auch aus?
➢ Wie viel Zeit verbringst du am TV? Am Computer? Am Handy? In den sozialen Netzwerken?
➢ Bist du achtsam zu deiner Familie?
➢ Hörst du aufmerksam und liebevoll deinen Kindern, Mann, Frau, Freunden zu?
➢ Wann nimmst du dir Zeit für dich allein?

➢ Machst du dann das, was dir am meisten Spaß macht?
➢ Bist du dann kreativ? Musik? Malen? Singen? Schreiben?
➢ Liest du?
➢ Betreibst du Sport?
➢ Wie viel Zeit verbringst du mit deiner Familie?
➢ Mit deinen Freunden?
➢ In der Natur? Täglich? Wöchentlich?
➢ Meditierst du?
➢ Betreibst du Yoga, Tai-Chi oder Ähnliches?
➢ Gehst du täglich in die Stille?
➢ Mein Vorsatz………………………………..

19. Kausalität - Ursache und Wirkung

Die Regel der Kausalität, von Aktion und Reaktion ist eine grundlegende Gesetzmäßigkeit der Natur. Alles Geschehen gehorcht dem Prinzip von Ursache und Wirkung. Die Ursache A hat als Wirkung B. Jede Wirkung entspricht in Qualität und Quantität der Ursache. Ein Samen ergibt eine Frucht, der Samenflug auf die Ovula der Pflanze erzeugt neue Pflanzen, Wasser in den Wolken ergibt Regen, Sonnenschein bewirkt Wachstum, Erhitzung von Wasser verursacht Dampf, Temperaturstürze oder Temperatur Anstiege verändern den Aggregatszustand der Materie. Das Gesetz der Kausalität durchzieht die ganze Natur. Kausalketten entstehen, wenn durch Ursache A die Wirkung B eintritt, welche wiederum die Ursache für die Wirkung C ist usw. Das ist z.B. der Fall bei Umweltschäden durch die Klimaerwärmung. Eine einzige Ursache zieht unendlich viele Wirkungen nach sich. Eine Klimaerwärmung um 2 Grad hat weltweite und weitreichende Folgen.

Beim Menschen: Ob man eine Revolverkugel verschießt oder eine Rose wirft, hat nicht dieselbe Reaktion. Ob man schreit oder sanft spricht, ist in seiner Auswirkung verschieden. Alles was wir tun, hat eine Wirkung, welche wiederum als Ursache neue Wirkungen schafft. Alle Gedanken, Worte, Taten sind Aktionen und schaffen Reaktionen. Dadurch ergibt sich ein riesiges Netz aus Ursachen und Wirkungen, die unser Leben und das Leben auf der ganzen Welt bestimmt.

Positive Gedanken bringen positive Ergebnisse, Hass und Gewalt ziehen Krieg und Zerstörung nach sich. Eine endlose Reihe an Ergebnissen aus den vielfältigen, ursächlichen Taten des Menschen lassen sich so auflisten. Die Folgen unserer Gedanken, nicht nur unserer Taten sind imminent. Zuerst kommt der Gedanke, dann das Gefühl, dann die Entscheidung, dann die Tat. Diese vier gilt es zu überprüfen. Da es sehr schwer ist Gefühle zu kontrollieren ist eine Anhebung auf eine höhere Bewusstseinsebene des Menschen erforderlich, von wo aus Kontrolle möglich ist. Das ist das sogenannte Über-Ich nach Freud, oder die Entscheidungskraft (das Viveka) des Yoga, welches Wirkliches von Unwirklichem unterscheidet, oder die „Null-Energie" des Buddhismus, welche durch die rechte Entscheidung die Richtung vorgibt. Sie steht über dem Intellekt und den täglichen Gedanken, Sorgen und Plänen. Wie ein Schiedsrichter wacht sie über der Flut an Eindrücken von außen und von innen, ein Zeuge des Geschehens. Es hilft Entscheidungen zu treffen gemäß dem geistigen Reifegrad des Individuums.

Entsprechend dem Gesetz der Kausalität verursachst du dein Schicksal selbst. Das gilt für den Einzelnen wie auch für das Kollektiv. Wenn wir es auf das Kollektiv anwenden, so heißt das, dass all die Zivilisationskrankheiten, Umweltkatastrophen, steigende Gewalt, Terror, Kriege Spiegelbilder unserer Gesellschaft sind und mit ihr ursächlich in Zusammenhang stehen.

„Karma ist die ewige Bestätigung der menschlichen Freiheit. Unsere Gedanken, unsere Worte und Taten sind Fäden in einem Netz, das wir uns umhängen." Swami Vivekananda

> *Die Natur sagt dir vieles – lies im Buch der Natur und du wirst verstehen*

Mental: Die ganze Schöpfung beruht auf dem Prinzip von Ursache und Wirkung, dem man nicht entgehen kann. Es hat nichts mit Sünde und Strafe zu tun, sondern beruht einzig und allein auf Tatsachen. Wie der Bauer am Feld die Samen ausstreut, aus denen später Weizen wird, so streust auch du mit all deinem Tun Aktionen, die zu Reaktionen führen. Ist der Samen gut, so gedeiht der Weizen, ist der Samen nicht keimfähig, so gedeiht nichts und du musst die Aussaat wiederholen.

Daher sei vorsichtig, WAS du säst: Ist es Hass, wirst du Gewalt und Aggression enten, säst du Liebe und Mitgefühl, wirst du Liebe ernten, säst du Wissen, wirst du Verständnis ernten, säst du Großmut wird es auf dich zurück wirken. Du hast immer die Wahl. Deine Entscheidungen bestimmen deine eigene Zukunft.

UNSERE gemeinsamen Entscheidungen bestimmen UNSERE gemeinsame Zukunft. Wir haben in jedem Augenblick die Möglichkeit eine Wirkung zu verändern, indem wir eine neue Ursache zu setzen.

Selbsterkenntnis:

➢ Welche Beispiele aus deinem Leben fallen dir dazu ein?

➢ Wie denkst du über die Kausalität?

➢ Bist du bereit über die Ursachen und Folgen nachzudenken, im Zusammenhang mit mancher deiner und weltweiten Probleme? Versuche es!

➢ Bist du Ursache für positive Wirkungen? – was könnte das sein? Zähle sie auf!

20. Freiheit und Entwicklung

Freiheit ist ein Grundprinzip der Natur. Wachstum, Entwicklung, Vermehrung geschehen im freien Konsens mit dem Schöpferprinzip.

Freiheit (lateinisch libertas) wird in der Regel verstanden als die Möglichkeit, ohne Zwang zwischen unterschiedlichen Möglichkeiten auszuwählen und entscheiden zu können. Der allgemeine Begriff bedeutet einen Zustand der Autonomie eines Subjekts.

Freiheit ist ein Grundrecht des Menschen und der Natur.

Bürger demokratischer Staaten genießen regelmäßig verfassungsmäßig garantierte Freiheit in Form von Grundrechten, dazu auch Bürger- und Menschenrechte. Die Grundrechte garantieren einen Bereich, in welchen der Staat nicht eingreifen darf. Neben einigen Gleichheitsrechten werden durch Grundrechte vor allem Freiheitsrechte gewährleistet.

Kraft der Grundrechte erhält der Einzelne gegenüber der staatlichen Gemeinschaft eine eigenständige Position, die er rechtsstaatlich durchsetzen kann und kraft derer er in die Lage versetzt wird, über sein Leben selbst zu bestimmen.

Er kann es nach eigenen Vorstellungen gestalten und sich hierbei auch mit anderen verbinden, um so maßgeblichen Einfluss auf die gesamtgesellschaftliche Entwicklung zu nehmen. Rechtlich ist das Konzept der Grundrechte von den meisten Staaten der Welt anerkannt; die tatsächliche Umsetzung findet allerdings nicht durchgehend statt.

„Wer die Freiheit aufgibt, um Sicherheit zu gewinnen, der wird am Ende beides verlieren." Benjamin Franklin

„Auf seine Freiheit verzichten heißt, auf seine Würde als Mensch, auf die Menschenrechte, ja sogar auf seine Pflichten verzichten." Jean-Jacques Rousseau (1712–1778)

Trotz aller Regeln und Gesetzen kann sich das einzelne Wesen in der Natur in Freiheit entwickeln. Der Baum hat als Ziel das Wachstum, doch wie und in welcher Weise er das tut, bleibt ihm überlassen. Am besten entwickelt er sich, wenn er isoliert steht und nichts seine Ausbreitung und sein Wachstum behindert. Werden aber die Setzlinge und später die Jungbäume zu eng eingepflanzt, so kann er sich nicht so entfalten, wie es ihm entsprechen würde. Wenn man einen Jungwald betrachtet, in dem die Bäumchen zu eng gesetzt wurden, stellt man fest dass die unteren Äste alle dürr sind und die Jungbäume kümmerlich dahinsiechen, da sie sich gegeneinander behindern. Erst in der Höhe beginnen sich die Äste richtig auszubreiten, wenn sie die anderen überragen.

Auch Pflanzen treiben frei aus, Vögel fliegen ihren eigenen Weg, Füchse bauen ihren Bau unbehelligt, Fliegen schwirren ungebremst, Motten fressen wie und was ihnen passt, Maulwürfe graben wie es ihnen behagt, Flüsse fließen im selbstgebahnten Bett, Stürme durchziehen frei das Land, Wolken rasen dahin, Regentropfen und Schneeflocken fallen im freien Fall irgendwohin,...Und doch folgen sie alle ihrem Lebensauftrag und vollbringen ihre Pflicht.

> *Die Natur sagt dir vieles – lies im Buch der Natur und du wirst verstehen*

Mental: Persönliche Freiheit ist wichtig, damit sich der Mensch entsprechend seinen Fähigkeiten entwickeln kann. Wenn er eingeengt und eingezwängt in ein Korsett gesteckt wird, behindert das seinen Werdegang. Diese Beengung bezieht sich auf seine Meinung, seine Gesinnung, seine Rechte, seine Entscheidungen, seinen Lebensrhythmus, seine Tätigkeiten, seine Fähigkeiten, seine Kreativität. Politische Freiheit ist allerdings Voraussetzung für die individuelle Freiheit. Er hat von Natur aus jedoch die freie Wahl aus der Fülle des Seins zu wählen, sich zu entscheiden und die Folgen seiner Entscheidungen selbst zu tragen. Selbstachtung, Selbstliebe, Selbstsicherheit und Selbstvertrauen helfen ihm dabei.

Das Lebensziel kann er genauso wählen wie seinen Tagesrhythmus, seinen Freundeskreis, sein Verhalten, seine Ernährungsweise, seine Überzeugungen, politische Gesinnung, Arbeit und Freizeitbeschäftigung usw.

„Der Mensch ist für eine freie Existenz gemacht und sein Innerstes Wesen sehnt sich nach dem Vollkommenen, Ewigen und Unendlichen als seinem Ursprung und Ziel."
Matthias Claudius

Innere Freiheit erlangt man, wenn man Wünsche und Erwartungen loslässt, die uns gefangen halten, sowie alles Störende auflöst. Sich von allen inneren Fesseln zu befreien, von Vergangenem, von negativen Eigenschaften, von schlechten Gewohnheiten und Suchtverhalten bringt Freiheit und innere

Gelassenheit. Dann erst zeigen sich die inneren Schätze, die in jedem Menschen schlummern.

„Als ich aus der Zelle durch die Tür in Richtung Freiheit ging, wusste ich, dass ich meine Verbitterung und meinen Hass zurücklassen musste, oder ich würde mein Leben lang gefangen bleiben." Nelson Mandela

In einem freien demokratischen Land als freier Mensch zu leben, wo Menschenrechte selbstverständlich sind, ist ein Privileg das nicht allen Erdenbürgern gegeben ist.

„Freiheit ist nichts Selbstverständliches, in ihr zu leben ist eine Kostbarkeit." Lieselotte Schulz

Kreativität, alle Arten der Kunst müssen in Freiheit und Entrücktheit geschehen, da sich sonst die Intuition nicht einstellt. Die Inspiration (vom Lateinischen = Einhauchen) von Künstlern, Musikern, Bildhauern, Schriftstellern ist Ausdruck der kreativen Seite des Menschen. Die Kunst insgesamt darf nicht beschränkt oder beeinflusst werden, da sie sonst nicht erblühen kann.

Ein Freidenker ist jemand, dessen Geist ohne Vorurteile und Beeinflussungen denkt und so in der Lage ist, neue Ideen und Möglichkeiten zu entwickeln, sowie andere mit seinen Ideen zu inspirieren.

Selbsterkenntnis:

- Fühle ich mich frei?
- Bin ich selbstbestimmt oder fremdbestimmt?
- Besitze ich Selbstachtung, Selbstliebe, Selbstsicherheit und Selbstvertrauen? Bewerte auf einer Skala von 0 – 10 jede der 4 Eigenschaften.
- Wo fühle ich mich nicht frei?
- Was engt oder fesselt mich ein?
- Was kann ich ändern um mich freier zu fühlen?
- Mein Entschluss: ....

21. Fortpflanzung

Da die geschlechtliche Fortpflanzung, zwar in verschiedenen Formen, sowohl beim Menschen als auch in der Tier- und Pflanzenwelt vorhanden ist, kommt es zu einer regen Arten-vermehrung. Der Schöpfer will allem Anschein nach eine schier unglaubliche Artenvermehrung erreichen, da er die befruchtenden Samen in den Blumen, den Früchten, dem Sperma in tausend- und millionenfacher Menge anlegt, da-mit ein garantierter Weiterbestand der Art gesichert ist. Aus den polar angelegten Geschlechtern vereinigen sich die ebenfalls polar angelegten Eier und Spermien zu einer Ein-heit, aus der dann das Individuum der eigenen Spezies ent-steht. Es gibt auch die ungeschlechtliche Fortpflanzung, die bei vielen Einzellern, manchen Tieren und vor allem bei Pflanzen vorkommt.

Der Schöpfer war unerhört kreativ was die Fortpflanzung be-trifft. Es gehört zur Grundeigenschaft lebender Organismen die nachkommende Generation zu erschaffen.

➢ *Eigenbericht:*

Als ich heuer am Berg unterwegs war und durch Bergwiesen stapfte, blieben alle möglichen Pflanzenteilchen an meinem Schal hängen, die äußerst schwer zu entfernen waren, denn sie klebten sich richtig fest. Es war mühsam, sie alle wieder zu entfernen. Eigentlich dachte ich mir nichts dabei – außer – „Sehr lästig, diese Pflanzen, schon wieder klebt alles auf meinem Schal! Ärgerlich!...." Später, als ich genau hinsah und erkannte von welchen Pflanzen die Teilchen stammten und die tausende Samenschalen sah, die an den Blumen hingen wurde mir klar: sie hatten mich als Träger ihrer Blütensamen auserkoren und hofften, dass sie sich so vermehren konnten, indem sie durch mich, anderswo ausgestreut werden. Nachdem ich das begriffen hatte, bat ich die Blumen um Verzeihung wegen meiner Unwissenheit. Seither war ich nie wieder ungehalten, wenn mein Schal wieder voll der Samenteilchen war, sondern ich schüttelte sie über der Erde ab, damit dort neue Blumen entstehen können.

Die Pflanzenwelt vermehrt sich durch Bestäubung durch Wind und Wasser, durch Tiere oder durch Samen und Früchte. Für ein Drittel unserer Lebensmittel sind wir auf die Bestäubung von Insekten wie Bienen angewiesen. Die Flora kennt auch zwei verschiedene Geschlechter. Die Pflanze trägt Ovula, die vom Samen der anderen Pflanze befruchtet werden muss, sonst gibt es z.B. keine Früchte bei den Obstbäumen. Im Tierreich erfolgt die Befruchtung bei manchen Spezies wie beim Menschen durch Kopulation in verschiedenen Variationen. Befruchtung ist die Vereinigung der beiden polaren Anteile, männliche und weibliche, zu einer Einheit. Aus dieser Einheit entsteht dann erneut die Vielfalt, die wiederum polar angelegt ist. Es ist wie ein ewiges Spiel der

263

Geschlechter, das sich in ewigen Kreisläufen wiederholt und den Bestand der Wesen und Arten auf Erden gewährleitstet.

> *Die Natur sagt dir alles – lies im Buch der Natur und du wirst verstehen*

Mental: Am Beispiel der Fortpflanzung in der Natur kann man erkennen, dass Neues nur aus einer innigen Verbindung, einer Einheit, hervorgeht. Aus der Vereinigung von zwei Gegensätzen entsteht das Neue, das weiterbesteht. Das Neue entsteht aus dem Alten und nimmt dabei die Informationen des Vorangegangenen mit. Es kann darauf aufbauen und sich durch eigene Erfahrungen weiterentwickeln. Man könnte davon ableiten, dass wichtige Neuerungen in der Welt, wie z.B. Frieden, durch Vereinigung der Gegensätze zustande kommen können. Anders wird Neues nicht entstehen. Das bedeutet auch, dass es natürlich ist, dass Gegensätze existieren.

Wir sind dazu aufgefordert diese Gegensätze zu einer Symbiose zu vereinen zum Wohle des Einzelnen wie auch der Gesamtheit aller auf unserem Planeten. Dazu sind ethische menschliche Eigenschaften wie Verständnis, Kompromissbereitschaft, Toleranz, Dialogfähigkeit unbedingte Voraussetzungen um Kriege zu vermeiden und Frieden zu bewahren.

„Der Mensch ist ein Bewahrer und kein Zerstörer!"
Vishwaguruji

Auch in der Spiritualität gilt es die polaren Anteile in uns zur Einheit im Absoluten zu vereinen. Im Yoga ist das die Verbindung von Ida und Pingala, Mond und Sonnensystem zur Shushumna, dem Strahl der Einheit - oder auch das Erreichen des höchsten Chakras, das Scheitel Chakra, wo Selbstverwirklichung stattfindet, was das Ende von Leid bedeutet.

Selbsterkenntnis:

➢ Was bedeutet für dich der Begriff Einheit?
➢ Welchen Sinn siehst du in der Fortpflanzung?
➢ Was bedeutet für dich Polarität und Einheit?
➢ Wie entsteht Neues?
➢ Dein Kommentar: ……………………………….

22. Fülle

Die Natur beschenkt uns reichlich - aus der Fülle ihrer Gaben wird unser Leben erst möglich.

Das Leben selbst ist Vielfalt. Die Vielfalt unserer Persönlichkeiten z.B. – es wäre doch wirklich langweilig wären wir alle gleich - wo wäre dann der Lernprozess, das Beispiel und die Schönheit der Vielfalt? Es gibt eben nicht nur Rosen, sondern auch Disteln auf Erden und das ist gut so, denn sonst wäre es eine Distelerde oder eine Rosenerde…wie gesagt – langweilig und bis zum Überdruss eintönig. Monokulturen, keine Variationen, keine Befruchtungen, kein Lebensspiel. Einseitigkeit ist das Gegenteil der Vielfalt. Der Schöpfer hat ausgiebig geschöpft um uns mit millionenfachen Variationen auf allen Gebieten, sei es in der Menschenwelt, der geistigen Welt, der Tierwelt, der Pflanzenwelt, der unbelebten Natur die Fülle erfahren zu lassen. Wie dankbar müssen wir ihm dafür sein!

Die Natur bietet uns eine ungemeine Fülle an:

➢ Allein der Samenflug, die Pollen der Blumen und Pflanzen, die in Hülle und Fülle Samen enthalten. Wie in einem Lotteriespiel, wo der Zufall regiert, landen sie irgendwo, um die Bestäubung und die Befruchtung zu gewährleisten.

➢ Die Pollenmenge, die zum Beispiel ein Kiefernwald in den Frühlingsmonaten produziert kann so groß sein, dass die Oberfläche von nahegelegenen Seen und Teichen mit einer dicken, gelben Schicht, dem Schwefelregen, überzogen wird.

➢ Der Samenerguss des Mannes enthält Millionen Samenzellen, die befruchtungsfähig sind. Doch nur ein einziger oder einige wenige schaffen es das weibliche Ei zu befruchten.

➢ Die Erde bietet uns Nahrung in Hülle und Fülle und in allen Variationen an. Pflanzen, Wasser, Rohstoffe und alles was die Lebewesen zum Leben benötigen.

➢ Fülle im Erscheinungsbild der Erde: Wetter, Kontinente, Kulturen, Landschaften, Berge, Täler, Wüsten, Gletscher...

➢ Artenvielfalt im Pflanzen- und Tierreich, in den Meeren, dem Land, im Urwald, in allen Bereichen der Erde, der Luft und des Wassers.

➢ Fülle an menschlichen Individuen, die jedoch alle verschieden sind, durch kleine Unterschiede in den Chromosomen.

➢ Fülle an Erscheinungsbildern und Zahl der Lebewesen, Pflanzen, Tiere, Materie.

➢ Fülle als Gegensatz zur Leere: Die Materie selbst ist Fülle – Fülle an Molekülen, Atomen, Eigenschaften, chemischen Verbindungen....

➢ Fülle im unbegrenzten Bewusstsein im Gegensatz zum begrenzten Bewusstsein des Ich. Geistige Fülle gibt es auch im spirituellen Bewusstsein. Es besteht unendliche Fülle im Universum.

➤ Fülle an Gedanken, Gefühlen, Eigenschaften, Vorstellungen.

Aus der Fülle gebiert sich unser Dasein, es ist nicht der Mangel, der das Leben gebiert.

Es gibt in der Natur keinen Mangel, keine unzureichende Menge oder unzureichendes Ausmaß, sie bietet uns überall Fülle zum Werden und Sein. Daher dürfen wir die Vielfalt nicht zur Einseitigkeit umkehren, denn dadurch setzen wir einer immer neuen, kreativen Weiterentwicklung einen Riegel vor.

Beachte:

Die Fülle beschenkt, der Mangel beklemmt
Grenzen verbauen, Freiheiten erbauen
aus dem Füllhorn der Gaben
geschieht das was uns befreit
denn alles ist möglich
in dieser heilsamen Zeit

> Die Natur sagt dir vieles – lies im Buch der Natur und du wirst verstehen

Mental: Wir alle haben eine Fülle an Gedanken - Gedankenfülle, eine Fülle an Gefühlen, eine Fülle an Einfällen, eine Fülle an Möglichkeiten, das Leben zu gestalten. Leere ist das Gegenteil der Fülle, es ist ohne Inhalt. Das ist es, was die geistigen Richtungen anstreben: den Geist leer machen, um die Fülle des unendlichen Bewusstseins in sich aufzunehmen. Das Licht und die Weisheit einfließen lassen um glücklich und frei leben zu können.

Die leere Teetasse - eine kurze Zen-Geschichte:

„Ein Professor wanderte weit in die Berge, um einen berühmten Zen-Mönch zu besuchen. Als der Professor ihn gefunden hatte, stellte er sich höflich vor, nannte all seine akademischen Titel und bat um Belehrung.

„Möchten Sie Tee?" fragte der Mönch. „Ja, gern," sagte der Professor. Der alte Mönch schenkte Tee ein. Die Tasse war voll, aber der Mönch schenkte weiter ein, bis der Tee überfloss und über den Tisch auf den Boden tropfte. „Genug!" rief der Professor. „Sehen Sie nicht, dass die Tasse schon voll ist? Es geht nichts mehr hinein." Der Mönch antwortete: „Genau wie diese Tasse sind auch Sie voll von Ihrem Wissen und Ihren Vorurteilen. Um Neues zu lernen, müssen Sie erst Ihre Tasse leeren." Erzählt von Vishwaguruji

Manchmal hilft es, wenn wir Wissen, Vorurteile, Blockaden loslassen und auch den Stolz auf die Dinge, die wir besitzen. Zuerst ist die Leere da in Form des Gebens, dann erst kommt die Fülle in Form des Empfangens.

Kein Empfangen gibt es ohne Geben, keine Ernte gibt es ohne Saat.

Die Fülle des Lebens kann sich nur durch die innere Fülle manifestieren. Wenn wir mit unseren besten Eigenschaften wie Liebe, Mitgefühl, Verzeihung, Heiterkeit unser Leben gestalten und die Welt dadurch umwandeln, wird sich die Fülle in unser Leben einstellen. Indem wir alle Chancen wahrnehmen, die das Leben uns bietet werden wir uns ständig weiterentwickeln. Dadurch erleben wir eine Fülle an Änderungen, die uns wieder eine Fülle an Erkenntnissen bringt. Es sind die Lebens-Wellen, die uns Gelegenheit bieten, uns zu bewähren und aus einem Mangel die Fülle zu erzeugen.

Selbsterkenntnis:

➢ Wo bist du im Mangel?
➢ Wo brauchst du Fülle?
➢ Geht alles in deinem Kopf über? Wie beim Professor?
➢ Wie kannst du dich „leer" machen?
➢ Deine Gedanken erzeugen deine Wirklichkeit. Stimmt das?
➢ Willst du in der Fülle leben?
➢ Deine Vorschläge……….

„Ich bin eins mit der Fülle des Universums und diese Fülle manifestiert sich jetzt in mir." Wiederhole diese Affirmation oft und warte, was geschieht.

23. Kraft

Nichts geschieht auf der Erde ohne den Faktor Kraft. Der Gedanke ist da, der Wille auch – doch sie sind wirkungslos, wenn die Kraft für die Tat fehlt! Kraft seines Willens hat der Schöpfer diese Welt geschaffen. Kraft seiner Taten erschafft der Mensch sein Schicksal.

Der beste Kraftstoff der uns alle verbindet und glücklich macht, heißt Liebe.

Dieser Kraftstoff erzeugt neues Leben, bewirkt das gemeinsame Miteinander, Mitgefühl, gegenseitige Achtung und Respekt, Verständnis, Verzeihung, Anerkennung, holt das Beste aus uns heraus, bewirkt Entwicklung und Reifung, Fortschritt und Kreativität.

Ohne Kraft würde sich nichts bewegen in der Natur. Die Pflanzen könnten nicht wachsen, die Tiere und Menschen sich nicht bewegen, Schwerelosigkeit würde unser aller Leben beenden, ohne die Kraft der Erdanziehung wäre der Planet kein blauer Planet und unsere Erde ein Feuerball. Es gibt Gedankenkraft, Pferdekraft, Kraftakt, Arbeitskraft, Körperkraft , Lebenskraft, Fortpflanzungskraft, Spannkraft, Geisteskraft, Liebeskraft, Überzeugungskraft, Muskelkraft, Tatkraft, Leistungskraft, Kraft Potenzial, Kraftreserven, politische Kraft, kraftvolle Stimme, Anziehungskraft, eine Kraft ausüben, Streitkräfte, Arbeitskräfte, Lehrkräfte, Wasserkraft, Sonnenkraft, Kraftwerk, Kernkraft, Windkraft, Schwerkraft, Fliehkraft, Reibungskraft, Widerstandskraft – all diese Begriffe zeigen wie viele Arten von Kraft existieren.

Pflanzen, Tiere, Menschen besitzen unerhörte Kräfte für die Lebenserhaltung und Weiterentwicklung.

In allen Bereichen der Schöpfung ist Wachstum nur möglich mit dem Faktor Kraft.

Kraft ist mechanisch so zu erklären: Es ist eine gerichtete physikalische Größe, die sich aus Masse und Beschleunigung zusammensetzt (Newton'sche Axiome). Außerdem erkannte Newton, dass jeder Körper, der auf einen anderen eine Kraft ausübt, von diesem eine entgegen gerichtete, gleich große Reaktionskraft erfährt.

Kraft ist nicht mit Gewalt gleichzusetzen. Auf eine Kraft, die man ausübt, folgt eine Gegenreaktion: Gewalt erzeugt wieder Gewalt, Friedfertigkeit erzeugt wieder Friedfertigkeit.

Damit steht der Kraftbegriff von Anfang an in engster Verbindung zum Kausalprinzip: Das Ausüben der Kraft ist eine

Folge des Entschlusses, die hervorgebrachte Wirkung ist eine Folge des Einwirkens der Kraft. Es betrifft also das Gesetz der Kausalität, von Ursache und Wirkung, das vielen Prozessen zugrunde liegt. Verallgemeinernd bezeichnet es alle Vorgänge, die den Zustand der Dinge verändern, was auf das Einwirken von Kräften zurückzuführen ist.

„Alle Dinge haben im Rücken das Dunkle und streben nach dem Licht und die strömende Kraft gibt ihnen Harmonie."
Laotse

Mental: Der Mensch hat körperliche und geistige Kraft, wobei man unter Kraft meist die körperliche versteht. Jedoch die geistige Kraft, die Kraft deiner Gedanken ist wohl noch stärker als die körperliche. Es ist die Kraft, die vieles bewegt, sowohl im Physischen als auch im Geistigen. Auf Grund von geistigen Impulsen bewegt es Dinge in eine gewünschte Richtung. Mit Willenskraft kann man Absichten in Taten umwandeln, seine Fähigkeiten erweitern, seine Disziplin und Durchhaltevermögen trainieren, seine Ziele erreichen.

Die Lebenskraft ist wohl die stärkste Kraft der belebten Natur. Ein Baby wird zum Kleinkind, zum Kind, zum Jugendlichen durch die Lebenskraft, die in ihm existiert. Schwerkranke heilen rascher, wenn sie einen starken Lebenswillen haben, ist er hingegen schwach kann das zu einem raschen Verfall führen.

Auch im spirituellen Bereich ist geistige Entwicklung mit einem gewissen mentalen Kraftaufwand und Disziplin verbunden. Die Kombination von Willen und Kraft zusammen mit den vorigen Gedanken setzt auch im Geistigen Dinge in Bewegung.

Kraftlosigkeit = Machtlosigkeit. Bist du kraftlos, hast du keine Macht mehr, deine Gedanken in die Tat umzusetzen. Kraft entwickelt sich aber nur, wenn du eine starke Überzeugung und große Begeisterung für deine Idee hast.

IDEE + ÜBERZEUGUNG + BEGEISTERUNG + WILLEN + KRAFT + VORSTELLUNGSKRAFT + GLAUBE = ERFOLG

Nach diesem Prinzip haben schon viele große Genies ihre Ideen verwirklichen können. Jeder von uns ist mit diesen sieben Werkzeugen des Geistes ausgerüstet und kann dadurch siegreich sein. Auch wenn nur ein Teilerfolg erzielt wird, so gewinnt man viel an Erfahrung und Wissen auf diesem Weg. Ein Arzt, der von seiner Mission erfüllt ist und seine Heilmittel bewusst einsetzt, wird große Erfolge erzielen, denn die positive Energie, die von seinen Bestrebungen ausgeht und die er (sie) ausstrahlt, überträgt sich auf den Patienten und trägt wesentlich zu dessen Heilung bei. „Der Arzt ist selbst Teil der Therapie." Ein Chirurg, der den Erfolg seiner Operation in Frage stellt, schadet sich selbst in seinem Tun.

Mit den 7 mentalen Kräften versehen, erringen Spitzensportler den Sieg, aber auch das Kleinkind, wenn es mit großer Anstrengung die ersten Schritte setzt oder wenn es beginnt, sich aufzurichten.

Du kannst die besten Ideen haben, wenn du nicht den Willen, die Überzeugung, die Begeisterung, die Kraft und den Glauben aufbringst, so ist die beste Idee wirkungslos und verpufft im Universum wie ein Atemzug, den du in die Luft bläst.

Tipp:

ERFAHRE die sieben Power Tools:

Nimm einen Zettel und schreib die sieben mentalen Kräfte untereinander auf. Nimm einen besonderen Erfolg her, den du gehabt hast, z.B. du hast mit dem Rauchen aufgehört. Gratuliere! Wie hast du das geschafft? Wie viel Einsatz hat es gebraucht? Hast du alle sieben Kräfte dafür eingesetzt? Wenn nicht, so setze sie beim nächsten Mal bewusst ein, wenn du dir etwas Schwieriges vorgenommen hast. Du wirst sehen, mit den sieben Power Tools kannst du viel leichter ans Ziel gelangen. Also ausprobieren!!!!

Selbsterkenntnis:

➤ Was ist deine größte Begabung?

➤ Was ist deine stärkste Kraft?

➤ Setzt du sie auch ein?

➤ Nenne drei positive Ereignisse wo du damit gute Resultate erreicht hast

➤ Besitzt du die sieben Power Tools, die sieben Kraft-Werkzeuge?

➤ Fehlen dir noch welche? Welche besitzt du schon?

➤ Glaubst du an dich?

➤ Mein Vorsatz ....

POWERSPRUCH:
Ich will – ich kann – ich tue es jetzt!

---

24. Wille

Der Wille ist das außerordentlich bedeutsame Anstreben von selbst festgelegten Zielen und damit das Umsetzen von persönlichen Entscheidungen in die Tat.

Der Wille ist ein bewusstes, auf ein bestimmtes Ziel gerichtetes Streben des Menschen und versteht sich als seelisches Grundvermögen.

In der Natur herrscht ein unerhörter Wille: Wille zum Leben, Wille zum Überleben, zum Wachstum, Wille zur Artenerhaltung, Wille zum Durchhalten usw.

Es ist der Wille, der die Kraft zur Tat führt. Die Willenskraft macht das Erreichen der Ziele überhaupt erst möglich.

Willen, Kraft und Tat bilden eine Einheit. Eine starke Motivation ist nötig, um dich aus der Lethargie des Nichtstuns zu einer Aktivität zu bewegen: Der Hunger ist z.B. eine starke Motivation, um dich aus deinem bequemen Sessel zu erheben und in das nächste Lebensmittelgeschäft zu gehen um etwas Essbares zu kaufen...Alle Tiere welche Junge haben suchen nach Futter damit die Kleinen überleben. Die Löwin durchstreift ihr Revier nach Essbaren ab, desgleichen die Vögel, die Krokodile, Fische, Seelöwen, Eichkätzchen, Rehe, usw. und so fort...

Das Lebewesen hat eine Idee (hier Futtersuche), ist bestens motiviert und setzt seine ganze Willenskraft ein, um mit aller Kraft diese Idee in die Tat umzusetzen.

Idee + Motivation + Wille + Kraft + Tat = Ergebnis

> *Die Natur sagt dir vieles – lies im Buch der Natur und du wirst verstehen*

Mental: „Wo ein Wille ist, ist ein Weg." Dieser Merksatz stimmt und wenn es ein rechtes Ziel ist, werden sich alle Wege für dich öffnen.

Doch wo kein Wille ist öffnet sich auch kein Weg. Nur das Ziel allein zu formulieren und dann zu warten, dass es sich von selbst einstellt, ist zu wenig. Es bedarf eines starken Willens als Motor um das angestrebte Endergebnis zu erreichen. Wenn in der Schule der Mathematiklehrer dir eine Rechenaufgabe stellt, ist es nicht genug zu sagen: "Ich kann diese Aufgabe leicht lösen" und dann setzt du dich hin und wartest. Ja, da kannst du lange warten…dein Mathe-Lehrer wird dir auf deinen leeren Zettel einen großen 5er hinmalen!

Ohne Willen zur Tat und Zielbewusstheit geschieht gar nichts! Das ist überall so. Am Beginn des Schöpfungsaktes setzte die Urkraft auch ihren Willen ein, um, gepaart mit der Schöpferkraft, diese unsere Welt zu erschaffen.

„Der Wille öffnet die Türen zum Erfolg." Louis Pasteur

„Wo der Wille erwacht, dort ist schon fast etwas erreicht." Hugo von Hofmannsthal

Selbsterkenntnis:

➤ Wie steht es mit meiner Willenskraft? Bewerte sie von 0 bis 10
➤ Wenn sie schwach ist – wie kann ich sie stärken?
➤ Wie stark bin ich motiviert für meine Arbeit? Gesundheit? Seelenfrieden? Umweltschutz? etc.
➤ Überprüfe die Motivation für deine weiteren Ziele auf einer Skala von 0 bis 10
➤ Bin ich bereit, dafür meinen Willen einzusetzen?

> Was habe ich mit meinem starken Willen schon erreicht? Gib einige Beispiele: …………………………..
> Was will ich noch erreichen?

25. Hohe Intelligenz

Wenn man die Gesetze der Natur und die Natur als solche studiert, kommt man zu folgendem Ergebnis: Alle Abläufe in der Natur werden von einer unerhört hohen Intelligenz getragen. Diese Intelligenz äußert sich zum Beispiel

> in den Körperfunktionen: Wenn man sich an der Hand verletzt, reagiert das Nervensystem mit einem sofortigen Rückzug der Hand. Wenn die Blase voll ist, setzt der Harndrang ein und man muss sie entleeren, sonst würde sie unter Umständen platzen, wenn dieser Reflex nicht einsetzt. Nervensysteme reagieren in tausendstel von Sekunden auf Schmerzen. Wenn etwas ins Auge fällt, wird mehr Augenflüssigkeit produziert um es auszuschwemmen. Wenn man einen Schock erleidet bei Unfällen z.B. so wird das Blut zu den lebenswichtigen Organen gepumpt um das Leben zu erhalten.
> Die Empfängnis eines neuen Lebewesens, sein Heranreifen im Mutterleib, die Geburt, dann das Heranwachsen zu einem erwachsenen Menschen - dies alles ist ein Wunder, vollbracht von der allerhöchsten Intelligenz.
> Im Tierreich: Der Monarch Schmetterling z.B. fliegt in 4 Monaten 4000 km weit von Kanada nach Mexiko, um der Kälte in Kanada auszuweichen. Er kann bis zu 300 km pro Tag zurücklegen. In Mexiko bleibt er dann an der warmen Rinde eines bestimmten Baumes von einem

Kiefernwald zwei Monate hängen und fliegt dann wieder zurück, wenn es in Kanada warm wird. Die Geburt eines Schmetterlings ist ein Wunder per se. Aus einer unscheinbaren, kriechenden Raupe wird ein wunderschöner bunter, fliegender Schmetterling, der Nektar suchend von Blume zu Blume fliegt. Eine vollkommene Transformation, die mit Hilfe der Imagozellen möglich ist.

➢ Im Wettergeschehen der unglaubliche Kreislauf des Wassers: Ozean - Wasser – Wolken – Regen – Erde – Flüsse – Ozean ermöglicht Flora, Fauna und den Lebewesen überhaupt erst das Leben.

Die ganze Schöpfung ist ein einziger Akt der höchsten Intelligenz. Dies sollte uns ein Ansporn sein, denn diese Intelligenz steckt auch in uns Menschen.

"Es gibt zwei Arten, sein Leben zu leben: Entweder so, als wäre nichts ein Wunder, oder so, als wäre alles eines. Ich glaube an Letzteres." Albert Einstein

Warum diese Gedanken?

Weil wir uns im Moment so verhalten wie ein Autofahrer, der in rasendem Tempo, aber mit vollem Bewusstsein, gegen eine Betonwand fährt und auf den Crash wartet, bei dem er wahrscheinlich sterben wird!

Ob das klug ist? Wo bleibt da unsere hohe Intelligenz? Wie würdest du das bezeichnen? >……………… genau!

Wann wird der Mensch seine angeborene Intelligenz endlich einsetzen? Müssen wir alle auf den Crash warten? Ist doch wirklich unglaublich irrsinnig unsinnig (milde ausgedrückt)!

„Zwei Dinge sind unendlich: Das Universum und die menschliche Dummheit; aber beim Universum bin ich mir immer noch nicht ganz sicher!" Albert Einstein

Mental: Diese höchste Intelligenz welche das Universum regiert ist auch in uns verankert. Oft verdeckt durch Vorstellungen, Vorurteilen, Einflüssen von außen entscheiden wir uns nach ihnen und nicht nach dem uns innewohnendem Erkenntnisvermögen. Wie kann man diese Kraft aktivieren? Durch das Loslassen all der Vorstellungen und Meinungen, die nicht die unseren sind, in einer ruhigen Innenschau kann man Entscheidungen treffen und Erkenntnisse erhalten, die ganz tief ins uns selbst entstanden sind.

Tipp: Trainiere regelmäßige Entspannung, Meditation, Innenschau, Rückzug von den äußeren und inneren Bewegungen um in deine ruhige Mitte zu kommen, dort wo es Antwort auf alle Fragen gibt.

Selbsterkenntnis:

➢ Bin ich bereit zu meiner inneren Wahrheit zu gelangen?
➢ Oder finde ich es nicht wichtig?
➢ Was ist dafür nötig?
➢ Mein Vorschlag: ……………………………………………

Nicht die Schuldfrage des Problems ist wichtig – die Lösung allein ist wichtig!

„Wenn du in einem Loch sitzt, musst du zuerst mit dem Graben aufhören." Sprichwort aus Tibet

26. Leben in Gemeinschaften

Überall in der belebten Natur gibt es Lebensgemeinschaften. Es ist so, als wäre ein Leben ohne Gemeinschaft nicht möglich. Allein aus der Vielfältigkeit der Samen einer Blume oder des Menschen, erkennt man die Absicht des Schöpfers: Vielfalt in Gemeinschaften. Keine Blume kommt allein, kein Mensch entsteht von allein, kein Tier lebt allein in der Natur.

Der Homo oeconomicus ist der typische Konsument, der nur von seinen Eigeninteressen geleitet wird. Allerdings hat der Mensch in seiner Evolutionsgeschichte nur überlebt, weil er kooperativ und altruistisch in der Gemeinschaft mithalf. Ein abwechselndes Geben und Nehmen sowie ein Zusammenleben in Fairness, mit gleichen Rechten und Pflichten waren die Grundpfeiler der menschlichen Existenz seit der Steinzeit.

Unsere Lebensgemeinschaften in der Welt bestehen aus sozialen Strukturen, geschaffen um gemeinsam zu leben und zu überleben. Motto: Gemeinsam sind wir stark.

Die Betonung liegt auf GEMEINSAM – nicht EINSAM!

➢ Unser Körper gibt uns, wie so oft, ein wunderbares Beispiel, dieses Mal für ideale Kooperation. Jeder Mensch ist für sich eine große Wohngemeinschaft, die sich bestens versteht. Es leben Millionen Bakterien auf unserer Haut, im Mund, Nase, den Geschlechtsorganen, dem Urogenitaltrakt, dem Darm, wo auf 8 Meter Länge an die 1400 verschiedene Spezies leben, in perfekter Symbiose mit dem Wirt Mensch. Der menschliche Körper enthält circa zehnmal so viele Mikroorganismen wie humane Zellen. Mittlerweile bezeichnet man das

279

Mikrobiom (Gesamtheit aller Mikroorganismen) als ein eigenständiges Organ. Unser Körper dient Billiarden an Mikroben mit einem Gesamtgewicht von bis zu 1,5 kg als Ökosystem. Diese „Mitbewohner" haben einen großen Einfluss bei der Prävention und dem Verlauf von Krankheiten.

➤ Schau dich in der Tierwelt um: die Vögel kommen praktisch nie alleine angeflogen, sondern meist paarweise, sitzen zu Hunderten auf den Bäumen und singen ihre Lieder, sie fliegen in geschlossenen Schwärmen viele tausende Kilometer weit. Fische bewegen sich meist in Schwärmen, Wölfe in Rudeln, Elefanten in Gruppen, Ameisen in Kolonien usw. Tiere haben ihre ganz bestimmten Regeln der Lebensgemeinschaften: Wer das Oberhaupt der Sippe ist, wie lange eine Tiermutter auf ihr Junges aufpasst, wer das Futter besorgt, was man mit kranken Tieren macht, welche Arznei der Natur hilfreich ist usw.

➤ Auch Pflanzen liefern niemals einen Alleingang in der Natur. Nur wir Menschen pflanzen sie separat in Töpfe. Blumen, Bäume, Sträucher, sie alle vermehren sich und wachsen in Gruppen (wenn man sie lässt) weiter. Der menschliche Körper, Flora und Fauna, sowie die Tierwelt geben uns ein großartiges Beispiel für funktionierende Gemeinschaften.

Die Natur zeigt uns, dass wir gemeinsam harmonisch in der Welt existieren können, wenn wir die Regeln des sozialen, achtsamen und friedlichen Miteinanders befolgen.

Zwei Personen sind die kleinste Gemeinschaft. Die Familie, die Gesellschaft, die Stadt, die Nation sind das größere Kollektiv. Am größten jedoch ist die Weltgemeinschaft, die Gemeinschaft aller Menschen, die den Erdball bevölkern.

Der Schöpfer hat nicht die politischen, sozialen, religiösen und rassistischen Grenzen gezogen – das war einzig und allein ein Werk von uns Menschen.

Er hat eine Erde konzipiert, wo alle Menschen gleiches Recht auf Leben, Respekt, Anstand und Würde, auf Freiheit und Fairness haben. Hat er den Osten vom Westen Europas getrennt? Oder schwarze von weißen Menschen? Die Chinesen von den Japanern? Ist er es, der die Grenzschranken und Grenzzäune eingeführt hat und die Visapflicht? Der Soldaten an den Grenzen patrouillieren lässt und Flugzeugen befiehlt, andere Flugzeuge abzuschießen? Das würde ja starke Einengungen bedeuten, die freie Lebensvielfalt vernichten und Konfliktstoff bieten, die in Gewalt eskaliert.

Da der Schöpfer ein grenzenloses Bewusstsein besitzt, ist es evident, dass er KEINE politischen GRENZEN setzte. Er schuf die freie, offene Weltgemeinschaft und nicht die begrenzte Enge der entzweienden Unterschiede. Vielleicht wollte er uns mit der weiten Oberfläche des Erdballs (Oberfläche von 510 Millionen km²) und all unseren Verschiedenheiten, damit sagen, dass wir trotz aller Unterschiede eine Menge voneinander lernen können. Dazu müssen wir uns allerdings frei und vorurteilslos begegnen.

Genauso wie ein Park eine vollkommen andere Energie hat als ein freier Landstrich oder ein Wald, so hat ein von Menschen eingegrenztes Gebiet eine andere, tote, künstliche Energie, da es von Personen gebildet wurde. Das freie Feld und der Wald hingegen atmen Harmonie, Ruhe, Wohlgefühl, Freiheit, Natürlichkeit aus, während die Stadt Künstlichkeit, Stress, elektromagnetische Störungen, Einengung, Lärm etc. in sich birgt.

Wie funktionieren unsere kleinen Gemeinschaften? Tendieren wir nicht allzu sehr zum Alleingang? Als Individuum, als Familie, als Gesellschaft, als Nation, als Rasse, als politische Partei, als Religionsgemeinschaft, als Land, als Kontinent? Der Alleingang fördert natürlich auch das Ego, das nach Vorteilen für MICH strebt und alles daransetzt, um Nutzen für sich zu erlangen.

ICH; ICH; ICH; MEIN LAND; MEINE RELIGION; MEINE KULTUR; MEINE SPRACHE; MEINE TRADITIONEN; MEINE IDEOLOGIE; MEINE, MEINE, MEINE...

Also Ego des Individuums, Familien Ego, Religionen Ego, Gesellschaften Ego, Nationen Ego, Parteien Ego, Landes Ego, Kontinenten Ego, Kultur Ego, Meine, Meine, Meine....

Doch das WIR und das UNS ist die Sprache der großen Wende!

Ersetze das MEIN durch DEIN und verbinde Dich zum WIR.

Eines der Gesetze der Natur ist die Selbstlosigkeit, das GEBEN. Gib also *Toleranz, Respekt, Verständnis, Mitgefühl - DEM ANDEREN. Denke nicht nur an Dich* und die Deinen allein.

Früher gab es Familien mit 18 Kindern und alle mussten Rücksicht aufeinander nehmen, einander helfen und unterstützen, nachgiebig sein, die eigenen Wünsche und Begierden zugunsten der Allgemeinheit aufgeben, die gemeinsame

Hausordnung befolgen, damit ein friedliches Zusammenleben möglich war. Wenn wir uns also als globale Familie sehen, dann würden wir uns so verhalten wie eine funktionierende Großfamilie.

Welche Regeln befolgt die Großfamilie? Respekt, Achtung, Toleranz, gegenseitiges Verständnis, Einsicht, Nachsicht, Nachgiebigkeit, Flexibilität, Anstand, Verzeihung, Gewaltlosigkeit, Liebe, Zurückstecken von Eigeninteressen, Mitgefühl, Hilfe, Befolgen von gemeinsam aufgestellten Regeln, Fairness.

>Wie kann man diesen Familiensinn dem abgegrenzten, isolierten Menschen von heute wieder zurückbringen?

>Wie kann das gemeinsame, globale Miteinander wieder entstehen?

Dazu müssen wir über die selbsterrichteten Grenzzäune schauen, die Zäune aufheben, dem anderen vertrauen, sein Anderssein als Aspekt des Ich annehmen, den Bruder, die Schwester erkennen, sein Leben verstehen, uns gegenseitig ergänzen und dankbar sein, dass es uns alle gibt. Das WIR statt nur das ICH leben.

Das Heilmittel

Sei wie ein Baum, der allen sich schenkt,
Sei wie der Regen, der alle labt
Sei wie der Wind, der alles durchströmt
Sei wie die Sonne, die Leben uns schenkt
Sei wie die Erde, die alle ernährt
Sei wie die Pflanze, die unser Leben erhält
Sei wie das Feuer, das alle erwärmt

Sei der Gebende, dem alle vertrauen
Denn im Geben erfüllt es sich

Der Mensch selbst ist das Heilmittel der Welt.

> *Die Natur sagt dir vieles - lies im Buch der Natur und du*
> *wirst verstehen*

Mental: Es ist nicht Sinn und Zweck unseres Sozialwesens, dass wir alleine leben. Der Mensch stammt vom Affen ab, der ein ausgesprochen soziales Wesen ist. Sie haben in den meisten Fällen ein komplexes Sozialverhalten entwickelt, Einzelgänger sind selten. Wenn unsere Gattung weiter bestehen soll, so gehört dazu: ein FRIEDLICHES Miteinander im gegenseitigen Austausch von Wissen, Erfahrungen, Werten, Gesprächen, Beschlüssen, welche ein Leben im gegenseitigen Respekt und Achtung sowie Wohlstand auf allen Ebenen garantiert.

Wo gibt es das noch? Nur bei ganz wenigen Völkern unseres Planeten. Völker, die auf der Erde ein glückliches, gewaltfreies Leben führen sind die Hunzukuc (oftmals falsch als Hunza bezeichnet), die im Karakorum-Gebiet ansässigen Bewohner des Hunzatals (Pakistan) leben. Die Ika oder Arhuaco sind ein indigenes Volk und leben an der südlichen Seite der Sierra in Kolumbien. Sie nennen sich selbst "die älteren Brüder", da sie davon ausgehen, dass sie ein größeres Verständnis über die Welt besitzen als andere Menschen, die sie daher als "die jüngeren Brüder" bezeichnen. Costa Rica ist nicht nur im Umweltschutz beispielhaft, das Land hat sogar das Militär abgeschafft.

Die Hopi sind die westlichste Gruppe der Pueblo-Indianer und leben im nordöstlichen Arizona, USA, im Reservat der Navajo (Diné) am Rande der Painted Desert in einem 12.635

284

km² großen Reservat. Sie sind tief religiös. Ihre Religion ist untrennbar mit dem täglichen Leben verknüpft. Die Stammesältesten glauben, dass sie als Erben die Verwaltung und den Schutz der „Mutter Erde" übernommen haben. Die Hopi sind überzeugt, dass in naher Zukunft das fünfte Zeitalter beginnt, da Prophezeiungen zum Ende der vierten Welt bereits eingetreten seien: Mit dem „Kürbis der Asche" wurde die Atombombe gedeutet, und das „Haus, wo sich die Völker treffen" als das UN-Gebäude in New York. Laut den Legenden soll es überall auf der Erde brennen und eine Zeit großer Umwälzungen beginnen. Nur Menschen, die es nicht verlernt haben, mit der Natur zu leben, würden überleben.

> *Die Natur sagt dir vieles – lies im Buch der Natur und du wirst verstehen.*

Selbsterkenntnis:

➢ Was sind für dich die Regeln des sozialen Miteinanders?
➢ Benenne sie genau..
➢ Was davon ist das Wichtigste für Dich?
➢ Welche Regel befolgst du bereits?
➢ Sind Gemeinschaften nötig um Frieden zu gewährleisten?
➢ Mein Vorsatz: ……………………………………

27. Vernetztes Leben

„Wie Sonne und Mond sich nicht in trüben Wässern widerspiegeln können, so kann sich der Allmächtige nicht in einem Herzen spiegeln, das nur von der Idee des ‚Ich' und ‚Mein' getrübt ist." Sri Ramakrishna

Die allerhöchste Intelligenz hat es so eingerichtet, dass der Einzelne nur im Verbund mit anderen leben kann. Der Mensch benötigt vor, in und nach der Geburt immer andere Menschen, die für ihn da sind, weil er in physischen Abhängigkeiten lebt. Die Tiere haben eine Art der Nahrungskette eingerichtet, die das Überleben in allen geographischen Breiten ermöglicht. Die Blumen und Pflanzen bekamen ein ausgeklügeltes System des Lebens zum Gedeihen.

Nur in Kooperation mit der Natur ist das Überleben der Menschheit möglich.

Wir alle leben in mehreren Beziehungen: die Beziehung zu mir selbst, zu meinem Körper, zu meiner Vergangenheit und meiner Ahnenreihe, zu meinen Mitmenschen, zur Natur insgesamt, zu Tieren und Pflanzen, zum Schöpferprinzip. Wenn Geben und Nehmen in diesen Beziehungen im Einklang sind, herrscht Harmonie. Da alles mit allem verbunden ist, ist jeder Konflikt ein Beziehungskonflikt und jede harmonische Einstellung trägt zur Harmonie der Welt bei.

Es liegt an mir, meine Beziehungen zu heilen und damit den größten Beitrag für ein friedliches Miteinander zu leisten.

Leben füreinander

Nichts in der Natur lebt für sich alleine
Die Flüsse trinken nicht das eigene Wasser
Die Bäume essen nicht die eigenen Früchte
Die Sonne scheint nicht für sich alleine
Die Luft beatmet sich nicht selbst
Die Erde verköstigt sich nicht selbst
Der Duft der Blumen ist nicht für sie bestimmt
Leben füreinander ist ein Gesetz der Natur

> Die Natur sagt dir vieles – lies im Buch der Natur und du wirst verstehen

Mental: Liebe heißt füreinander da sein, sich gegenseitig fördern und unterstützen, achten und respektieren, selbstlos handeln zum Wohle des anderen, des Kollektivs und der Natur. HARMONIE entsteht, wenn wir halten, was wir versprechen und wir bei Problemen füreinander da sind.

Bedenke: Große Wenden der Menschheitsgeschichte, große Errungenschaften sind nur mit vereinten Kräften möglich.

„Frieden, Freiheit und gegenseitige Hilfe sind die Grundlagen jeder kulturerfüllten Gemeinschaft." Franz Carl Ender

Selbsterkenntnis:

➤ Nenne drei Beispiele aus der Natur wo gegenseitige Hilfe nötig ist zum Überleben.
➤ Wo siehst du Vernetzungen?
➤ Wie verhältst du dich im täglichen Leben?
➤ Kooperativ? Im Alleingang? Abgegrenzt?
➤ Kommunikativ? Offen?
➤ Steht Geben und Nehmen im Einklang in deinen Beziehungen? Wo nimmst du mehr als du gibst?
➤ Mein Vorsatz…………

28. Zusammenhalt

Alle Vorgänge in der Natur finden nur statt durch die Zusammenarbeit vieler Faktoren.

Dazu eine kleine Geschichte aus Indien über **Zusammenarbeit:**

„Jemand wandert eine Allee entlang. Da sieht er an einem Baum eine reife Frucht hängen. Sogleich richtet sich all sein Sinnen und Trachten darauf, die Frucht zu essen, doch das bringt sie ihm nicht näher: Erst einmal müssen ihn seine Füße unter den Baum tragen. Aber auch das verhilft ihm noch nicht zu dem ersehnten Genuss. Als nächstes bückt sich sein Körper, dann hebt seine Hand einen Stein auf, mit Schultern und Arm wirft er den Stein nach der Frucht: Sie fällt zu Boden.

Damit ist die Geschichte aber noch nicht beendet: die Frucht muss von den Fingern aufgelesen werden und zum Mund geführt werden, die Schneidezähne müssen hineinbeißen, die Backenzähne sie kauen und die Zunge dafür sorgen, dass sie in den Magen und Darm transportiert wird: Der Essvorgang ist abgeschlossen. Das bedeutet jedoch nicht das Ende der Geschichte vom Verlangen nach der Frucht! So viele verschiedene Mitarbeiter waren am Vorgang beteiligt. Ihnen allen gebührt Dank. Und deshalb sendet der Bauch Kraft und Befriedigung in jedes Glied, das am Aufnehmen der Frucht beteiligt war: Vom Auge bis zum Darm. Keines wird ausgelassen oder für minderwertig gehalten." Aus „Sai Baba erzählt".

Anderes Beispiel: Die Faszien im Köper sind ein netzartiges System, das alle Teile des Körpers zusammenhält, sie fixiert, alles miteinander verbindet und auch abgrenzt. So werden Muskeln, Sehnen, Knochen, Gefäße und Nerven erst durch diese Bindegewebshüllen zu einem einzigen zusammenhängenden Organismus. Ein perfektes Zusammenspiel der Gewebe untereinander. Ohne Faszien wären wir ein Haufen von Einzelteilen.

Haben wir uns schon einmal wirklich überlegt, welche phantastische, harmonische Zusammenarbeit in unserem Körper stattfindet? Eine unglaubliche Symphonie, eine Schöpfersymphonie, wo alle Musiker ihren Part sicher und gekonnt spielen im Konzert, das LEBEN heißt. Alle Funktionszyklen im Körper sind ein Wunder sondergleichen.

Ich und die Welt um mich herum, unser Planet ist ein einziges Wunderwerk, das nur möglich ist durch ein reibungsloses Zusammenwirken aller Kräfte.

An Hand des Körpers und seiner Funktionen lassen sich die meisten Gesetze der Natur verstehen. Es ist das harmonische Zusammenspiel von Millionen Einzelaktivitäten in den verschiedensten Funktionsketten, die Phantastisches hervorbringt.

Das Gute liegt so nah und ist uns scheint's so fern.

Ebenso Gemeinschaftsarbeit in der Nahrungskette, im Wettergeschehen, im Anbau, Wachstum, Kultur, Gemeinschaften, Forschung, Wissenschaften, Medizin usw.

Entwicklungsgeschichtlich ist es interessant, dass wir Menschen die Eiszeit nur überlebt haben, weil wir einen großen Zusammenhalt und viele soziale Netzwerke besaßen.

Vor 45000Jahren erreichten die ersten Menschen von Afrika kommend Europa. Sie waren nicht an die Kälte gewöhnt. Sie lebten aber noch weitere 33000 Jahre und überstanden die Eiszeit, während der Neandertaler ausstarb. Obwohl seine Heimat Europa war, war er zumeist allein oder in kleinen Gruppen unterwegs, besaß keine Werkzeuge, setzte bloß seine eigene körperliche Kraft ein.

Die neuen Menschen hingegen kamen bereits mit Werkzeugen (die Feuersteinwerkzeuge: Faustkeile, Klingen, Bohrer) an, konnten sich warme Kleider anfertigen, waren kälteresistenter, auch besaßen sie Speere als Waffen. Sie begannen Musik und Kunst zu pflegen und hatten Zugang zu Spiritualität, was wichtig war für den Zusammenhalt und das gegenseitige Verständnis.

Der Zusammenhalt zwischen den Menschen erhöht die Überlebenschancen! Damals wie heute!

Der neue Mensch von damals wurde daher Homo sapiens genannt, der im Voraus plant und denkt. Der Neandertaler konnte das alles nicht. Damals setzte der Klimawandel ein und die Eiszeit begann. Viele Tiere und Pflanzen verschwanden, doch der Mensch stellte sich darauf ein. Wir überlebten, da wir bessere Kleidung, bessere Wohnmöglichkeiten und vor allem große soziale Netzwerke besaßen!

Wichtig ist auch hervorzuheben, dass jede noch so kleine, einzelne Funktion für den Gesamterfolg unbedingt nötig ist. Gibt es eine Störung in einem Teil der Funktionskette leidet der ganze Ablauf. So als wäre Sand im Getriebe, ein Kettenglied am Rad defekt, keine Luft im Reifen usw. Die Folge ist ein vollständiges Erliegen der Aktivität im Kreis des Werdens.

Zusammenarbeit ist der Geist der Schöpfung. Ohne Zusammenarbeit bricht die Schöpfung zusammen.

> Die Natur sagt dir vieles– lies im Buch der Natur und du wirst verstehen

Vielleicht hat der Schöpfer uns unseren Körper gegeben, damit wir erkennen, dass Zusammenarbeit eine unbedingte Voraussetzung für das Leben und Überleben ist.

Mit diesem Gesetz der Gemeinschaften in unserem Körper gehen wir ständig spazieren, lebenslang!

So als wollte die höchste Intelligenz zu uns sagen: „Kapierst du es nun endlich? Wir können nur leben und überleben, wenn wir harmonisch zusammenarbeiten, wenn friedliche, kooperative Interaktionen stattfinden! Dann kann überall harmonisches Leben stattfinden."

DAS Gesetz aller Gesetze der Natur

Tagtäglich marschieren wir
mit dem wichtigstem Gesetz herum
Ohne es zu verstehen
Es steht nirgends geschrieben
Auch gibt es kein Video davon
Denn es geschieht hier,
jetzt und in dir
Jede Sekunde, lebenslang
im Takt des Lebendigen
Schlägt es
Und erzählt
Die zehntausend Fäden deines Körpers
Verflechten und vernetzen sich nicht von alleine
Sie spinnen und weben alle zusammen
Das Tuch
Das sich Leben nennt
Das Gesetz des untrennbaren Miteinanders
Ist der Urgrund des Seins

Mental: Jede einzelne Tätigkeit, die in Zusammenarbeit mit anderen Menschen zum Gemeinwohl beiträgt, ist enorm wichtig. Jedes einzelne Glied der Kette ist gleichermaßen wertvoll und bedeutungsvoll.

> Hege daher niemals Zweifel an deinem Tun, welches du für eine friedliche Gemeinschaft, eine bessere Welt oder für deine eigene geistige Weiterentwicklung machst.

Viele kleine Tropfen füllen den Krug und jeder einzelne Tropfen zählt! Das Meer wäre nicht voll ohne diesen einen Tropfen....

Selbsterkenntnis:

➢ Was sagst du zum wichtigsten Gesetz der Natur? Wie oben beschrieben?

➢ Nenne fünf Beispiele von gelungener Zusammenarbeit in deinem Leben

➢ Arbeitest du gerne mit anderen zusammen?

➢ Macht es dir Freude dich für Fortschritte im Gemeinwohl zu engagieren?

➢ Wenn ja: Was genau machst du? Involvierst Du auch andere?

➢ Wenn nicht: was hindert Dich? Nenne einige Gründe

➢ Hältst Du Zusammenarbeit wichtig für uns alle?

➢ Dein Vorschlag: ....

29. Begrenztheit

In der Natur gibt es kein unbegrenztes Wachstum. Was immer auf Erden an Materie, belebt oder unbelebt existiert, besitzt Grenzen. Eine begrenzte Lebenszeit, begrenzte Zeit, begrenzte Größen, begrenzte Räume, begrenzte Ressourcen der Erde. Alles Materielle bewegt sich auf ein Ende zu. Auch wenn es Millionen Jahre dauert bis ein Stein abgebaut wird – eines Tages wird er abgebaut sein. Der Elefant kann bis zu 80 Jahre alt werden, ein Mensch bis zu 122 Jahre, Bäume bis zu 4000 Jahre (der Mädchenhaarbaum in China), der höchste Berg der Erde, der Mount Everest (Chomolungma) hat seine Grenze mit 8848m erreicht.

Grenzen im Wachstum und der Ausdehnung gibt es überall. Ein Baum wächst nirgends auf der Welt bis in den Himmel, ein Rosenstrauch erreicht nicht die Höhe einer Eiche, ein Specht wird kein Vogel Strauß, eine Maus wird nicht riesig wie ein Löwe, ein Veilchen wird nicht so groß wie ein Mammutbaum, ein Vogel wird nur so groß wie es seiner Art entspricht.

Alle Kräfte sind ebenfalls begrenzt. Die Arbeitskraft zum Beispiel ist begrenzt. Mensch und Tier können nicht unbegrenzt arbeiten - der Organismus versagt ab einem bestimmten Zeitpunkt. Die Zeit selbst ist begrenzt, die Tages- und Nachtzeit, die Jahreszeiten, die Gezeiten – nichts ist endlos. Die fossilen Brennstoffe Erdöl, Erdgas, Fossilien, die Mineralien, Wasser, Humus, Sauerstoff, Luft, all das ist begrenzt.

Die Vorstellung eines unendlichen Reservoirs an Erdschätzen beruht auf einer Lüge, die dazu führt, dass der Planet zum Extrem ausgepresst wird. Unser Tagesbewusstsein ist begrenzt. Wir haben ein endliches Bewusstsein, das sich auf unser Erdendasein, unsere Vergangenheit und Gegenwart bezieht. Die anderen Stufen unseres Bewusstseins bleiben uns meist verborgen.

Nur unsere Wirtschaft gaukelt uns vor, dass unbegrenztes Wachstum möglich ist — das Bruttonationalprodukt hat jährlich zu steigen, die Wachstumsrate ebenfalls.

„Jemand der glaubt, dass exponentielles Wachstum ewig weitergeht ist entweder ein Verrückter oder ein Ökonom."
Keneth Bondling, 1966

So nennt man uns daher auch die „Wachstumsgesellschaft". Doch wohin soll die Wirtschaft weiter wachsen? Ins Uferlose (Ufer – lose, also ohne Ufer)? Das gibt es allerdings nicht, weil nämlich vorher eine Katastrophe oder ein Zusammenbruch einsetzt, um das Wachstum zu stoppen. Es gibt beim Wachstum eine sogenannte „kritische Grenze" - nach dessen Erreichen ein unvermeidlicher Absturz kommt, das ist wissenschaftlich erwiesen. Was die Wirtschaftsexperten nämlich in ihrem maßlosen Eifer und Geldhunger übersehen, ist, dass ihr Motto des grenzenlosen Wachstums „wir müssen MEHR und NOCH MEHR gewinnen" gegen das elementare Naturgesetz der BEGRENZTHEIT der Materie verstößt. Unbegrenztes Wachstum gibt es in Wahrheit nicht, da es unnatürlich und destruktiv ist.

„Das Einzige nämlich in der Natur, das ein unbegrenztes Wachstum zeigt, sind Bakterien, Viren und Krebszellen, und die führen ja bekanntlich zu Katastrophen, wie Krankheit und Tod." Wolfgang Pekny

Folge daher nicht diesem irren Motto der Wirtschaft, dem unbegrenzten Wachstumsdiktat, das uns alle in den Abgrund stürzt! Versuche auch persönlich nicht über deine Grenzen zu gehen – mach alles in Maßen. Das richtige persönliche Maß in allem zu finden, ist Aufgabe unserer über den Maßen explodierenden und expandierenden Zeit. Was ist da noch zu sagen?

Freunde, wacht auf und setzt GRENZEN bevor es zu spät ist!

Finde dein ganz persönliches Maß, das dich und alle anderen auf unserem Planeten gleichermaßen gut leben lässt.

Lebe im rechten Ausmaß, mäßige deine Wünsche, ändere deine Gewohnheiten, lebe bewusst im Einklang mit der Natur, schütze das Leben, bleibe stets im Einklang mit deinem inneren Frieden.

Papst Franziskus: *„Wenn in einigen Fällen die nachhaltige Entwicklung neue Formen des Wachstums mit sich bringen wird, muss man immerhin in anderen Fällen angesichts des unersättlichen und unverantwortlichen Wachstums, das jahrzehntelang stattgefunden hat, auch daran denken, die Gangart ein wenig zu verlangsamen, indem man einige vernünftige Grenzen setzt und sogar umkehrt, bevor es zu spät ist. Wir wissen, dass das Verhalten derer, die mehr und mehr konsumieren und zerstören, während andere noch nicht entsprechend ihrer Menschenwürde leben können, unvertretbar ist. Darum ist die Stunde gekommen, in einigen Teilen der Welt eine gewisse Rezession zu akzeptieren und Hilfen zu geben, damit in anderen Teilen ein gesunder Aufschwung stattfinden kann."* (Ziff. 193) „Laudato si" 2015

> Die Natur sagt dir vieles – lies im Buch der Natur und du wirst verstehen

Mental: Da wir Teil der Natur sind haben wir überall Grenzen wie sie. Grenzen im Wachstum, in der Lebensspanne, in der Sexualität, in der Reproduktionsfähigkeit, im körperlichen Dasein, in der Größe, in der Schaffenskapazität, in der

Auffassungsgabe, in der Kraft, usw. Der Geist und die Gefühle des Menschen sind hingegen grenzenlos. Das bringt gewisse Vorteile, aber auch Nachteile mit sich. Von Vorteil ist die Kreativität und Inspiration, der Nachteil ist die Grenzenlosigkeit. Grenzenlos glücklich ist ja schön, grenzenlos traurig jedoch weniger. Maßvolles Leben ist gut, grenzenlose Gier ist asozial.

Wir überschreiten häufig Grenzen und müssen dann die Konsequenzen tragen. Die Grenzen unserer Leistungsfähigkeit, unserer Macht, unseres Wollens, unserer Multifunktionalität, die Grenzen des Machbaren, des Verträglichen, der Aufnahmefähigkeit, des Tuns. Wir erkennen häufig nicht die Grenzen unserer beschleunigten Lebensweise, die uns zu psychischen und körperlichen Erschöpfungszuständen und Krankheiten führt.

Wir sollten entschleunigen statt immer zu beschleunigen und stattdessen ein gutes, ruhigeres Leben anstreben.

Unsere Vorfahren waren nicht 24h erreichbar per Handy und Internet, am Computer, TVs und anderen elektronischen Medien - sie lebten ein ruhigeres, stressfreieres Leben als wir. Unsere Fähigkeit Dinge zu verarbeiten leidet durch die Reizüberflutung von Informationen, Eindrücken und Emotionen. Dadurch verlieren wir stark an Energie und sind häufig überfordert. Es erfolgt auch oftmals eine soziale Grenzüberschreitung mit dem Auseinanderdriften von menschlichen Beziehungen, was zu einer zunehmenden Isolierung der Einzelnen führt. Das ist aber genau das, was in unserer heutigen Weltsituation kontraindiziert ist. (siehe Punkt 28)

Die Zeit, die uns gegeben ist, um unser Leben sinnvoll zu gestalten, ist kurz. Das sollte uns stets bewusst sein. Keiner weiß, wann die Stunde des Abschieds von der Welt gekommen ist. INNEHALTEN und NACHDENKEN ist ein Gebot der Stunde um nicht im Strudel des Tuns haltlos unter zu gehen.

Innehalten - in der schweigenden Stille dich selbst hören.

Erfülle den Augenblick, erfülle deine Träume jetzt, lebe so als wäre deine Zeit bald um, werde wesentlich im Geschenk des Augenblicks.

Die Seele allein kennt nicht das Gesetz der Grenzen, nur das Gesetz der Liebe.

Selbsterkenntnis:

➢ Hast du schon gelebt oder schuftest du nur?
➢ Welche Träume hast Du? Schreib sie auf..................
➢ Plane wie du sie verwirklichen wirst.......................
➢ Wo bist du grenzenlos?
➢ Mein Vorschlag:...

30. Der Stärkere siegt

Im Tierreich regiert das Gesetz der Stärke. Der Stärkere besiegt den Schwächeren, tötet ihn um sich selbst am Leben zu erhalten. Dieses Gesetz regelt den Fortbestand der Arten und ihrer Vielfalt.

Unter den Insekten ist die „chemische Abwehr" weit verbreitet: die Ameisen, sondern ein giftiges ätzendes Sekret ab, die Ameisensäure (HCOOH). Sie besitzen ebenso wie die Bienen und Wespen Giftdrüsen am Hinterleib, welches sie versprühen, um die Angreifer unschädlich zu machen. Auch manche Skorpione, Käfer und Quallen verwenden Ameisen-säure zu ihrer Verteidigung oder zum Beutefang. Die Ameise, wenn sie sich vom Menschen angegriffen fühlt, sticht die Säure unter die Haut, was Brennen und Quaddeln zur Folge hat. Ähnlich wie die Brennnessel, die denselben Stoff verwendet.

Der Marienkäfer wiederum verwendet den Stink - Trick um Feinde zu vertreiben. Er sondert ein stinkendes gelbes Sekret ab, das übel riecht. Außerdem ist er sehr auffällig mit einer Warnfarbe ausgerüstet, die seine Stärke den anderen Insek-ten gegenüber signalisieren soll.

In den höheren Tierarten gewinnt die Jagd die Oberhand mit dem Töten von anderen Tieren zum Zwecke des eigenen Überlebens. Tiger, Löwen, Katzen, Hunde, Seelöwen, sie alle sind Jagdtiere, die schwächere Tiere erlegen, um zu überleben. Andererseits gibt es auch viele Arten von Säuge-tieren, welche Vegetarier sind: Kamele, Dromedare, Elefan-ten, Nashörner, Giraffen, Gorillas, Kühe, Pferde etc.

Bei den Menschen siegt der Stärkere dort, wo er mehr Macht hat. Die Eltern sind stärker als die Kinder, die Lehrer stärker als die Schüler, der Chef stärker als der Angestellte, die Mehrheit siegt über die Minderheit. Jedoch politisch ist es auch ein Kriegsmotto. In der Diplomatie jedoch nicht, da zählt der gewaltlose Konsens, Vereinbarungen, die für alle Seiten zufriedenstellend sind. Um Kriege zu verhindern, bedarf es eines starken Friedenwillen, wenn er von allen beteiligten Kräften gewünscht wird. Ohne ethische Grund-sätze wie Mitgefühl, Gerechtigkeitssinn, Toleranz, Gewalt-losigkeit, gegenseitiger Respekt und Anerkennung lässt sich Frieden nicht erreichen.

All jene die vom Frieden reden aber gleichzeitig die Waffen-industrie fördern und Waffen in die Krisengebiete schicken sind verbrecherische Heuchler.

„Frieden ist nicht alles, doch ohne Frieden ist alles nichts"
Willy Brandt

„Gutes kann niemals aus Lüge und Gewalt entstehen."
Mahathma Gandi

Der Homo intelligentus sollte eigentlich so weit entwickelt sein, dass er weltweiten Frieden wünscht und ihn auch erzielen kann, wenn er sich nur dafür entscheidet.

Das Töten sollten wir den Tieren überlassen! denn wir sind FÜR das Leben und den FRIEDEN aller Lebewesen – inklusive der Menschen!

> Die Natur sagt dir vieles – lies im Buch der Natur und du wirst verstehen

Mental: Kraft deiner Willenskraft, Einsicht, Mut und Fleiß kannst du Mängel in Fähigkeiten umwandeln. So kannst du Selbstunsicherheit in Selbstsicherheit wandeln, indem du dich mutig den Herausforderungen stellst. Mit jedem kleinen Teilerfolg wird deine Sicherheit steigen. Egal in welcher Sportart du dich versuchst, bist Du am Anfang vielleicht schwach und ungeübt, jedoch mit ständigem Training lernst du den steigenden Anforderungen gerecht zu werden. Dasselbe gilt im geistigen Bereich. Mit deiner Stärke siegst du über deine Schwächen. So lässt sich dieses Gesetz auf den Menschen anwenden.

„Wer andere erkennt, ist gelehrt.
Wer sich selbst erkennt, ist weise.
Wer andere besiegt, hat Muskelkraft.

299

Wer sich selbst besiegt, ist stark.
Wer zufrieden ist, ist reich.
Wer seine Mitte nicht verliert, ist unüberwindlich. "
Lao-Tse

Selbsterkenntnis:

➤ Glaubst du an dich und deine Stärken?
➤ Wie steht es mit deinem Selbstvertrauen? Bewerte es auf einer Skala von 0 bis 10.
➤ Bist du überzeugt, dass du Schwächen in Stärken umwandeln kannst?
➤ Meine Gedanken dazu ....

Motto: ICH WILL – ICH KANN – ICH TUE ES JETZT

31. Abhängigkeiten

Die belebte Natur lebt in Abhängigkeiten – vor allem was die lebenswichtigen Versorgungen betrifft. Der Körper braucht laufend Nahrung, Wasser, Luft, die alle von außen zugeführt werden müssen, sonst ist der Tod die Folge. Pflanzen brauchen Wasser, Licht und Nahrungsstoffe aus dem Boden zum Überleben, sonst sterben sie ab. Wir und auch die Natur leben in ständiger Abhängigkeit von ihren Ressourcen. Wir brauchen die Sonne, die Erdanziehung, Sauerstoff, Luft, Wasser, Feuer, den Erdboden, die Rohstoffe und alles was die Natur sonst noch bietet. Wenn wir das alles nicht haben, können wir das Kapitel Leben schließen, da wir auf unserem Planeten nicht überleben könnten. Wir befinden uns also in einem dauernden Abhängigkeitsverhältnis zu Mutter Erde.

Mit was lässt sich diese Abhängigkeit vergleichen? Wir sind ebenso abhängig von der Erde wie ein Säugling von der Mutter. Kein bisschen anders. Das hat sich seit dem Beginn der Menschheit nicht geändert. Das Gegenteil von Abhängigkeit ist Selbstständigkeit.

Haben wir irgendeine Art der Selbstständigkeit bereits erreicht?

Die Antwort ist ein eindeutiges Nein! Es ist nicht möglich, denn die Nabelschnur zu Mutter Erde bleibt zeitlebens bestehen.

Wie verhält sich also ein Säugling zu seiner Mutter? Da er sie so notwendig braucht, zeigt er ihr seine Liebe und Dankbarkeit. Auch Babys können sehr bald lächeln, sie werden alles vermeiden, was ihr das Leben schwer macht. Es würde vielleicht folgendes sagen, wenn es schon sprechen könnte: „Danke, dass ich durch dich leben darf. Ich danke dir, dass du mich versorgst als gütige, liebende Mutter und mir alles gibst, was ich zum Leben brauche. Ich liebe dich."

Du, ich, wir sind dieser Säugling – abhängig in allem von unserer Mutter, mit der wir durch eine unsichtbare Nabelschnur verbunden sind. Da wir im höchsten Masse abhängig sind von der Natur sollten wir nicht den Ast abschneiden auf dem wir sitzen. Wenn wir es doch tun, so zeugt das von mangelnder Einsicht und Weitsicht. Würde der Bär seine Honigwaben zerbrechen? Würden die Bienen den Blumennektar vergeuden? Würden sich die Fische im Aquarium selbst das Wasser auslassen?

Wir verhalten uns so wie kein anders Lebewesen in der Natur sich verhält - wir wenden uns gegen die eigene Mutter, statt ihr den Dank zu geben, den sie verdient!

Die Abhängigkeiten in der Natur zeigen Dir, dass wir einander brauchen, um zu überleben.

„Gegenseitige Abhängigkeiten ist ein fundamentales Gesetz der Natur. Sogar winzige Insekten überleben nur, weil sie mit anderen kooperieren. Unser eigenes Überleben ist von der Hilfe anderer abhängig, somit liegt eine Notwendigkeit für Liebe im Innersten unserer Existenz. Deshalb ist es nötig, einen echten Sinn von Verantwortung und eine ehrliche Sorge für das Wohlbefinden der anderen zu entwickeln." Dalai Lama

> Die Natur sagt dir vieles – lies im Buch der Natur und du wirst verstehen

Mental: So wenig als möglich abhängig zu sein, führt zu Selbstständigkeit und Freiheit. Ein Kind ist abhängig von der Mutter, ein Schüler vom Lehrer, alle sind wir abhängig von der Versorgung mit allen lebenserhaltenden Dingen. Unser eigenes Leben hängt eng mit dem Zustand unserer Erde zusammen. Unsere physische Abhängigkeit können wir nicht ändern, wir können aber unsere Bedürfnisse einschränken um die Natur nicht zu stark zu belasten. Einfachheit ist hier das Gebot der Stunde. Einfaches Essen, einfaches Leben, Luxus einschränken – all das sind schöne Erfahrungen und die Erkenntnis, dass auch ohne Verwöhnen das Leben lebenswert ist. Erziehung zu Unabhängigkeit und Einfachheit ist sicherlich ein Weg, die Natur schätzen zu lernen. Körperliche Unabhängigkeit kann man trainieren. Beispielsweise in den Bergen, wenn man nur mit dem Rucksack unterwegs ist, oder hoch hinaufklettert, im Zelt lebt, sich der Kälte und dem Regen aussetzt oder mit dem Fahrrad, zu Fuß oder den Skiern weite Touren macht, Campen geht usw.

Weit schwieriger ist es, sich psychisch unabhängig zu machen: Von seinen eigenen Gewohnheiten, von nahen Menschen, von Dingen der Moderne wie Autos, Fernsehen, Handy und Computer. Diese Abhängigkeiten aufzugeben erfordert ein hohes Maß an Motivation, Disziplin und Einsicht.

Das richtige Maß in allen Dingen zu finden ist das Geheimnis eines zufriedenen Lebens.

„Man kann etwas als Gift verwenden oder als Heilmittel, es kommt nur auf die Dosis an." Das ist zum Beispiel das Grundprinzip der HOMÖOPATHIE: Arsen wird in homöopathischen Potenzen zur Heilung eingesetzt, wenn es aber in messbaren Dosen verabreicht wird, ist es ein tödliches Gift.

Du musst also selbst entscheiden können, wann dich etwas „vergiftet" oder wann das Maß oder die Dosis gerade richtig sind. Menschen begeben sich oft aus Angst in Abhängigkeiten. Angst vor dem Leben, vor der Zukunft, vor sich selbst, mangelndes Selbstbewusstsein und Selbstvertrauen. Sie suchen Schutz bei anderen „stärkeren" Menschen oder werden Alkohol abhängig oder zeigen ein anderes Suchtverhalten.

Sieh dir die Bäume an: ein Baum kann sich nur vollständig entwickeln, wenn er nicht zu nahe an andere gepflanzt wird, denn dann beengen sie sich und die Bäume werden dünn und kümmerlich. Steht er jedoch alleine da, kann er sich voll entfalten und seine ganze Pracht und Schönheit entwickeln. Beim Menschen ist es ebenso.

Das Alleinsein - das All Eins Sein mit sich selbst ist etwas Wunderbares.

Es sollte jedem Individuum möglich sein, in Unabhängigkeit und freier Entfaltung zu leben. Unabhängigkeit zu erlangen, ist ein Prozess, der Selbstbewusstsein, Zielbewusstsein, Selbstvertrauen, Entscheidungsfreude und Toleranz erfordert. Doch es ist ein herrliches Gefühl, unabhängig zu sein und seine ureigenen Qualitäten bestmöglich zu verwirklichen.

Jede Seele wandert allein ihren Weg in die Ewigkeit. Alle Seelen gehen diesen Weg parallel. Auch wenn Du in einem 20köpfigem Familienverband lebst, geht jede Seele seinen eigenen spirituellen Pfad. Wir alle sind nur Wegbegleiter, die einander begegnen, eine Zeit lang im selben Zug fahren um an einer Station X wieder auszusteigen.

Wir begegnen uns, um voneinander zu lernen und zu reifen. Doch unsere geistige Entwicklung erfolgt individuell.

So kannst du dein ganzes persönliches Potential, deine Fähigkeiten, am besten entfalten, wenn du deinen eigenen geistigen Weg gehst - in Liebe, Respekt und Ehrfurcht dem Weg des anderen gegenüber. Du hast die Kraft und das Potenzial, dich innerlich unabhängig zu machen. Wahres Glück findest du im Innen und bist damit unabhängig von äußeren Umständen.

Selbsterkenntnis:

➢ Schreib all deine Abhängigkeiten auf – nimm dir Zeit dafür

➢ Welche Abhängigkeiten sind nicht gut für Dich? Gesundheitlich? Psychisch? Emotional?

➢ Was ist deine Meinung dazu? Wie kannst du etwas ändern?

➢ Willst Du etwas ändern?

➢ Was ist dein Vorschlag: ....

32. Hinter allem steckt ein Sinn

In der Natur steckt hinter allem ein Sinn: Sonne und Wärme dient dem Wachstum, Luft dem Atmen, Sauerstoffabgabe von den Pflanzen, CO_2 Abgabe von den Menschen und Tieren, Erde für die Pflanzen, Wasser zum Trinken, etc. etc. Es macht Sinn, dass die Blumen im Sommer erblühen und nicht im Winter, dass die Früchte im Herbst reifen und nicht im Frühling, dass das Edelweiß in hoher Höhe wächst und das Gänseblümchen im unteren Bereich.

Da die allerhöchste Intelligenz am Werk ist, hat jede Materie, jedes Lebewesen, jede Funktion, jedes Gesetz, jede Regel der Natur eine sinnvolle Bestimmung.

Die Regelkreise der Natur sind so fehlerfrei aufgebaut, dass unser ganzes Universum wie eine perfekte, phantastische Maschinerie mit nie ermüdender Kraft funktioniert.

Das gleiche gilt für das Geistige: hinter allem steckt ein Sinn, ob wir es gleich begreifen oder nicht, es besteht eine höhere Absicht hinter allem, was uns im Leben widerfährt. Die Schöpferkraft unterscheidet nicht zwischen gut und schlecht– denn sinnhaft ist alles. Wenn du deine Geldbörse verlierst, empfindest du das als schlecht, doch vielleicht lag der Sinn darin, dich zu mehr Achtsamkeit und Sorgfalt mit deinen Dingen zu bewegen. Wenn du einen Unfall hast, so verfolge genau alle Umstände des Unfalls – dann wirst du die Botschaft die dahinter steckt besser verstehen.

➢ *Eigenbericht:*

In meinem Leben hatte ich etliche Unfälle, die mich beinahe das Leben gekostet hätten. Meist geschahen sie aus Unacht-samkeit, zu viel Mut, Entscheidungen gegen mich selbst oder einem sogenannten Zufall. Hinter allem aber steckte immer wieder dieselbe Aussage: Pass besser auf dich auf, sei nicht so waghalsig, denk an dich selbst, geh nicht über deine eigene Leiche durch Fehlentscheidungen. Ich habe sehr viel gelernt aus diesen Unfällen, habe versucht den Sinn zu ver-stehen warum das gerade dann, wie und warum es geschah. Es hatte immer mit mir selbst zu tun, meinen Emotionen, Stress, Unachtsamkeit, mangelnder Eigenliebe usw.

Es gibt nämlich keine Zu - fälle – sondern alles fällt dir aus einem bestimmten, von dir versursachten Grund zu.

Wenn wir die Sinnhaftigkeit der Geschehnisse begreifen, dann ist dieser Lernprozess beendet und macht etwas Neuem Platz.

> *Die Natur sagt dir vieles – lies im Buch der Natur und du wirst verstehen*

Mental: „Hinter allem steckt ein Sinn" - allerdings ist es manchmal nicht ganz leicht, ihn zu finden.

In der Natur ist alles sinnvoll. Da wir NATUR sind, folgen wir deren Gesetzmäßigkeiten. In unserem Leben geschehen manchmal Dinge, die wir nicht verstehen. Krankheit, Verlust, Trennung, Tod und andere Schicksalsschläge treffen uns.

Wie können wir damit umgehen? Nach einer normalen emotionalen Reaktion, kannst du versuchen dahinterzukommen, welche Bedeutung dieses Ereignis für dich als Seele hat. Versuche den Sinn hinter dem Geschehen zu finden. Dann kannst du mit der ganzen Situation leichter umgehen. Denn alles was uns widerfährt, hat mit uns selbst zu tun. Das herauszufinden dauert manchmal länger und bedarf einer distanzierten Analyse, die du machen kannst, wenn deine erste emotionale Reaktion abgeklungen ist.

➢ *Erfahrungsbericht:*

Ein Beispiel aus meinem Leben im Himalaya.

Eines Tages stieg ich auf 3.600 m Höhe auf, um einem Mönch, der dort in einer einsamen Höhle wohnt, warme Socken zu bringen, denn es wurde bereits Winter. Wenn ich alleine die Berge hinaufgehe, wiederhole ich meist mit jedem Schritt ein Mantra (Gebet). Dadurch wird mein Gehen auf die heiligen Berge gleichzeitig eine spirituelle Übung.

Jedenfalls war ich ziemlich abwesend, als ich an diesem Tag hinaufstieg. Da ich diesen Weg gut kannte, weil ich ihn schon mehrere Jahre lang gegangen war, maß ich ihm keine besondere Aufmerksamkeit zu. Plötzlich befand ich mich auf einer Anhöhe, ziemlich weit entfernt und wesentlich höher als der eigentliche Weg. Um wieder zum Pfad hinunter zu kommen musste ich eine steile, nasse Bergwiese hinuntergehen. Ich hatte nur leichte Sportsandalen an, nicht meine festen Bergschuhe, wie sonst. Schon bei früheren Wanderungen hatte ich bemerkt, dass ich auf nassem Gras mit eben diesen Sandalen keinen sicheren Halt hatte und leicht rutschte. Ich ging also in Richtung Weg im raschen Tempo hinunter, denn am Himmel waren dunkle Wolken und es sah ganz nach Schnee aus. Kurz vor Erreichen des Weges kam plötzlich eine steile Böschung, die etwa 4 Meter lang war. Ich war ziemlich rasch unterwegs und überlegte blitzschnell, ohne zu stoppen, was ich jetzt machen sollte: sollte ich stehen bleiben oder weitergehen? Doch zu verlockend war die kurze Distanz – also entschloss ich mich ohne zu stoppen einfach die Böschung zu durchlaufen, was ich auch tat. Doch rutschte ich mit den Sandalen aus und taumelte eher hinunter als zu gehen. Außerdem wurde ich immer schneller.

Als ich den richtigen Weg erreichte, konnte ich mich nicht mehr halten, zu rasch war ich unterwegs. Ich lief planlos in rasender Geschwindigkeit abwärts ohne jede Kontrolle meiner Schritte. An der rechten Seite des Weges war ein Drahtmaschenzaun als Schutz vor dem Abstürzen, denn seitlich war ein steiler Abhang. Ich lief also schwankend und ungebremst den Weg in raschem Tempo hinunter, konnte mich schließlich aber nicht mehr auf den Beinen halten und stürzte gegen den Stacheldrahtzaun, dann über ihn hinweg und blieb neben einem großen Felsen am Rücken benommen liegen.

Der Felsen war nur ca. 10 cm von meinem Kopf entfernt, ich schlug jedoch mit dem Kopf nur auf den harten Wiesenboden neben dem Felsen auf. Wie ich auf den Rücken zu liegen kam, weiß ich nicht. Ich muss im Fliegen eine Art halbe Drehung über den Stacheldraht gemacht haben. Jedenfalls sammelte ich meine Glieder wieder ein, schaute nach ob alles noch da war von mir und stellte mit Erstaunen fest, dass ich keine wesentlichen Verletzungen erlitten hatte. Zwar hatte ich starke Kopfschmerzen und mein Kleid war zerrissen vom Flug über den Stacheldraht, doch sonst hatte ich keinerlei schwere Verletzungen davongetragen. Keine Kratzer oder Abschürfungen, doch einen gewaltigen Schock. Erst am nächsten Tag bemerkte ich einige Blutergüsse an den Armen. Eine ganze Weile blieb ich so liegen und beobachtete einen Geier der hoch oben über mir kreiste. Vielleicht erspähte er mich bereits als Beute? Doch die Zeit meines Ablebens war noch nicht gekommen. Jedenfalls war ich imstande, meine Kamera zu nehmen und ihn in seinem Flugkreisen zu fotografieren.

Es war mir klar, dass ich unglaubliches Glück hatte, denn der Sturz hätte auch meinen Tod bedeuten können. Wenn ich nämlich mit dem Kopf auf dem Felsen aufgeschlagen wäre, wäre ich entweder bewusstlos und / oder schwer verletzt gewesen. Auf dieser Höhe von 3600 m und beim kommenden Schlechtwetter war hier niemand unterwegs außer mir. Man hätte mich vielleicht irgendwann gefunden, wenn es vielleicht schon zu spät gewesen wäre. In diesen Regionen gibt es keine Intensiv- oder Trauma Station, nur eine einfache medizinische Station im Ort unten.

Es war mir klar, dass mein Davonkommen ein großmütiges Geschenk war, denn außer einigen Blutergüsse an den Armen und einer leichten Gehirnerschütterung hatte ich nichts abbekommen. Es dauerte mehrere Tage bis ich mich von dem Schock erholt hatte und dann begann ich nachzudenken, was das alles zu bedeuten hatte.

Warum bin ich nicht stehen geblieben und habe die Situation vor der rutschigen Böschung in Ruhe überlegt?

Weil ich oft zu rasch und zu wagemutig bin, zu risikofreudig
- und das nicht zum ersten Mal in meinem Leben – Wann
werde ich endlich lernen, auf mich aufzupassen? Nicht im-
mer und immer wieder über meine Grenzen hinaus zu gehen?
Wo bleibt meine Selbstliebe?

Welcher normale Mensch läuft eine steile nasse Wiese mit
rutschigen Schuhen hinunter? Niemand, der eine vernünftige
Einstellung zu sich selber hat. Denn ich hätte:

➢ stehen bleiben, die Sandalen ausziehen können um
  barfuß die letzten Meter hinunter zu gehen oder
➢ stehen bleiben und vorsichtig und langsam in Serpenti-
  nen mit Hilfe meiner Stöcke hinunter gehen können
➢ stehen bleiben, umdrehen und einen anderen Weg ein-
  schlagen können
➢ stehen bleiben, mich auf mein Hinterteil setzen und so
  die nasse Böschung hinunterrutschen können

Bemerke, dass alle vier Möglichkeiten mit „stehen bleiben"
beginnen...

In allen vier Fällen wäre ich unbeschadet am Hauptweg angekommen. Aber Nein - was tue ich:

Ich entscheide mich GEGEN mich - laufe einfach, rutsche,
strauchle und verfange mich, stürze – und das alles nur, weil
ich nicht an mich und mein Wohlbefinden denke!

Wann lerne ich endlich Entscheidungen FÜR mich zu treffen? Es wird Zeit – denn vielleicht bekomme ich so eine
Chance nicht wieder.

Das bedeutet also für mich: Shanti, du hast mangelnde
Selbstliebe! Es ist ja gut und schön, dass man etwas für

andere tun will – aber muss ich dabei das Denken ausschalten und mein Leben riskieren? Einfach idiotisch! Die Socken zu überbringen waren ja nicht lebenswichtig und auch kein Noteinsatz!

Merke: Vor einer Handlung - INNEHALTEN und NACHDENKEN bewahrt dich vor Gefahren! (Dieser Merksatz ist übrigens überall anwendbar - nicht nur in den Bergen…)

Die nächsten Tage verbrachte ich in einem Art Schockzustand. Dann begriff ich, dass ich nochmals eine goldene Gelegenheit geschenkt bekam, mein Leben sinnvoll weiterzuführen. Vielleicht ist auch dieses Buch eine Folge dieses Unfalls, denn danach besinnt man sich über das Wesentliche des Lebens und über das, was es noch zu erfüllen gilt. In solchen Momenten denkt man sehr klar wie schnell das Leben vorbei sein kann und wie dankbar man für jede weitere Chance ist.

Das war also ein Beispiel, wie man Ereignisse im Leben sinnvoll betrachten kann. Es müssen ja nicht so dramatische Ereignisse sein - auch kleine Ereignisse, die uns emotional aus der Bahn werfen, kann man so analysieren.

Du ärgerst dich über etwas – aber ist der andere der dich eben angegriffen hat, nicht ein Spiegel von dir selbst? Was spiegelt dir diese Person? Welcher Aspekt in dir will von dir akzeptiert und erlöst werden?

Wenn man den Sinn hinter einem erschütternden Erlebnis oder einem emotionalen Ausbruch versteht, sich auf das konzentriert was an dieser Situation gut ist, wirst du sehen, dass dein Leben plötzlich von Dankbarkeit erfüllt sein wird – weil du verstanden hast. Dankbarkeit ist ein wunderbares Gefühl der Seele.

ACHTUNG:

Wenn sich allerdings ähnliche Ereignisse stets wiederholen in deinem Leben, ist das ein Auftrag an dich zu erkennen, welche Lehre du daraus zu ziehen hast. Wenn du nicht hinhörst auf das, was das Schicksal dir damit sagen will, wird sich derselbe Lernprozess stets wiederholen, solange bis du ihn begriffen hast. Erst dann bist du bereit für eine weitere Entwicklungsstufe im Schicksalsrad.

Selbsterkenntnis:

„Hinter allem steckt ein Sinn"

- ➢ Was wiederholt sich in deinem Leben immer wieder und macht dir Schwierigkeiten? Partner? Chefs? Freunde? du selbst?
- ➢ Finde heraus, wo sich immer dieselben unangenehmen Dinge ereignen- und warum?
- ➢ Was gibt es da für dich zu verstehen? Was hat das mit dir zu tun? Bearbeite das schriftlich - ev. mehrmals
- ➢ Erzähle ein Beispiel für Sinnhaftigkeit – aus der Natur und eines aus deinem Leben
- ➢ Ist dieses Prinzip wichtig für dich?
- ➢ Mach eine Liste von Dingen die dich umgeworfen haben, versuche zu analysieren und den positiven Aspekt darin zu finden. Wiederhole das mit mindestens fünf Ereignissen. So wirst du den roten Faden erkennen.

33. Wachstum zum Licht – nach oben

Die Aufwärtsbewegung ist die lebensbegleitende Bewegung in der Natur.

Pflanzen wachsen nach oben, Menschen entwickelten sich in Millionen Jahren zum aufrechten Gang, Berge zeigen nach oben, Blüten entfalten sich am obersten Teil der Pflanzen und zeigen nach oben, Baumspitzen ragen gegen den Himmel, Wellen haben Wellenberge. Menschen und Tiere heben den Kopf nach oben, viele Fische und andere Meeresbewohner ziehen nach oben. Was gibt es dort oben eigentlich?

Es ist die Luft, das Licht, die Sonne, von der wir Kraft und Seelennahrung bekommen. Sie zieht uns und große Teile der Natur an wie ein Magnet. Sie schenkt uns das Leben.

Ohne Licht können die Pflanzen nicht wachsen. Ohne Sonne kann der Mensch sich physisch und psychisch nicht gut entwickeln. Wachstum und Licht bedeuten auch Kraft, Gesundheit, Vitalität, Potenz, Lebenskraft, Entwicklung, Entfaltung, Fortschritt. Das Licht und die Aufwärtsbewegung haben also eine sehr positive und aufbauende Wirkung auf uns Menschen. Im Yoga wird das in den Körperübungen (Asanas) sehr bewusst eingesetzt. Die nach oben strebenden Haltungen verstärken das Selbstvertrauen und die Selbstsicherheit.

Der Körper des Menschen bekommt Mangelerscheinungen bei Lichtmangel und auch die Psyche leidet. Die Augen sind für das Licht adaptiert, sie können in der Finsternis nichts sehen. Ohne Augenlicht können Menschen und die meisten Tiere eigentlich nicht leben, da sie sich nicht versorgen können. Ein langsames Siechtum wäre die Folge. Die Pflanzen wachsen alle dem Licht entgegen, da sie Licht für die Photosynthese benötigen, indem sie CO_2 in Sauerstoff umwandeln. Laser-Licht, also gebündeltes monochromatisches Licht, wird therapeutisch in der Medizin, aber auch in der Technik verschiedentlich eingesetzt.

Das Licht ist seit Urzeiten das Symbol des Lebenslichts selbst.

Es wird in allen Zeremonien der Religionen als Symbol der Erleuchtung und der Verbindung mit dem Höchsten verwendet. In praktisch allen Religionen gibt es Lichterfeste. Im Christentum stehen Weihnachten und der Advent im Zeichen der Lichter, das Erntedankfest, Luciafest in Schweden, Juden feiern Chanukka, Hindus das Divalifest, Muslime den Geburtstag von Mohammed, Buddhisten den Festtag Pavarana. Viele Naturvölker wie die Schamanen, die Indianer, die Völker Afrikas kennen das Feuer und die Trommel als mächtige Kraft und Energie des Universums. Da die Sonne die Urkraft selbst darstellt, mit ihrer Hitze und Strahlkraft, wird sie als Licht – und Lebensspenderin verehrt und gefeiert.

Licht wirkt auf das Gemüt aufhellend und aufbauend, symbolisiert das Positive, Wachstum und Reifen. Therapien mit Licht bei Depressionen, besonders der „Winterdepression", welche durch einen Lichtmangel entsteht, erweisen sich als sehr wirksam.

Licht hat starke Symbolkraft für Frieden, Harmonie, Trost, Schutz, Hoffnung, Spiritualität. Es ist auch das Hauptsymbol für das Absolute Bewusstsein. Der Schöpfer ist das Licht des Universums und sein Licht ist in allem. Dieses innere Licht wohnt in allen Herzen.

Alles Leben, alle Materie, gleich welcher Verdichtung - ist Schwingung. In der Grund- Essenz und im „ersten Bestandteil" ist alles Licht. Es bringt Kraft, Vertrauen und Weiterentwicklung. Alles was existiert, ist durchwachsen mit Lichtschwingungen des allgegenwärtigen Lichts. Es repräsentiert vor allem das Gute, das alles Böse, welches durch die Dunkelheit symbolisiert wird, vertreibt.

Ein bekanntes Mantra aus den Upanishaden besagt:

Asato ma sad gamaya
tamaso ma jyotir gamaya
mrityor ma amritam

Vom Nichtsein führe mich zum Sein.
Von der Dunkelheit führe mich zum Licht.
Vom Tod führe mich zur Unsterblichkeit.

Eine schöne Geschichte über den **Sonnenkönig:**

„Es war einmal ein Sonnenkönig, der glücklich in seinem lichten Reich wohnte. Er hatte viele Untergebene, die für alles im Land sorgten, damit seine Bewohner glücklich waren. Sie erzählten ihm aber oft, dass es auch Dunkelheit gibt und dass sich die Menschen davor fürchten. Diese Finsternis soll überall auf der Welt existieren, so berichtete man ihm und die Menschen leiden sehr darunter. Als er das immer und immer wieder vernommen hatte, beschloss er, in die Welt hinaus zu gehen um selbst zu erfahren, was es mit dem Schatten und der Finsternis auf sich hatte. So machte er sich auf, um das Dunkle zu suchen. Seine Minister begleiteten ihn, um ihm die Reise so angenehm als möglich zu gestalten. Doch wo immer er hinkam, sah er keine Finsternis, denn wo immer er war, erstrahlte sein Licht kilometerweit ins Land. So reiste er eine ganze Weile von Land zu Land ohne zu finden was er suchte. Schließlich sagte er zu seinen Ministern: „Seht doch, es gibt das Dunkle gar nicht, ich habe es noch nie gesehen. Durch mein Licht verschwindet es und kann niemandem mehr Angst und Schrecken einjagen. Ich

wusste es: Das Licht ist viel, viel stärker als die Finsternis!"
Autor unbekannt, erzählt von Vishwaguruji

> *Die Natur sagt dir vieles – lies im Buch der Natur und du wirst verstehen*

Mental: Versuche, in allem das Positive zu sehen, auch wenn es manchmal schwer fällt. Nach einem Berg kommt meist ein Tal und nichts währt ewig. Du kannst dich entwickeln, wenn du an dich glaubst, dir selbst vertraust und dich selbst liebst. Was zeigen uns deutlich alle Pflanzen, Blumen und Bäume? Wachse und reife hin zum Licht!

Das ist ein gutes Lebensmotto, strebe nach dem Licht, was immer Licht für dich bedeuten mag. Damit hilfst du dir selbst und veränderst dadurch auch das energetische Feld deiner Umgebung.

„Wende dein Gesicht der Sonne zu, dann fallen die Schatten hinter dich." Afrikanisches Sprichwort

„Alle Dinge haben im Rücken das Dunkle und streben nach dem Licht, und die strömende Kraft gibt ihnen Harmonie." Laotse

Selbsterkenntnis

➤ Welche Bedeutung hat für dich das Licht?
➤ Was assoziierst du damit?
➤ Glaubst du an dein inneres Licht?
➤ Wie kann man Dunkles in Helles umwandeln?
➤ Meine Gedanken dazu.....................................

34. Beseeltheit in allem, das ist Leben

„Das Universum, in dem wir leben, ist wie ein lebendiger Organismus." Dalai Lama

Wenn man es sich genau überlegt, gibt es auf unserem Planeten Leben von den hohen Bergspitzen bis in die Tiefe der Ozeane. Alles ist beseelt.

In der gesamten Schöpfung lebt die Schwingung der höchsten Energie.

Alles was ist, besitzt einen Funken der Allseele in sich, daher gibt es in Wahrheit keine tote Materie, sondern „Leben" in den verschiedensten Formen. Eines jedoch ist allen gemeinsam: Eine Art universelles Bewusstsein, das überall vorhanden ist, im Stein genauso wie in der Rose, im Baum wie im Moos, im Tiger wie im Menschen. Interessant ist auch, dass es keine Mehrzahl von Bewusstsein gibt – denn alles Bewusstsein ist nur eines, so wie Luft im Raum und Luft in der Außenwelt. Das individuelle Bewusstsein des Menschen steht in Resonanz mit der allumfassenden Wirklichkeit des Schöpfergeistes. Alles Sein kommt aus derselben Quelle. Wenn diese Einheit angegriffen und verletzt wird, trennt man sich von dieser Quelle und setzt Handlungen, die dem Gesetz der Harmonie widersprechen. Urvertrauen, Harmonie und Einheit erreicht man nicht mit Gewalt, sondern nur durch Friedfertigkeit und Liebe. Wenn man versteht, dass in allen Dingen der Natur dieselbe Schöpferseele lebt, ist das bereits der Keim zur friedlichen Koexistenz der Menschen untereinander und mit der Natur.

„Es gibt mehr Dinge zwischen Himmel und Erde als wir mit unserem Verstand erkennen können." Laotse

> *Die Natur sagt dir vieles – lies im Buch der Natur und du wirst verstehen*

Mental: Wenn du akzeptieren kannst, dass alles beseelt ist, wirst du Mitgefühl entwickeln können gegenüber allen Lebewesen, der Erde, der gesamten Schöpfung. Mitgefühl zu entwickeln ist die beste und wichtigste Eigenschaft, um achtsam und sorgsam, fürsorglich mit allem umzugehen.

Tipp:

Übung: **Den Baum erspüren:**

Setze oder stelle dich an einen geraden Baum. Fühle die Erde unter deinen Füssen. Berühre mit beiden Händen seinen Stamm. Spüre sein Einverständnis und fühle mit beiden Händen seine Ausstrahlung, seine Energie, seine Seele. Leg deine Wange an seine Rinde. Sprich mit ihm, versuche sein Innenleben zu erspüren, den Kreislauf seiner Säfte, das Wachstumsgeschehen von der Wurzel bis zur Spitze...wie fühlt sich das an? Spüre die Oberfläche, sein Sein, seinen Geruch, seine Ausstrahlung, die Luft rundherum. Spürst du sein Leben? Seine Harmonie? Sein All-eins-sein? Gibt er dir jetzt etwas? Ruhe, Ausgeglichenheit, Kraft, Heilung. Oder etwas anderes? Was sagt dir der Baum? Warte so lange bis du eine Antwort bekommst.

Ja, der Baum ist tatsächlich ein Seelenheiler...Bleib so lange du magst in Verbindung mit ihm und nimm diese heilsame Erfahrung in dein tägliches Leben mit.

Wenn du diese Übung mit geschlossenen Augen machst, wirst du noch empfindsamer werden und mehr erspüren. Schließe deine Augen um ohne Ablenkung zu sein. Ein Blinder entwickelt und schärft seine anderen Sinnesorgane und kann so Qualitäten entwickeln, die ein Sehender nicht besitzt.

Du kannst diese Übung auch mental machen, indem du dir deinen Lieblingsbaum visualisierst oder den Baum den du schon einmal so erspürt hast.

„Ich will mit den Bäumen reden, mit den Steinen fühlen, den Himmel schützen, die Erde heilen, mit dem Kopf fühlen, mit dem Herzen denken." Autor unbekannt

35. Ständige Wandlung heißt der Weg zur Ganzheit

Alles in der Natur ist einer ständigen Veränderung unterlegen. Die Natur befindet sich in einer fortwährenden Wandlungsphase, es gibt nur Bewegung und Transformation. Nirgends findet sich im Lebendigen Stagnation. Alles ist in ständigem Bewegen, vom kleinsten Atom bis zum größten Kontinent.

Im Werden vollendet sich alles zum Ganzen.

Dieses ständige Werden und Wandeln ist ein Geschenk der Natur, ein Mittel zum Zweck, um Vollendung zu erlangen. Stagnation und Starre bedeuten Absterben und Tod. Wie macht es der Akazienbaum, dass aus einem kleinen, unscheinbaren Kern ein wunderschöner Baum wird, der auch noch phantastisch duftet? Es findet eine ständige Transformation statt, mit dem Ziel des reifen Baumes. Er befindet sich in ständiger Entwicklung und einem Änderungsprozess, bis er endlich zum prächtigen Akazienbaum wird.

Vollkommenheit zu erlangen bedeutet also ständige Wandlung, unentwegte Bewegung und Transformation.

319

„Die kleinste Bewegung ist für die ganze Natur von Bedeutung; das ganze Meer verändert sich, wenn ein Stein hineingeworfen wird." Blaise Pascal

> *Die Natur sagt dir vieles – lies im Buch der Natur und du wirst verstehen*

Mental: *„Man sieht die Blumen welken und die Blätter fallen, aber man sieht auch Früchte reifen und neue Knospen keimen. Das Leben gehört den Lebendigen an, und wer lebt, muss auf Wechsel gefasst sein."* Johann Wolfgang von Goethe

Ständige Wandlung bedeutet aber auch für uns, bereit zu sein, an sich zu arbeiten. Es heißt Altes loszulassen und geschehen lassen, was im Jetzt geschieht. Bereit sein, das Neue anzunehmen und sich für das Kommende zu öffnen, damit Wandlung jetzt geschehen kann. Wenn wir Frieden wollen, müssen wir bereit sein, eine innere Wandlung zu vollziehen, damit wir Frieden zuerst in unserer kleinen Welt erreichen.

„Auch wenn der Versuch schwierig sein mag, den Weltfrieden durch die innere Wandlung einzelner Menschen herbeizuführen, ist er der einzige Weg." Dalai Lama

„Frieden kommt in die Seelen der Menschen, wenn sie die Einheit mit dem Universum erkennen und wissen, dass im Mittelpunkt der Welt das große Geheimnis wohnt und dass diese Mitte in jedem von uns ist." Black Elk, Medizinmann

<u>Tipp:</u>

Erfahre: **Imagination** ist stärker als der Gedanke:

Stell dir vor, du bist eine schöne, reife Sonnenblume, die ständig wächst und deren große Blüte sich der Sonne zuwendet. Fühle dich hinein in die Blume und nimm die Energie der Sonnenstrahlen auf, die dir bei deiner eigenen Transformation helfen. (Siehe Kapitel VIII)

„Wie können wir Frieden in die Welt bringen, wenn wir keinen Frieden in uns haben?" Mutter Teresa

36. Konsequenz

"In der Natur gibt es weder Belohnungen noch Strafen— es gibt Konsequenzen." So sprach im 19. Jahrhundert Redner Robert G. Ingersoll

Tatsächlich ist die Natur überall konsequent. Am Beispiel unseres Körpers: wenn man zu viel isst, ist die Folge Fettleibigkeit, was in der Folge wiederum bestimmte Störungen und Krankheiten wie hohes Cholesterin, hoher Blutdruck, Diabetes etc. hervorrufen. Bewegungsmangel, Stress, Gefäßverkalkungen können im schlimmsten Fall zu Herzinfarkten oder Schlaganfällen führen. Die Konsequenzen einer falschen Lebensweise sehen wir heute wesentlich häufiger als früher, da die Menschen sich heute oft nicht ausgewogen ernähren und bewegen, einseitig arbeiten und wenig körperliche Arbeit leisten.

Wenn die Pflanzen nicht genug Wasser bekommen verdorren sie, wenn die Tiere nicht genug zu fressen haben, verenden sie. Wenn zu wenige Wälder da sind, reduziert sich der Sauerstoffgehalt der Luft, wenn zudem auch noch die Riffe zugrunde gehen, die ebenfalls das CO_2 aufnehmen, wird der enorme Kohlendioxydgehalt, der weltweit anfällt, nicht genügend aufgesogen. Die Folgen sind unter anderem Luftverschmutzungen und Atemwegerkrankungen.

Die Tiere überstehen konsequent den harten Winter: die einen unter der Erde, die anderen in Höhlen, wieder andere unter Zweigen, in Bäumen usw. Wenn Regen über das Land zieht öffnen sich die Gräser und Blumen, auch die Erde und nehmen das lebensspendende Nass auf, auf das sie angewiesen sind. Wenn heftige Sturmböen über den Wald ziehen, verkriechen sich zielstrebig die Vögel und Tiere in ihren Behausungen und gehen jetzt nicht auf Nahrungssuche. Wir könnten eine endlose Kette an konsequenten Handlungen in der Natur aufzählen. Auch dir werden sofort etliche Beispiele einfallen.

Konsequenz ist eine logische Notwendigkeit, um das Naturgesetz von Ursache und Wirkung durchzuführen.

Das Gegenteil von Konsequenz ist Inkonsequenz. Unter Inkonsequenz versteht man das Handeln wider besseres Wissen. Wenn also eine Person eine Handlung ausführt, obwohl sie genau weiß, welche andere Handlung die bessere wäre. Ein klassisches Beispiel ist das Essen von Süßigkeiten, obwohl das betroffene, übergewichtige Individuum weiß, dass es damit seiner Gesundheit schadet und eigentlich darauf achten sollte, isst es trotzdem die Pralinen. Oder dass eine Person raucht, obwohl sie lungenkrank ist.

"Die Konsequenz der Natur tröstet schön über die Inkonsequenz der Menschen." Johann Wolfgang von Goethe.

Wie steht es mit unserer Konsequenz? Sind wir wirklich konsequent oder eher inkonsequent im Umgang mit der Natur? Obwohl wir alles wissen, was wir tun sollten, unterlassen wir es – entgegen besserem Wissen. Das nennt man inkonsequent und die Folgen werden wir und die kommenden Generationen zu tragen haben.

„Der Mensch ist das einzige Lebewesen, das dumm genug ist, sich selbst in vollem Bewusstsein zu zerstören. " Helga Schäferling, deutsche Sozialpädagogin.

Zitat ohne Kommentar…versteht wohl jeder. Oder nicht?

> Die Natur sagt dir vieles – lies im Buch der Natur und du wirst verstehen

Mental: Wenn man etwas als richtig erkannt hat, dann sollte man auch konsequent danach handeln. Wenn man sich etwas vorgenommen hat, ist es gut es zu vollbringen. Jede Handlung zieht Folgen nach sich. Ein verantwortungsvoller Mensch wird sich die Konsequenzen seiner Handlungen genau überlegen. Wir tragen Verantwortung für unser Tun, niemand anderer sonst. Ein Stein den du geworfen hast, kommt nicht mehr zurück und die Folgen dieser Handlung fallen auf dich zurück. Also überleg dir gut, wann und wie du handelst.

Selbsterkenntnis:

➢ Wie konsequent bist du? Auf einer Skala von 1-10, wo stehst du?
➢ Trägst du Verantwortung für dein Tun?
➢ Gib fünf Beispiele für deine Konsequenz
➢ Und fünf Beispiel für eventuelle Inkonsequenz

37. Flexibilität

Flexibilität ist die Fähigkeit, sich auf geänderte Anforderungen und Gegebenheiten einzustellen.

Die Natur ist ungemein anpassungsfähig und flexibel. Alle Elemente sind flexibel: das Wasser, das Feuer, die Luft, die

Erde, der Raum können sich an diverse Umstände ideal anpassen.

Lebendiges Leben ist steter Wandel und flexibles Reagieren auf alle Änderungen.

Beispiele: Gras wächst aus den engsten Steinplatten fast ohne Erde, die Kamele können monatelang ohne Wasser sein und trinken dann in 15 Minuten 200 Liter, die Sonnenblumen richten ihren Blütenkranz nach der Sonne aus, der Mondlotus hingegen öffnet seine Blütenblätter nur zum Mond hin. Die Kakteen gedeihen in der Wüste und benötigen kaum Wasser, der Lotus hingegen wächst nur im Wasser.

Tiere können sich an verschiedene Umstände der Umgebung hervorragend anpassen, ein Chamäleon nimmt die Farbe seiner Umgebung an. Pflanzen wachsen gegen das Licht und passen sich an verschiedene Bodenverhältnisse und Umgebungen an. Birken besitzen einen elastischen Stamm und können dadurch flexibel auf Windstöße reagieren. Buchen hingegen haben einen starren Stamm sowie flache Wurzeln und brechen dadurch bei Stürmen leicht ab, sie sind windwurfgefährdet. Junge Bäume, die gut durchsaftet sind, brechen kaum, sie biegen sich nach der Seite und weichen dadurch den Windböen aus. Alte Bäume hingegen, die wenig Wasser enthalten, werden leichter Opfer des Windes.

Der Mensch hat sich in den Millionen Jahren der Evolution an die jeweiligen klimatischen Umstände angepasst und sich dadurch weiterentwickelt. Anpassung der Natur erfolgt beim Klimawandel, Akklimatisation der Lebewesen an geänderte Umweltfaktoren wie Hitze, Kälte, Höhe usw. Auch die physiologische Anpassung des Körpers an die verschiedensten Umstände wie Stress, Bewegung, Gefühle,

Anstrengung, Entspannung. Temperatur, Wetter etc. sind nur einige der millionenfach geleisteten Kunststücke der Anpassungsfähigkeit und Flexibilität in der Natur.

Mental: Wenn wir elastisch und flexibel auf die Herausforderungen unseres Lebens reagieren, werden wir uns weiter entwickeln können. Du wirst dadurch auch für neue Möglichkeiten und Chancen offen sein, die dir durch eine starre Haltung verwehrt bleiben. Wenn wir eine starre Haltung beharrlich einnehmen, werden wir nicht weiterkommen oder sogar daran zerbrechen. Wir sind dann auch windwurfgefährdet, denn die Gefährdung liegt in der Starre.

Mit Sturheit lässt sich die Welt nicht aus den Angeln heben – Flexibilität hilft bei der Lösung von Problemen. Flexibilität hilft, ein glückliches und zufriedenes Leben zu führen.

Das Wasser passt sich an jede Form an, es strömt flexibel den Ufern entlang und füllt ebenso den Krug. Wenn wir uns an die jeweilige Situation anpassen und positiv darauf reagieren, die Sache einfach akzeptieren, wie sie gerade ist und Lösungen finden, die eine völlig andere Wendung bewirken, bleiben wir in unserer Mitte. Durch diese rasche geistige Flexibilität erleiden wir keinen Energieverlust, wir werden uns im Gegenteil besser fühlen.

<u>Tipp:</u>

Der Widerstandstest:

1. Stell dich neben eine Wand im Abstand von ca. 30 cm. Lege eine Hand flach auf die Mauer und stemme dich mit zunehmender Kraft gegen sie. Bleibe so und drücke ständig gegen das Hindernis Mauer. Nach einer Weile wird der Arm zu schmerzen beginnen, mit zunehmendem Druck wird es

immer ärger. Die Wand symbolisiert deinen Widerstand (gegen etwas): Sag jetzt auch noch 5 x dazu: „Nein, Nein das will ich nicht, Nein!" Dabei immer fester einige Minuten gegen die Wand drücken. Dann loslassen. Wie fühlt sich das an?

Dein Arm tut weh, deine Kraft ist geschwächt, deine Energie gefallen. Das Ganze ist kräfte- und energieraubend und außerdem nimmt es deine volle Aufmerksamkeit in Anspruch.

2. Szenenwechsel: Du stehst locker 30 cm von der Wand entfernt. Deine Armen hängen locker neben dem Körper herunter. Es geht dir gut, du hast keine Schmerzen, keinen inneren Druck, keine negativen Gefühle. Du hast die Wand akzeptiert so wie sie ist, du bleibst gelassen in deiner Kraft und Energie.

Wenn du dich also gegen etwas stellst, kostet es dich sehr viel Kraft und Energie. Kannst du es aber akzeptieren bleibst du in deiner Mitte und schadest dir nicht selbst.

Mental: Wenn wir uns vehement gegen etwas auflehnen, unsere ganze Energie in das „NEIN - so nicht, NEIN - das will ich nicht, NEIN - diese Person ist unmöglich, NEIN - auf keinen Fall" stecken, bringt das gar keine Lösung. Aber du verlierst deine Power, du wirst übel gelaunt, eventuell aggressiv, zornig etc.. Dein Energiepegel stürzt durch die negativen Emotionen völlig ab. Dein Blutdruck erhöht sich, deine Herzfrequenz steigt, ein Seelentief breitet sich aus und klingt noch lange nach.

Bist du hingegen flexibel und reagierst gelassen auf die Herausforderung, bleibt dein ganzes Phänomen intakt. Nachgeben ist oft besser und klüger, als stur und starr auf Urteilen und Meinungen zu verharren. Was nicht heißt, dass man alles hinnehmen soll. Doch Dinge mit Abstand zu betrachten, hilft bei lösungsorientierten Gesprächen, statt sich in verletzenden spannungsgeladenen, emotionalen Blitzen zu verlieren.

V. Vier Selbsterfahrungstipps

Diese praktischen Hinweise dienen der erlebten Wahrnehmung und vermitteln ein bleibendes Erlebnis. Du kannst sie oft wiederholen, denn so trainierst du deine Konzentrations- und Vorstellungskraft, was dir ganz im Allgemeinen hilft, dich zu sammeln.

1. Die tägliche 5 Minuten Übung: Erspüre Natur

➢ Suche dir ein beliebiges Objekt aus der Natur, das dich anzieht (Blumen, Himmel, Wolken, Pflanze,…)
➢ Entspanne dich, singe 3x Om
➢ Mehrmals tief Ein- und Ausatmen
➢ Geh in die innere Stille, Gedanken loslassen
➢ Fokussiere auf das Objekt
➢ Nimm es mit allen Sinnen wahr
➢ Schließe dann deine Augen,
➢ Ganz genau visualisieren
➢ Was sagt es dir? Wie lautet seine Botschaft? Lass dir Zeit dabei.
➢ Einige Male tief atmen, Om singen, „Ich bin wieder ganz im Hier und Jetzt", bewege deinen Körper.
➢ Nachklingen lassen…..

2. Selbsterfahrung über die Sinne

Identifikation: „ICH BIN NATUR"

Erfahre, was es heißt, ein Baum, ein Wald, das Wasser, die Luft, die Erde, ein Elefant oder ein anderes Objekt der Natur zu sein. Versetze dich komplett in dein gewähltes Objekt und stelle es über deinen Körper dar.

➢ Versetze dich in einen Baum. Steh auf und verwandle dich in einen Baum. Spüre deine Verbindung mit der Erde über seine Wurzeln. Spüre über seine Äste und Blätter deine Verbindung mit der Luft. Bewege dich sanft wie ein Baum im Wind. Spüre, dass Du der Baum bist. Bewege die Blätter, die Äste, spüre sein Innenleben, hat er Blüten? Welche Jahreszeit? Welchen Baum stellst du über seine Wurzeln mit der Erde dar? Was sagt er Dir? Wie fühlt sich das an? Ist er glücklich? Sorgt er sich um sein Leben? Was braucht der Baum um glücklich zu sein? Ahme die Bewegungen des Baumes nach: Ich bin der Baum, fühl dich hinein....

➢ Du bist der Wald. Stelle seine Bewegungen mit deinem Körper dar. Imaginiere sein Wachstum, seine Verwurzelungen und Vernetzungen, die Vielzahl der Tiere, Pflanzen, Beeren, die er beherbergt. Welche schönen Klänge erzeugt er? Wie riecht es hier? Welche Energie hat er? Wie fühlt sich das an? Ist der Wald glücklich? Oder traurig? Warum ist er nicht glücklich? Was braucht er um glücklich zu sein? Ahme den Wald nach, Ich bin der Wald, fühl dich hinein....

➢ Stell Dir vor du bist das Wasser. Mach das Wasser mit deinem Körper nach. Einmal ist es sanft fließend, stark strömend oder stehend. Woher kommst es? Aus der

Erde? Aus den Bergen? Vom Himmel? Ist es ein Fluss? ein Meer? Wie fühlt sich das an? Was ist das Besondere am Wasser? Erfühle seine Eigenschaften. Ist der Fluss, das Meer glücklich? oder traurig? Was braucht es, um glücklich zu sein? Ahme die Bewegungen des Wassers nach: Ich bin das Wasser, fühl dich hinein….

➢ Du bist die Luft. Stelle sie dar wie ein Schauspieler. Spüre wie du frei umher fliegst und alles auf Erden umfängst. Einmal ist sie sanft, dann wieder stürmisch. Alles was atmet wird von ihr beatmet. Wie fühlt sich das an? Ist sie glücklich? Ist die Luft rein? Oder schmutzig? Was braucht sie um glücklich zu sein? Ahme die Bewegungen der Luft nach: Ich bin die Luft, fühl dich hinein….

➢ Du bist die Erde. Stell sie mit deinem ganzen Körper dar. Fühle wie du sie mit deinen Füssen berührst. Mache einige feste, starke Schritte um noch mehr von ihrer Kraft und Verbindung zu spüren. Nimm noch mehr Kontakt zu ihr auf. Setze dich auf den Boden oder leg dich nieder. Wie fühlt sich das an? Versuche, dich mit ihrem Mittelpunkt zu verbinden. Spürst du, dass sie lebt? Was sagt sie dir? Ist sie glücklich? Was braucht sie um glücklich zu sein? Verbinde dich mit allen Sinnen mit der Erde: Ich bin die Erde, fühl dich hinein….

➢ Du bist ein Elefant und läufst durch den Regenwald. Wie fühlt sich das an? Ist er glücklich? Oder hat er Angst, dass man ihn abschießt? Was braucht er? Hat er genügend Freiraum? Was benötigst du als Elefant, um glücklich zu sein? Ahme die Bewegungen des Elefanten nach: Ich bin der Elefant, fühl dich hinein….

Diese Übung kannst du mit den verschiedensten Dingen der Natur machen. Du wirst dabei viel erfahren über deine Beziehung zu ihnen, die Seele, die in jedem Objekt der Natur, belebt oder unbelebt, steckt und was du dabei empfindest. Wenn man sich in Andere hineinversetzt, kannst du verstehen, was sie brauchen. Sie werden es dir mitteilen. Denn wir haben alle Antennen für die Gefühle und die ganze Dimension eines anderen Wesens, sei es Mensch, Tier oder Pflanze. Wer jemals an einer Familienaufstellung teilgenommen hat, weiß wie erstaunlich es ist, wenn wildfremde Menschen exakt dich selbst und deine Familienmitglieder darstellen. So als wären diese Personen tatsächlich du selbst oder deine Familie. Wir sind unerhört sensibel und diese Sensibilität kannst du gut für deine Selbsterfahrungen nutzen.

Wenn wir öfters eine solche „Naturaufstellung" machen, dann würde die Welt rasch eine andere sein, weil dann jeder jeden versteht. Die Hawaiianer benützen das und machen Familiengespräche, um Spannungen zu beseitigen und Frieden wiederherzustellen (Hoponopo). Denn gegenseitiges Verständnis bringt richtige Entscheidungen, richtige Entscheidungen bringen richtige Taten. Richtige Taten verändern die Welt zum Besseren.

Es gibt ein schönes indianisches Sprichwort:

„Gehe 3 Tage in meinen Mokassins, dann wirst du mich verstehen."

„Wir sind Berg. Wir sind Ozean. Wir sind Fluss. Wir sind Blume und Gras und Baum. Wir sind Teil von all dem, sodass immer, wenn die Umwelt an irgendeinem Ort bedroht wird, auch du bedroht wirst. Das musst du verstehen. Das ist es, was du bist. Das ist es, was wir sind." Dennis Banks, American Indian Movement

3. Was sind die wichtigen Dinge in deinem Leben?

<u>Das Rätsel:</u>

Eines Tages hält ein Zeitmanagementexperte einen Vortrag vor einer Gruppe Studenten, die Wirtschaft studieren. Er möchte ihnen einen wichtigen Punkt vermitteln mit Hilfe einer Vorstellung, die sie nicht vergessen sollen. Als er vor der Gruppe dieser qualifizierten angehenden Wirtschaftsbosse steht, sagt er: „Okay, Zeit für ein Rätsel".

Er nimmt einen leeren 5-Liter Wasserkrug mit einer sehr großen Öffnung und stellt ihn auf den Tisch vor sich. Dann legt er ca. zwölf faustgroße Steine vorsichtig einzeln in den Wasserkrug. Als er den Wasserkrug mit den Steinen bis oben gefüllt hat und kein Platz mehr für einen weiteren Stein ist, fragt er, ob der Krug jetzt voll ist. Alle sagen: „Ja". Er fragt: „Wirklich?" Er greift unter den Tisch und holt einen Eimer mit Kieselsteinen hervor. Einige davon kippt er in den Wasserkrug und schüttelt diesen, sodass sich die Kieselsteine in die Lücken zwischen den großen Steinen setzen.

Er fragt die Gruppe erneut: „Ist der Krug nun voll?" Jetzt hat die Klasse ihn verstanden und einer antwortet: „Wahrscheinlich nicht!" „Gut!" antwortet er. Er greift wieder unter den Tisch und bringt einen Eimer voller Sand hervor. Er schüttet den Sand in den Krug und wiederum sucht sich der Sand den Weg in die Lücken zwischen den großen Steinen und den Kieselsteinen. Anschließend fragt er: „Ist der Krug jetzt voll?" „Nein!" ruft die Klasse. Nochmals sagt er: „Gut!"

Dann nimmt er einen mit Wasser gefüllten Krug und gießt das Wasser in den anderen Krug bis zum Rand. Nun schaut

er die Klasse an und fragt sie: „Was ist der Sinn meiner Vor-
stellung?" Ein Angeber hebt seine Hand und sagt: „Es
bedeutet, dass egal wie voll auch dein Terminkalender ist,
wenn du es wirklich versuchst, kannst du noch einen Termin
dazwischen schieben". „Nein", antwortet der Dozent, „das
ist nicht der Punkt. Die Moral dieser Vorstellung ist:

Wenn du nicht zuerst mit den großen Steinen den Krug füllst,
kannst du sie später nicht mehr hineinsetzen. Was sind die
großen Steine in eurem Leben? Eure Kinder, Personen, die
ihr liebt, eure Ausbildung, eure Träume, würdige Anlässe,
Lehren und Führen von anderen, Dinge zu tun, die ihr liebt,
Zeit für euch selbst, eure Gesundheit, eure Lebenspartner?
Denkt immer daran, die großen Steine ZUERST in euer
Leben zu bringen, sonst bekommt ihr sie nicht alle unter.
Wenn ihr zuerst mit den unwichtigen Dingen beginnt, dann
füllt ihr euer Leben mit kleinen Dingen voll und beschäftigt
euch mit Sachen, die keinen Wert haben und ihr werdet nie
die wertvolle Zeit für große und wichtige Dinge haben."

Heute Abend oder morgen Früh, wenn du über diese kleine
Geschichte nachdenkst, stelle dir folgende Frage: Was sind
die großen Steine in deinem Leben? Zähle sie auf, am besten
schriftlich. Wenn du sie kennst, dann fülle deinen Wasserkrug zuerst damit. Gefunden auf: https://www.licht-
kreis.at/gedankenwelten/weise-geschichten/wichtige-dinge-
im-leben/ Autor unbekannt.

4. Das Ziel erreichen mit Imagination

Überlege dir ein Ziel und wähl es aus für diesen Test.

Stell dir vor wie es ist, wenn sich dein Wunsch nach...............…..schon erfüllt hat.

Ein Beispiel: Du möchtest eine lange Wanderung machen, vielleicht den Jakobsweg gehen. Wie bereitest du dich vor? Natürlich trainierst du, damit du die lange Strecke zu Fuß bewältigen kannst. Du sorgst auch für die richtige Ausrüstung. Was aber ebenso wichtig ist, ist die geistige Vorbereitung. Es ist dein Geist, der über Erfolg oder Misserfolg deines Vorhabens entscheiden wird.

Stell dir in allen Einzelheiten die einzelnen Stationen deines Weges vor und wie du alle Stationen am Weg spielend bewältigst. Spüre hinein wie sich das anfühlt, wenn du in Spanien ankommst, das Ende deines Pilgerweges. Stell dir also bildlich deine Ankunft in Santiago vor, sowie deine diversen Aufenthalte am Weg. Lade diese Bilder emotional auf, was du fühlst, wie du dich freust, wie leicht es dir fällt, die verschiedenen Stationen zu erreichen usw. Je mehr Sinne du einsetzt für diese mentale Vorbereitung, umso besser wird dir alles gelingen. Du wirst sehen, wie phantastisch dir diese Übung hilft, deine diversen Ziele zu erreichen.

VI. Der Transformationstest

Nach all dem Gesagten steht am Beginn einer positiven Entwicklung in der Welt der einzelne Mensch, der mit seiner Entwicklung, seinem Reifezustand, seiner Weitsicht und vor allem mit seiner ethischen Einstellung positive Änderungen bewirken kann. So wie eine Raupe sich in einen wunderschönen Schmetterling verwandelt, kann auch der Mensch seine Eigenschaften ins Positive verwandeln umso kreativ einen Wandel im Innen wie im Außen bewirken. Um die rechten Schritte zu setzen habe ich einen Selbsttest zusammengestellt und es wäre schön, wenn du ihn mitmachst.

„Achte auf Deine Gedanken, denn sie werden Worte. Achte auf Deine Worte, denn sie werden Handlungen. Achte auf Deine Handlungen, denn sie werden Gewohnheiten. Achte auf Deine Gewohnheiten, denn sie werden Dein Charakter. Achte auf Deinen Charakter, denn er wird Dein Schicksal.“ Talmud

Der Transformationstest zur Selbsterkenntnis

Warum soll ich diesen Test eigentlich machen?

- ➤ vor allem um mich selbst besser kennen zu lernen
- ➤ um meine besten Eigenschaften zu entwickeln
- ➤ um dadurch ein freudigeres, erfülltes Leben zu leben
- ➤ als Chance für meine geistige Weiterentwicklung
- ➤ um meine Selbstachtung anzuheben
- ➤ für meine Entscheidungsfreiheit
- ➤ um meine Achtsamkeit zu schärfen
- ➤ um mehr vom Lebenssinn zu verstehen
- ➤ um mein Lebensziel anzustreben
- ➤ um kleine Schritte im Jetzt festzulegen
- ➤ um meine Ziele klar zu definieren
- ➤ und sie dann zielstrebig anzusteuern
- ➤ um meine Disziplin und
- ➤ mein Durchhaltevermögen zu trainieren
- ➤ um anderen ein Beispiel zu sein
- ➤ um Andere zu motivieren es dir gleichzumachen
- ➤ um damit meinen Beitrag zu einem friedfertigen Miteinander zu leisten denn
- ➤ wer Liebe und Gutes im Herzen trägt, wird Gutes und Liebe weitergeben – an Menschen, Tiere, Pflanzen und die gesamte Natur.
- ➤ Außerdem hast du durch den Test genügend Gesprächsstoff mit anderen.

Wenn du den Test nicht machen willst, so ist es auch gut. Aber lies dir zumindest die Eigenschaften durch – vielleicht inspirieren sie dich ein wenig.

"Wenn du die ganze Menschheit aufwecken willst, so wecke zuerst dich selbst auf. Wenn du die Leiden der Welt beseitigen willst, dann entferne alles Dunkle und Negative in dir selbst. Wirklich, das größte Geschenk, das du geben kannst, ist deine eigene Transformation." Laotse.

Nur eine Änderung im Bewusstsein der Menschen kann unsere Welt heilen!

„Grau mein Freund ist alle Theorie," sagte schon Goethe. Alle Diskussionen sind nutzlos – es zählt allein das Resultat aus der Praxis. „Ein Gramm Praxis ist besser als Tonnen von Theorie", war einer der Lieblingssätze des Yoga-Meisters Swami Sivananda. Wir können hunderte Brotrezepte sammeln und besprechen, erst wenn wir tatsächlich das Brot backen und es auch gelingt, sind wir fähig zum Brotbacken. Ein Bild mit einem Reiter am Pferd ansehen heißt nicht, dass wir bereits reiten können…

Wenn du also bereit bist - machen wir uns jetzt daran, mit der eigenen Transformation zu beginnen. Du hast ein weites Spielfeld vor Dir mit tausenden von Möglichkeiten. Beginne mit kleinen Schritten. Nimm es heiter, gelassen und mit Freude, sieh es als Spiel. Du wirst erstaunt sein über das Resultat.

Also mach mit - nimm´s mit Humor denn „Nobody is perfect!" …. :)

„Der einzige Ort im Universum, den wir wirklich ändern können, sind wir selbst." Alous Huxley

Transformationstest:

Erstrebenswerte menschliche Tugenden:

1. Liebenswürdig
2. Umsichtig
3. Musisch
4. Gedankenreich
5. Selbstkritisch
6. Diszipliniert
7. Echt
8. Aufrecht
9. Ehrlich
10. Wacker
11. Gemütlich
12. Vorurteilsfrei
13. Authentisch
14. Dankbar
15. Belesen
16. Diplomatisch
17. Gestalterisch
18. Geistesgegenwärtig
19. Frei
20. Schöpferisch
21. Abgeklärt
22. Rücksichtsvoll
23. Gütig
24. Achtsam
25. Vertrauend
26. Gefasst

27. Qualifiziert

28. Beweglich

29. Sympathisch

30. Durchhaltevermögen

31. Aktiv

32. Warmherzig

33. Gut gelaunt

34. Zuversichtlich

35. Charaktervoll

36. Hellsichtig

37. Lebhaft

38. Gastfreundlich

39. Liebevoll

40. Höflich

41. Anpassungsfähig

42. Eifrig

43. Beobachtungsgabe

44. Sparsam

45. Empfänglich

46. Furchtlos

47. Natürlich

48. Fügsam

49. Sinneskontrolle

50. Kompromissbereit

51. Ohne Hochmut

52. Unverdorben

53. Unkompliziert

54. Stark

55. Galant

56. Brav
57. Herzlich
58. Demütig
59. Kühl
60. Vernünftig
61. Beschützend
62. Entgegenkommend
63. Zuvorkommend
64. Erwartungslos
65. Erkenntnisreich
66. Wohlbehagen
67. Energievoll
68. Unterhaltsam
69. Selbstvertrauen
70. Universal
71. Gelassen
72. Inspirierend
73. Logisch
74. Selbstachtung
75. Schlau
76. Flexibel
77. Angesehen
78. Positiv
79. Weltoffen
80. Edelmütig
81. Gebildet
82. Kameradschaftlich
83. Nett
84. Weise

85. Tugendhaft

86. Charakterfest

87. Ausharren

88. Akzeptanz

89. Anspruchslos

90. Fehlerlos

91. Menschlich

92. Lösungsorientiert

93. Gerechtigkeitssinn

94. Gründlich

95. Behutsam

96. Barmherzig

97. Unangreifbar

98. Geistreich

99. Klug

100. Objektiv

101. Duldsam

102. Ordentlich

103. Wohlwollend

104. Klarer Kopf

105. Erkenntnissuchend

106. Arbeitsfähig

107. Beflügelt

108. Bedächtig

109. Ständige geistige Weiterentwicklung

110. Konzentriert

111. Mitteilsam

112. Lobend

113. Fürsorglich

114. Präzise
115. Bereit für Änderungen
116. Herzensgut
117. Nichtverletzend
118. Verzichtend
119. Schweigsam
120. Impulsiv
121. Rechtschaffen
122. Tierfreundlich
123. Gelöst
124. Umweltbewusst
125. Freundlich
126. Gewitzigt
127. Ermunternd
128. Glaube
129. Freigiebig
130. Genügsam
131. Redlich
132. Verschwiegen
133. Wandlungsfähig
134. Behilflich
135. Gleichheitsprinzip
136. Zufrieden
137. Loyal
138. Widerstandsfähig
139. Gesammelt
140. Merkfähig
141. Aufrichtig
142. Feinsinnig

143. Langmütig
144. Glücklich
145. Rein in Gedanken, Worten und Taten
146. Versöhnlich
147. Geradlinig
148. Beherzt
149. Wissend
150. Phantasiereich
151. Taktvoll
152. Beherrscht
153. Anregend
154. Liberal
155. Einfallsreich
156. Zielorientiert
157. Verbindlich
158. Großmütig
159. Begabt
160. Gutmütig
161. Besonnen
162. Ansprechend
163. Rechtschaffen
164. Wohlhabend
165. Maßvoll
166. Unverdorben
167. Normal
168. Mildtätig
169. Gemäßigt
170. Respektvoll
171. Erfahren

172. Vorsichtig

173. Unterstützend

174. Vorsorglich

175. Innere Ruhe

176. Opferbereit

177. Unbefangen

178. Tiefgründig

179. Bereitwillig

180. Abgeklärt

181. Herzensreinheit

182. Offen

183. Altruistisch

184. Kreativ

185. Machtvoll

186. Sorgenfrei

187. Konsequent

188. Wertschätzend

189. Mitleidsvoll

190. Umgänglich

191. Beständig

192. Unbekümmert

193. Arbeitsam

194. Einsichtig

195. Nichtverhaftet

196. Sauber

197. Zurückstecken

198. Korrekt

199. Eisern

200. Voll der Pläne - Ideenreich

201. Menschenfreundlich
202. Weitsichtig
203. Talentiert
204. Brüderlich
205. Ausdauernd
206. Urteilsfähig
207. Bewundernd
208. Abwägend
209. Unbestechlich
210. Entschlossen
211. Treu
212. Dynamisch
213. Bemüht
214. Kulant
215. Rechtschaffen
216. Ehrfurchtsvoll
217. Erfinderisch
218. Sanftmütig
219. Achtbar
220. Entzückt
221. Unbescholten
222. Helle
223. Befähigt
224. Ohne Falsch
225. Stark
226. Vorbildlich
227. Lebensbejahend
228. Ausgeglichen
229. Leistungsstark

230. Scharfsichtig

231. Genau

232. Pflichtbewusst

233. Intelligent

234. Lebenserfahren

235. Toleranz

236. Sensibel

237. Uneigennützig

238. Gemäßigt

239. Gewandt

240. Gewissenhaft

241. Unermüdlich

242. Hellsichtig

243. Seelenvoll

244. Deutlich

245. Selbstständig

246. Smart, clever

247. Wesentlich

248. Unabhängig

249. Milde

250. Abgeklärt

251. Bejahend

252. Standhaft

253. Ehrenhaft

254. Einigkeitsstreben

255. Unverzagt

256. Arglos

257. Im Fluss sein

258. Ernsthaft

259. Beschwingt
260. Erfreut
261. Unvoreingenommen
262. Wohlerzogen
263. Zugänglich
264. Willensstark
265. Überzeugt
266. Bedürfnislos
267. Sachlich
268. Verträglich
269. Abgehärtet
270. Gefällig
271. Durchdacht
272. Hilfsbereit
273. Sorgfältig
274. Pünktlich
275. Geschickt
276. Selbstsicher
277. Unschuldig
278. Sanfte Sprache
279. Freudvoll
280. Gemeinschaftssinn
281. Engagiert
282. Unbeschwert
283. Verantwortungsvoll
284. Unbeirrt
285. Aufbauend
286. Energisch
287. Unerschütterlich

288. Beharrlich

289. Robust

290. Einfach

291. Glaubwürdig

292. Teilungsbereit

293. Ehrerbietig

294. Tüchtig

295. Unbeugsam

296. Routiniert

297. Selbstkontrolle

298. Friedfertigkeit

299. Loslassend

300. Großzügig

301. Tatkräftig

302. Ideenreich

303. Anerkennend

304. Zurückhaltend

305. Beherzt

306. Anständig

307. Kollegial

308. Geduldig

309. Lebenstüchtig

310. Verlässlich

311. Einsatzbereit

312. Hingebungsvoll

313. Verständnisvoll

314. Solidarität

315. Zärtlich

316. Fortschrittlich

317. Geschmackvoll
318. Mustergültig
319. Lernfähig
320. Wunschlos
321. Scharfsinnig
322. Vielseitig
323. Nächstenliebe
324. Reaktionsschnell
325. Begeisterungsfähig
326. Leidenschaftslos
327. Zutraulich
328. Vermittelnd
329. Fleißig
330. Aufnahmefähig
331. Selbstliebe
332. Abwehrbereit
333. Behilflich
334. Einlenken
335. Pietätvoll
336. Fair
337. Tapfer
338. Gesprächsbereit
339. Diskret
340. Vorausschauend
341. Gleichmütig
342. Launig
343. Großes Auffassungsvermögen
344. Optimistisch
345. Unbelastet

346. Freundschaftlich
347. Vergebend
348. Hoffnung
349. Selbstlos
350. Im Jetzt lebend
351. Interessiert
352. Humorvoll
353. Würde
354. Feinfühlig
355. Zielbewusst
356. Idealismus
357. Einfühlsam
358. Bedächtig
359. Frei von Ego
360. Sicheres Urteil
361. Klarheit
362. Anstellig
363. Gut
364. Nachsichtig
365. Souverän

AUSWERTUNG

Sei absolut ehrlich - im Test bist du ganz allein mit dir selbst.
Deine Ehrlichkeit entscheidet über deinen Erfolg.

Auswertung: Wie gehe ich vor?

1. Lege dir bitte ein Heft oder Tagebuch zurecht und etwas zum Schreiben. Druck dir die 365 Eigenschaften aus.
2. Kreuze jene Eigenschaften an, die du schon verwirklicht hast.
3. Kreuze jene Eigenschaften die du noch nicht verwirklicht hast.
4. Nenne sie beim Namen – am besten schreib beides auf.
5. Welche der Eigenschaften entwickle ich ab sofort mehr?
6. Formuliere deinen Vorsatz in positiven Worten, schriftlich.
7. Wann beginnst du? a. sofort... b. in dieser Woche c....?
8. Notiere täglich deinen Fortschritt.
9. Was ist mein Nahziel? Wie erreiche ich es?
10. Was ist mein Fernziel?
11. Setze einen Zeitplan fest, bis wann du dein Ziel erreichen willst.
12. Sei geduldig, Rom wurde auch nicht an einem Tag erbaut.

Wenn du den ersten (und weitere) Schritt gemacht hast - lobe dich selbst, belohne dich (wichtig!) und beginne wieder bei Punkt 2.

Ich allein bin Herr über meine Entscheidungen: Ich habe stets die Wahl!

Ich transformiere mich liebevoll zu meinem Besten.

Glaube und vertraue darauf, dass ALLES MÖGLICH IST –
auch deine eigene Transformation!

Bitte bleib beim Durchführen des Tests völlig gelassen -
kritisiere und verurteile dich nicht! Sondern lobe dich beim
allerkleinsten Fortschritt!

Sei wie ein Schiedsrichter am Feld, der nur beobachtet, aber
nicht am Spiel teilnimmt. Betrachte dich selbst im Spiel des
Lebens ohne Emotionen! Das ist die wichtigste Voraussetzung für einen erfolgreichen Test.

> Hier einige praktische Tipps:

Tipp 1: Leg ein Reifungs-Exposé an:

Wenn Du wissen willst, wo du in der Skala der bestmöglichen Eigenschaften stehst, so kreuze einfach jene an, die du
schon verwirklicht hast. Dann schau nach, in welchem
Prozentsatz diese zu den 365 Eigenschaften stehen und dann
weißt du, wo du stehst….

Wenn es jemanden gibt, der hundert Prozent erreicht hat -
bitte unbedingt melden (info@dieErdenmutter.at), denn wir
brauchen dann seinen/ ihren Rat wie er/sie das geschafft hat!

Als ich begann die erstrebenswerten Eigenschaften aufzulis-
ten, dachte ich, es wären so an die 20-30. Doch dann wurden
es immer mehr und mehr. Natürlich ergibt oft eine Eigenschaft viele weitere. Zum Beispiel ruft die Liebe zahlreiche
andere Eigenschaften ins Leben. Doch sind alle 365 Eigenschaften unterschiedlich und fein differenziert.

Was mich aber am meisten bestürzte war die Tatsache, dass
auf der Skala der 365 positiven Eigenschaften auf der anderen Seite auch 365 negative Eigenschaften stehen! …und wir
haben beides in uns!   OOOOOOOH Schreck!

Die gute Nachricht: alle Möglichkeiten stehen dir offen. Du darfst wählen, welche Option du nimmst!

Welche Chance, dass wir selbst entscheiden können!

Werde Dir bewusst, dass NUR DU selbst grundlegende Entscheidungen über deine Charaktereigenschaften treffen kannst – niemand anderer kann das außer Dir.

ICH WILL – ICH KANN – ICH TUE ES JETZT

Nimm dir die Gesetzmäßigkeiten der Natur als Hilfe heran, um zu verstehen, welche Wandlungsmöglichkeiten und transformierenden Kräfte in Dir stecken. Und alles ist bereits angelegt!

Und vergiss nicht: Du bist viel stärker als du denkst!

Du kannst nur Dich selbst ändern, nicht aber Andere. Die Anderen ändern sich nur, wenn sie dafür bereit sind. Verschwende daher deine Energie nicht darauf, Andere zu verändern, sondern arbeite lieber an dir selbst ......

Welche der Eigenschaften soll ich entwickeln und welche darf ich umwandeln?

Wenn wir uns ändern, wie wir denken, sprechen, handeln – ändern wir die Welt!

„Mach das Beste was Du kannst, mit all den Mitteln wie Du kannst, auf allen Wegen wie du kannst, für alle Menschen wie du nur kannst, so lange – wie Du noch kannst." John Wesely

Tipp 2: Das Reis - Pfeffer Experiment

Nimm 5 leere Gläser und stelle sie auf eine Etagere. Wenn möglich, stell weitere 5 Gläser unterhalb der ersten 5 Gläser auf. Nun richte dir Etiketten zur Beschriftung her. Wähle nun 5 (oder so viele wie du willst, aber nicht mehr als 10) Eigenschaften aus, von denen du weißt, dass sie deine Schwächen sind. Z.B. Zorn, Eifersucht, Gier, Bequemlichkeit, Abhängigkeiten etc. und beklebe damit alle 5 - 10 Gläser. Besorge dir Reiskörner und schwarze Pfefferkörner. Dieselbe Beschriftung wie oben auf die untere Reihe der 5 Gläser.

Jeden Abend gehst du nun zu diesen beschrifteten Gläsern: War ich heute zornig? Wenn ja > 1 schwarzes Pfefferkorn in das untere Zorn Glas. War ich heute in irgendeiner Form gierig? > Wenn Nein > 1 Reiskorn in das entsprechende obere Glas. War ich heute bequem? Nein? > 1 Reiskorn in das obere Bequemlichkeit Glas. War ich heute eifersüchtig auf…? Wenn Ja -> 1 schwarzes Pfefferkorn in das untere Eifersucht Glas. Und so fort, mit jeder Eigenschaft.

Mache das bitte jeden Tag. Am Ende einer Woche zähle die Reiskörner und die schwarzen Pfefferkörner. Vergleiche: wo sind mehr? Mache das jede Woche und am Ende eines Monats ziehe Bilanz: Wo habe ich mich verbessert? An was darf ich weiterhin arbeiten? Du kannst das nach Belieben fortsetzen solange du möchtest. Am besten so lange, bis nur mehr weiße Reiskörner in den Gläsern sind…und du all deine Schwächen aufgelöst hast. ☺

Tipp 3: Was will ich?

Will ich Frieden oder Krieg? In mir und außerhalb?

Willst du Frieden mit dir und der Welt, so versuch deine positiven Seiten zu verwirklichen. Willst du hingegen Krieg (mit dir und deiner Umwelt) so vervollständige obige Liste mit dem Gegenpol: also statt Liebe – Hass, statt Toleranz – Intoleranz, statt Zufriedenheit – Unzufriedenheit, statt Geben-Nehmen etc. etc. Wenn du das gemacht hast - dann hast du deinen eigenen Kampf- und Kriegsplan vor dir, falls du das möchtest.

Bedenke immer, dass die Energie die du aussendest, wieder zu dir zurückkommt, wie ein Bumerang…und das kann weh-tun….

Tipp 4: Gegenprobe

Wenn du willst, kannst du jetzt auch die Gegenprobe ma-chen: Du hast jetzt all deine positiven Eigenschaften ange-kreuzt. Schreib jetzt den Gegensatz jener Eigenschaften auf, die du noch zu verwirklichen hast. Es sind jene negativen Eigenschaften, die dir nur zu gut bekannt sind (also deine eigenen) und schreibe in Rot die positive Eigenschaft dazu. Diese sind nun deine Ziele, z.B. statt Wut – Sanftmut usw.

Und nun wäge und überlege was der Test dir sagen will: du kannst jetzt Schlüsse aus dem Ergebnis des Tests ziehen. Falls die Zahl der negativen Eigenschaften größer ist als die der positiven, so sieh es trotzdem mit Humor und nicht mit Tränen. Wir leben auf einem Planeten, der uns ein breites Spielfeld für unsere Entwicklung bietet. Das Leben ist ein Spiel, nimm es nicht so ernst und auch unsere Mitmenschen sind nichts anderes als unsere Trainingspartner. Dieser Test ist ja nur eine Momentaufnahme und kann morgen schon ganz anders aussehen.

Ich wünsche dir viele Überraschungen mit diesem Test. Lies jede Eigenschaft aufmerksam durch und hinterfrage sie. Es ist DEINE Erfahrung des Augenblicks, die dir dienen soll. Also: sei positiv und glaube an dich!

„Gestern war ich clever und wollte die Welt ändern. Heute bin ich weise und ändere mich selbst." Rumi

So wie du bist, denkst und handelst, so wirkst du auf die Welt – und demnach reagiert sie auf dich, gemäß dem Gesetz von Ursache und Wirkung. Wie innen, so außen.

„Wenn Du nach diesem einen Menschen suchst, der Dein Leben verändert: Schau in den Spiegel." Verfasser unbekannt

Tipp 5: Schreib deine eigene Prioritätenliste

Du hast noch ein langes Leben vor Dir um sie zu meistern! Nimm dir Zeit und Ruhe, geh in dich, um das herauszufinden, was für dein Wohlergehen wichtig ist. Schreib anschließend auf, wie du den Punkt 1 der Prioritätenliste verwirklichen willst. Verfahre mit den anderen Punkten genauso. Dadurch hast du dir einen Aktionsplan gemacht, der sich einprägt, da du ihn selbst erstellt hast. Einmal pro Woche schau dir die Prioritätenliste an und denke nach, was du davon erreicht hast. Falls nötig, mache Änderungen.

Ein Beispiel: „Wie erlange und bleibe ich in Frieden und Gelassenheit?"

Alles was mir widerfährt ist ein Ereignis am Weg, den ich jetzt beschreite. Regen, Sonne, Hagel, Blitz, Donner, Frühling, Sommer, Herbst und Winter (symbolisch) wechseln sich ab, doch meine innere Gemütsverfassung bleibt davon unberührt. Denn ich vertraue in das, was jetzt IST.

Denn alles dient mir und alles fördert mein Wachstum. Darin vertraue ich und so bleibe ich im Frieden. Denn ich weiß:

„Alles in dieser Schöpfung ist FÜR mich."

Tipp 6: <u>Übung der Achtsamkeit</u>

Nimm dir eine Eigenschaft vor, die für dich vorrangig ist. Nimm z.B. den sogenannten „Kreuzerl-Test" her und schreib deine gewünschte Eigenschaft auf einen Klebezettel und mach nur ein Kreuzerl, welches dann diese Eigenschaft repräsentiert. Bring ihn überall dort an, wo du dich häufig aufhältst.

Nehmen wir die Eigenschaft „liebevoll". Erstens wird dich das Kreuzerl Memo stets an deinen Vorsatz erinnern. Zweitens wirst du durch deine bewusste Beobachtung: „Bin ich jetzt liebevoll?", „War ich jetzt liebevoll?" zu deinem besten Kontrolleur.

„Steter Tropfen höhlt den Stein" > stete Selbstbeobachtung verändert dich zum Guten hin. Nur wenn du achtsam bist, kannst du dich selbst beobachten und verändern.

➢ *Eigenbericht:*

Ich selbst arbeite auch mit beim Transformationstest. Ich nehme mir also vor, stets freundlich und liebevoll zu sprechen. Wenn ich mit jemandem spreche, steht die innere Schiedsrichterin hinter mir. Wenn ich unfreundlich war, sagt sie zu mir: „Shanti, das war aber nicht sehr freundlich, wie du gesprochen hast!" – ein schwarzer Punkt (Pfefferkorn ins Glas) …das merk ich mir. Beim nächsten Mal, bemühe ich mich nicht nur, freundlich zu reden, sondern auch freundlich zu schauen – es gelingt durch meine Achtsamkeit – die Schiedsrichterin vergibt einen Gutpunkt. Wenn ich am Abend meinen Tag Revue passieren lasse, zähle ich die schwarzen Punkte und auch die Gutpunkte (Reiskörner ins Glas). Das trainiert meine Selbstkontrolle und durch die Achtsamkeit gelingt es, immer mehr GUT Punkte zu sammeln. Hahaha: da fällt mir ein, das ist wie im Supermarkt – wenn du so und so viele Gutpunkte (Pickerln) beisammen hast, bekommst du etwas…

Wir bekommen auch etwas, wenn wir viele Gutpunkte gesammelt haben: Freude über die Arbeit, die wir an uns selbst vornehmen, Freude über das Gelingen, Freude über unsere Transformation, Freude darüber, dass wir nun auch anderen Freude bereiten, da wir freudig an unserer wunderbaren Transformation arbeiten, die uns noch dazu einen hohen Energieschub verleiht. Super!

Hier eine Geschichte, die zum Nachdenken anregt:

Geschichte der zwei Wölfe - Welchen Wolf fütterst du?

Eine Indianerweisheit besagt, dass in unserem Herzen ein Kampf zwischen zwei Wölfen tobt.

Ein alter Cherokee sprach zu seinem Enkelkind: „Mein Sohn, in jedem von uns gibt es zwei Wölfe, die ständig gegeneinander kämpfen. Der eine ist Böse: Es ist Zorn, Eifersucht, Rache, Minderwertigkeit, Lüge und Ego. Der andere ist Gut: Es ist Freude, Friede, Hoffnung, Demut, Güte, Mitgefühl und Wahrheit." Der Bub hört zu und denkt nach. Nach einer Weile fragt er den Großvater: „Und welcher

Wolf gewinnt?" Der Großvater denkt nach und antwortet
dann: „Es gewinnt der, der am meisten gefüttert wird!"

Frage dich selbst: Welchen Wolf fütterst du am meisten?

In unserer polaren Welt bestehen die beiden existierenden Gegenpole auch in uns. Sie sind wie Samen in uns angelegt und wir haben die Wahl, welches Samenbeet wir gießen und welches nicht. Wenn wir uns für das Gute entscheiden bedeutet das erschaffen, wenn wir uns für das Böse entscheiden, bedeutet es zerstören. Die Pflanze der Liebe zu entwickeln wird uns Schönes bescheren, die Distel des Bösen zu pflegen, vermehrt die Dunkelheit der Welt. Du allein hast die Wahl.

„Die helle Morgendämmerung kündigt einen neuen Tag an
ihre rosigen Lanzen öffnen die goldenen Tore der Sonne
und erleuchten hell den Weg der Tat.
Erwache, o Mensch, der Schlummer und die Dunkelheit der
Nacht sind vorüber.
Möge jede Morgendämmerung uns von Sieg zu Sieg führen
in der langen Reise des Lebens." Rig Veda, 1.113.16

VII. Schlusswort

Nur die Liebe wird dich bewegen, etwas zu bewegen.

„Es ist besser, ein einziges kleines Licht anzuzünden als die Dunkelheit zu verfluchen." Konfuzius

Besser, als über all das Ungemach dieser Welt zu schimpfen, ist es wahrlich besser deine positiven Seiten in diese wunde, jedoch wunderbare Welt einzubringen.

„In diesem Universum, in dem alles mit allem verbunden ist, verbessert jede Verbesserung, die wir in unserer privaten Welt vornehmen, die Welt insgesamt, für jeden." David Hawkins, die Ebenen des Bewusstseins.

Daher: Vernetzen, statt die Erde zu versetzen! Zusammenhalten statt zu trennen!

Unsere Stärken für Wichtiges nützen, statt sie für Kleinzeug zu benützen!

Wir haben MACHT! Wir können sie in beiden Richtungen nutzen. Wir können unsere heutige Macht für etwas Gutes oder etwas Zerstörerisches gebrauchen. Macht durch Wissen, Gedankenkraft, Herzkraft, technischen Fortschritt, andauernder Weiterentwicklung in allen Bereichen des Lebens (Technik, Medizin, Mobilität, Forschung…). Wir können sie ausüben via Medien, Telekommunikation, Satelliten, Internetvernetzung, Telefon oder direkt. In Tausendsteln von Sekunden erreicht eine Botschaft das andere Ende der Welt. All das ist einmalig in der Geschichte der Menschheit.

Noch niemals zuvor konnte ein Einzelner so viel erreichen als gerade in unserer Zeit. Noch niemals zuvor hatte ein Gedanke oder eine Tat eines Einzelnen solche Auswirkungen auf das Leben der Gesamtbevölkerung der Erde als heute.

Wir wissen alle nicht, ob es noch Zeit ist, das Ruder herumzureißen. Doch wir sollten es zumindest versuchen, uns aus der Umklammerung und den Fesseln des industriellen Zeitalters zu befreien und freudig und mutig unseren eigenen Weg gehen. Dieser Pfad führt uns zurück zu unseren Wurzeln, zu unserer eigenen Natur sowie zu Liebe und Achtung vor der Schöpfung.

Nutzen wir die phantastischen Möglichkeiten der Jetztzeit, um die Zukunft für alle Menschen dieser Erde lebenswert und erstrebenswert zu machen. Du, Ich, Wir, werden gebraucht, um die Menschheit wieder ins Lot zu bringen und sie an ihre wahren Werte zu erinnern.

Wir alle sind für einen bestimmten Zweck auf diese Welt gekommen.

"Egal was er tut, spielt jeder Mensch auf der Erde eine zentrale Rolle in der Geschichte der Welt. Und normalerweise weiß er es nicht." Paul Coehlo

Nur eine Änderung im Bewusstsein der Menschen kann unsere Welt heilen!

Die Liebe ist die stärkste motivierende Kraft, um sich selbst zu ändern. Liebst du dich selbst und andere, die Natur und ihre Gaben, so wirst du dich ihr zuliebe ändern. Damit verhinderst du ihren Untergang und bescherst uns allen eine lebenswerte Zukunft.

Die Erde ist kein kalter grauer Fels, auf dem wir leben, sondern ein lebendiges Wesen mit Gedeihen und Werden, an dem wir alle teilhaben. Sie ist die Nabelschnur zum Schöpfer und deren Schöpfung, wie Mutter und Kind. Sie ist die Quelle des Lebens und selbst ein Lebewesen, das verletzlich ist und dem wir nun helfen dürfen wieder gesund zu werden.

Jeder von uns, der seine Familie und die nachfolgenden Generationen liebt, möchte sicher das Allerbeste für deren zukünftiges Leben. Es sollte doch nicht sein, dass die Urenkeln mit Abscheu an unsere Generation denken, die es verabsäumt hat, ihnen eine lebenswerte Welt zu hinterlassen. Wir alle haben es in der Hand JETZT all das wieder gut zu machen was wir bisher an unserer Nährmutter verbrochen haben.

Vielleicht ist es denkbar, dass gerade diese tiefe Krise, die uns mit der Zerstörung unserer Lebensgrundlagen konfrontiert und die Orientierungslosigkeit, die derzeit herrscht, Sinn macht. Sie will uns dazu bringen, wieder die Orientierung in unserem tiefen inneren Selbst zu finden und unseren isolierten, Ego- orientierten Lebensstil mit einem kollektiven, globalen Bewusstsein neu zu definieren. Mit den Ressourcen der Natur eine Unabhängigkeit und Weisheit zu finden, die uns aus allen Abhängigkeiten befreit und unserem Leben Sinn und Zweck schenkt.

Du, ich, wir, haben es in der Hand, es ab sofort besser zu machen. Unsere globalen Gedanken werden die Zukunft des Planeten bestimmen, unsere Ziele und Taten werden ihn überleben oder vergehen lassen und unser jetziges Tun wird von den kommenden Jahrgängen beurteilt werden. Lieben wir unsere Nachkommen, nicht nur uns selbst und unsere Wünsche, so wird es uns ein ernstes Anliegen sein, etwas zu tun, um die kranke Mutter Erde zu heilen. Wenn ein Kranker Medikamente und Behandlungen braucht, ist es nicht genug ihm einen mitleidsvollen Brief zu schicken und mitleidig mit dem Kopf zu wackeln. Vielmehr ist es nötig sich um ihn zu kümmern, um sein körperliches und geistiges Wohlergehen zu gewährleisten und seine Heilung zu erreichen.

„Beurteile einen Menschen lieber nach seinen Handlungen als nach seinen Worten; denn viele handeln schlecht und sprechen vortrefflich.“ Matthias Claudius

Sie alle warten
schau hin und nicht weg
nimm nicht nur
sondern gib
sie alle
die Wesen der Welt
warten auf dich
sie strecken die Hände nach Dir aus
drum zögre nicht
gib ihnen was ihnen gebührt
erhebe gleiches zu gleichem

du kannst
dem lebendigen Leben Freude geben
all jenen die gleich dir
vom Einen geschaffen
sie alle
Erde, Wasser, Feuer, Luft, Pflanzen, Tiere, Menschen
warten auf dich
damit du bewahrst und erhältst
das freudige, gerechte Leben das uns allen geschenkt
sie alle warten ...auf Dich

Eine sinnvolle Geschichte dazu: **Taten statt Worte**

Guter Rat ist billig! Ohne dafür zu bezahlen, oft sogar ohne danach zu fragen, erhalten wir beinahe in fast jeder Situation gut gemeinte Ratschläge......

Die Häsin lag sehr krank. Der Hase war viel auswärts, um den Alltag sicherzustellen, und die sieben Kinder waren im Wesentlichen sich selbst überlassen. Da kam der Igel zu Besuch, brachte frische Kleeblätter mit und sagte:

„Kommt Zeit, kommt Rat!". Gut gemeint, aber als er gegangen war, überlegte die Kranke: Wann kommt die Zeit und welcher Rat wird es sein?

Tags darauf sah die Eule herein und meinte: „Gut Ding braucht Weile!" Sprach's und verabschiedete sich. Die Häsin dachte: Ich kann mir aber keine Weile leisten.

Als die Feldmaus durchs Fenster guckte, fiepte sie: „Kopf hoch, Frau Nachbarin. So trägt eben jeder sein Päckchen!" Das ist schon kein Päckchen mehr, dachte die Kranke, und was soll das schon heißen, Kopf hoch? Ich habe ja gar keine Kraft mehr.

„Lassen Sie nur, es wird nichts so heiß gegessen wie gekocht." flüsterte das Reh an der Nestkante.

Auch das war gut gemeint, aber die Häsin grübelte bitter: Was wissen die schon. Solchen Humor kann ich einfach nicht vertragen. Ich weiß nicht ein noch aus.

Die alte Katze sah auch kurz herein und erkundigte sich nach dem Befinden. „Es wird schon werden!" schnurrte sie und meinte es ja auch ehrlich.

Doch die Kranke verzweifelte fast: Wer ist denn schon „es" und was soll werden? Ich habe den Eindruck, dass überhaupt nichts wird.

Als dann der Maulwurf seine Hemmungen überwand und durchs Fenster rief: „Keine Sorge! Ende gut, alles gut!" empfand die Häsin nur noch Bitterkeit. Denn in der Küche tobten die Jungen und nichts war fertig. Dazu noch die Angst.

Witzig sollte es klingen, als die Elster vom hohen Baum ausrief: „Kommen wir über den Hund, kommen wir über den Schwanz. Geduld, Geduld, Geduld!"

Können die alle sich denn gar nicht vorstellen, wie mir zumute ist? dachte die Kranke. Müssen die denn alle solchen gut gemeinten Unsinn reden? Das sind doch Sätze, die alles und nichts sagen.

Schließlich kam das Rebhuhn zu Besuch, erzählte von draußen in einem Wortschwall ohne Ende und empfahl sich zum Schluss mit den Worten: „Wir werden sehen!" Was werden wir denn sehen? zweifelte die Häsin und wer ist wir?

Während sie noch voller Enttäuschung nachdachte und merkte, dass all der gut gemeinte Trost im Grunde keiner war, kamen die Ameisen herein, grüßten kurz, stellten Feldblumen auf den Tisch, machten die Küche sauber, versorgten die jungen Hasen, waren bei alledem sehr leise und verabschiedeten sich ohne jeden Aufwand.

Da trat Ruhe ein, und vor allem: die Hoffnung wuchs.

Geschichte von Peter Spangenherz

Die schönsten Worte sind wertlos, wenn nicht Taten folgen!

„Wir müssen das, was wir denken, auch sagen. Wir müssen das, was wir sagen, auch tun. Und wir müssen das, was wir tun, dann auch sein." Alfred Herrhausen

Jeder kleine schöne Gedanke, jede Idee die du hast, jede gute Tat die du setzt, hilft der ganzen Welt. Sei überzeugt, dass DU, ja, gerade DU, dazu auserwählst bist, deine Erdenmutter und ihre Bewohner zu schützen und einen Beitrag für ihr Wohlergehen zu leisten.

Egal welcher Nation, Rasse und Religion Du angehörst, dem Kranken in der Not zu helfen ist eine Menschenpflicht. Wir sind zu Erste-Hilfe-Maßnahmen sogar per Gesetz verpflichtet, wenn es um ein Menschenleben geht – wie viel mehr noch sind wir zur Erste Hilfeleistung für unsere Erdenmutter, den kollabierenden Planeten verpflichtet, der Milliarden Menschen ernährt? Damit retten wir nicht nur unsere Nachkommen, sondern auch Milliarden Menschen auf der ganzen Welt. Doch dafür gibt es kein globales Gesetz und auch keine Strafen wegen verweigerter Hilfeleistung. Nur das Feuer der einsichtigen Liebe, das im Herzen der Menschen brennt, kann die Notmaßnahmen zur Rettung der Erde erbringen.

Der Mensch ist die Medizin des Menschen und der Erde.

Sei auch du Teil der Rettungsmannschaft! Wir begrüßen dich an Bord und steuern gemeinsam in die neue lebenswerte, freudige Welt! Die Wende liegt in deiner Hand. Nütze die Chance, dem Weltenzyklus Bestand zu verleihen. Gemeinsam werden wir es schaffen!

Danke, dass du dir die Mühe genommen hast, dich in diese Gedanken einzulesen.

Verzeih, wenn dir etwas zu trivial oder zu abgehoben erschien, nimm es nicht zu tragisch. Wir alle sind am Reifen und Werden. Nimm, was du brauchst und lass los, was dich stört. Schreib deine Anregungen und Ergänzungen an die untere mail Adresse. Ich freue mich auf deine Nachricht.

Eine letzte Frage: bist du jetzt schon eine Liebende, ein Liebender unserer wunderschönen Erdenmutter geworden? Wenn ja, so hat sich jedes Wort das hier geschrieben steht, gelohnt. Ich danke Dir!

Möge die Sonne Dir jeden Tag neue Energie schenken, möge der Mond des Nachts Dich sanft regenerieren, möge der Regen deine Sorgen wegschwemmen, möge die Brise neue Kraft in dein Sein bringen.
Apache Segen

Das wünscht Dir aus ganzem Herzen

❤ deine Sadhvi Shanti

VIII.   Über die Autorin

SADHVI SHANTI - Dr. med. Shanti Puri

Bereits mit ihrem Geburtsnamen „Sylvia", übersetzt „das Waldmädchen", vereinte sich ihr Leben mit der Natur. Geboren in Wien zur Zeit des 2. Weltkriegs verbrachte sie im Waldviertel ihre frühe Jugend. Umgeben von den geheimnisvollen Fichtenwäldern und dem Plätschern des Flusses Thaya, zog es sie bereits mit 8 Jahren in die abgelegenen Wälder, die sie allein auf der Suche nach Pilzen durchstreifte. Sie fand ihr Glück in den moosdurwachsten Waldboden, den Früchten und Blumen von Wald und Wiese, den lichtdurchfluteten Waldlichtungen und all den Schönheiten von Mutter Natur. Mutter Erde gab ihr alles, was sie so notwendig herbeisehnte: Liebe, Schutz und Sicherheit. Damals entstand dieses außergewöhnlich enge Band zwischen der Autorin und der Natur, welches ihr ganzes weiteres Leben nachhaltig prägte.

Später studierte sie Medizin in Wien und arbeitete als ganzheitliche Zahnärztin 29 Jahre in eigener Praxis. Sie begann „Yoga im täglichen Leben" zu üben, wurde Yogalehrerin und knüpfte erste zarte Bande zu Indien, durch ihren Yogameister Vishwaguruji. Nebenbei absolvierte sie zahlreiche Ausbildungen, die sie jeweils mit den höchsten Diplomen abschloss. Seit 1980 bereist sie Indien, wobei der indische Himalaya eine bedeutsame Rolle in ihrem Leben spielt. Bei einer intensiven Verbindung mit einem Baum, traf sie eine tiefgreifende Erkenntnis wie ein Blitz, denn plötzlich begriff sie die geheimen, geistigen Botschaften, die er für uns Menschen bereithält. Daraufhin begann sie im Himalaya dieses außergewöhnliche Buch – das du eben in den Händen hältst - zu schreiben, inspiriert von den Schwingungen dieser heilen Welt der Berge. Mutter Erde spricht in diesem Buch zu dir und eröffnet dir ihre geheime Weisheit.

Shantis Mission und Herzensanliegen ist es, die Botschaften von Mutter Natur in die Welt zu tragen. Als Coach und Naturflüsterin begleitet sie Ratsuchende durch wundervolle und tiefgreifende NATUR-CHANNELINGs hin zu ihren persönlichen und individuellen Botschaften der Natur zu ihren jeweiligen Themen. Ebenso begeistert sie auch in ihren Seminaren und Vorträgen ein großes Publikum. Als Autorin inspiriert sie mit ihren vielzähligen Werken Menschen in ihre wahre Größe zu kommen, wie es uns die Natur vorlebt.

In all ihren Tätigkeiten verbindet sie ihr Wissen über die Lehren des Ostens und des westlichen Kulturkreises. Ihr Herz schlägt dafür, die segensreichen Botschaften der Natur zu verbreiten, damit jeder einzelne Mensch die tiefe Verbundenheit mit unserer wundervollen Mutter Erde spürt und sie wie eine zweite Mutter liebt und achtet. Indem wir diese Verbindung ehren, tragen wir dazu bei, eine Welt zu formen, in der Mutter Erde als lebendiger Organismus geachtet und geschützt ist. Gemeinsam können wir dafür sorgen, dass kommende Generationen in einer Welt des Friedens und der Fülle aufwachsen können, ohne dass es ihnen an irgendetwas fehlt.

SADHVI SHANTI, Dr. med. Shanti Puri
Autorin, Naturflüsterin, LifeCoach, spirituelle Lehrerin
Homepage: www.sadhvi-shanti.com
E-Mail: sadhvi.shanti@gmx.at
Facebook: Sadhvi Shanti
Instagram und TikTok: @sadhvi.shanti
Alles auf einen Blick: www.linktr.ee/sadhvi.shanti

NATUR CHANNELLING - Live oder Online: Empfange deine Botschaft von Mutter Natur

Entdecke dich selbst inmitten der wunderschönen Natur und empfange einzigartige Botschaften, die dir in deiner aktuellen Situation wertvolle Erkenntnisse schenken.

Die Natur-Channeling-Sitzungen mit Sadhvi Shanti sind darauf ausgerichtet, tiefsitzende Blockaden zu lösen, die dich daran hindern, dein volles Potenzial zu entfalten.

Dank der heilenden Kraft der Natur gewinnst du Vertrauen in den Fluss des Lebens und kommst wieder in dein inneres Gleichgewicht. Das Natur-Channeling führt außerdem zu mehr Lebensfreude, Selbstbewusstsein und einem intuitiven Zugang zu deiner Seelenstimme.

Shantis erfahrene Führung begleitet dich auf einer außergewöhnlichen Natur-Reise, die dir tiefgehende Erkenntnisse und Einsichten vermittelt. Du wirst eine tiefe Verbindung zu Mutter Erde aufbauen, die dir viel Kraft und Sicherheit gibt.

Bei diesem Natur-Channeling sind dir außergewöhnliche und wohltuende Momente garantiert, die dir helfen werden, deinen inneren Frieden zu finden. Und das Beste daran?

Das Natur-Channeling kann sowohl live als auch per Zoom durchgeführt werden. Egal, ob du dich in den Wald begeben oder bequem von zu Hause aus teilnehmen möchtest.

Erlebe eine vollkommen neue Art von Naturerlebnis und lass dich von mir auf einer Reise zu dir selbst führen.

Ich freue mich auf ein wundervolles
Natur-Channeling mit dir!

Sadhvi Shanti

30 Tage Online Kurs:
„WAS WIR VON DER NATUR LERNEN KÖNNEN"

Entdecke die Geheimnisse der Natur!
Dieser Online-Kurs führt dich durch 30 faszinierende Elemente der Natur und bietet dir erstaunliche Einblicke in ihre zeitlosen Weisheiten.
Tauche ein und lass dich von der Natur inspirieren, um dein volles Potenzial zu entfalten.
Mit diesem Kurs erhältst du umfassende Lebenslektionen, die du sofort in dein tägliches Leben integrieren kannst.
Lerne von der besten Lehrmeisterin – Mutter Natur.

„Was wir von der Natur lernen können", vorgetragen von der Naturflüsterin Sadhvi Shanti, Dr. med. Shanti Puri, die dir die Kommunikation mit der Natur an einprägsamen Beispielen vermittelt.
Mit der Natur als Mentor an deiner Seite kannst du alle Herausforderungen meistern und mehr Glück, Lebensfreude und Verbundenheit leben. Ein Monat auf du und du mit der Natur!

Inhalt:
30 Videos, 3 Bonus-Videos,
Praxisübungen für die Umsetzung,
geführte Meditationen gesprochen von
deiner Naturflüsterin

„Zurück zur Natur" ist das Heilmittel unserer Zeit!

WEITERE WERKE
von Dr. med. SHANTI PURI

„Zwischen Fels und Gletscher"
Bildgedichte aus dem Himalaya

Haben wir uns schon einmal gefragt, was hinter all den Phänomenen der Natur als Lebensratgeber steckt? Was das Berglicht, der Nebel, der Abend, das Wasser, die Sonne an wichtigen Aussagen für uns bereithält? Sadhvi Shanti führt uns, wie in ihrem Buch "Heilsprache Natur", in die geheime Sprache der Natur ein, die uns hilft ihre Weisheit zu erfassen und damit das Leben souverän zu meistern.

Alle 50 Gedichte und Fotos sind dichterische Liebeserklärungen an die Schönheit des Himalayas in Bild und Poesie. Die Aussagen, die sie enthalten, sind ein Bekenntnis zur edlen Natur des Menschen und zu seiner inneren Schönheit. Dieser Bild- und Gedichtband ist ein geeignetes Geschenk für alle, die die Natur lieben.

371

„Erkenntnisse"
Erkenne dich selbst in der Natur

Tauche mit diesem wunderschönen Bildgedichtband noch tiefer in die Botschaften der Natur ein. Auch dieser Gedichtband ist eine zarte Verbindung von Poesie und Bildern. Sadhvi Shanti schöpft ihre Inspiration aus ihrer Liebe zur Natur und verbindet Gedichte und eigene Bilder, um den Inhalt in greifbare Gestalt zu bringen. Ihre Worte betonen die überragende Bedeutung der Natur für den Menschen und lassen uns durch das Lesen und Wirken ihrer Gedichte das Band zu Mutter Natur neu knüpfen und verstärken. Ein Gedichtband, der schon beim Lesen vielzählige innere Prozesse für mehr Kraft, Lebensfreude und Liebe zur Natur aktiviert.

Es werden noch einige weitere Bücher folgen.

Auf www.sadhvi-shanti.com findest du alle aktuellen Informationen.

IX. Anhang

Über Hinduismus und Natur, Zitate aus den Veden

Hinduismus und Natur

Dr. S. Kannan und Dr. Karan Singh, aus „The Guardian" vom 24. 06. 2009

„Die Welt wird sich der Zerstörung und Entehrung der einzigen Heimat, die wir im Universum haben, des Planeten Erde, immer mehr bewusst. Heute ist die Farbe Grün, das neue Mantra, das von jenen gesungen wird, die sich so verhalten, als ob unsere Erde, unsere Dharti Mata (Mutter Erde) uns das an ihr begangene Unrecht verzeihen wird.

Natur und Hinduismus sind so miteinander verflochten, dass es völlig unmöglich ist, über das eine ohne das andere nachzudenken.

Die Notwendigkeit eines ökologischen Gleichgewichts wird in den Veden und Upanishaden hervorgehoben, und diese Botschaft wird im Ramayana wiederholt, der Mahabharata, der Gita, den Puranas und in den Botschaften der Hindu Heiligen. Die Mutter Natur wird in der Hindu Religion verehrt. Aber für die Mehrheit der Hindus beschränkt sich diese Verehrung auf Tempeln und ihr Heim und so tragen sie ebenso zur globalen Erwärmung, der Umweltverschmutzung und den Emissionen bei.

Hier sind einige Gedanken über die Wichtigkeit der Natur, die die alten Seher des Sanatana Dharma vor mehr als 5000 Jahren berichtet haben. Das Meiste dieses Gedankenguts ist auch heute äußerst bedeutsam.

- Du sollst die Bäume nicht zerstören. (Rig Veda Samhita vi-48- 17)
- Pflanzen sind Mütter und Göttinnen. (Rig Veda Samhita x-97- 4)
- Bäume sind Heim und Wohnhaus. (Rig Veda Samhita x-97- 5)
- Heiliges Gras muss vor der Ausbeutung durch den Menschen beschützt werden. (Rig Veda Samhita vii-75- 8)
- Pflanzen und Gewässer sind Kostbarkeiten für Generationen. (Rig Veda Samhita vii-70- 4)
- Unsere Erde, auf der sich Meere, Flüsse und andere Gewässer befinden, auf der Nahrung und Kornfelder entstanden sind, auf der alles lebt, das atmet und sich bewegt, möge sie uns ausgezeichnete Ernte gewähren. Unsere Erde, auf der die Gewässer, die allen bekannt sind, die allerseits Tag und Nacht unerschöpflich fließen, möge sie uns mit Strömen von Milch übergießen und uns Glanz schenken. (Aus der Atharva Veda – Hymne auf die Erde - Bhumi-Sukta)
- Mögen die aus dir Geborenen, oh Erde, für unser Wohlergehen da sein, sodass wir frei von Krankheit und Verschwendung, ein Leben lang wachsam sind, dann werden wir dir zur Ehre gereichen. Erde, meine Mutter, schenke mir sorgenfreies Glück im Einklang mit dem Himmel, oh du Weise, beschütze mich in Gnade und Herrlichkeit. (Aus der Atharva Veda – Hymne auf die Erde - Bhumi-Sukta)
- Erde, Atmosphäre, Himmel, Sonne, Mond, Sterne, Gewässer, Pflanzen, Bäume, laufende, schwimmende und kriechende Lebewesen werden freudig begrüßt und

Opfer werden ihnen dargebracht. (Taittiriya Samhita i-8-13)

- Du sollst deinen Wohnort beschützen. (Rig Veda Samhita vi-71- 3)

- Gewässer sind Freunde des Menschen und gewähren seinen Nachkommen vollständigen Schutz. (Rig Veda Samhita vi-50- 7)

- Du sollst auf Vierfüßler achtgeben. (Taittiriya Samhita iv-4- 10)

- Du sollst mit Tieren freundlich umgehen. (Taittiriya Samhita ii-3- 14)

- Du sollst Tieren keine Schuld geben. (Chandogya Upanishad ii-18- 2)

- Gewässer bedeuten Herrlichkeit. (Atharva Veda Samhita iii-13- 5)

- Wasser entfernt Verunreinigungen und säubert die Menschen. (Vajasaneya Samhita iv-2)

- Wer immer der Essenz der Nahrung, den Kühen und den Rössern Schaden zufügt, ist ein Räuber, der sich selbst und seine Nachkommen dem Untergang weiht. (Rig Veda Samhita vii-104- 10)

- Spenden (Geschenke, Spenden, Beiträge, Hilfe, Unterstützung) sind den Wässern der Brunnen, der Tümpel, Spalten, Wasserlöcher, des Morasts, der Teiche, der Becken, der Sümpfe, des Regens, des Reifs, der Bäche, Flüsse und des Ozeans gewidmet. (Taittiriya Samhita vii-4- 13)

- Am Anfang gab es nur Wasser (Brihadaranyaka Upanishad v-5- 1)

- Gewässer und Kräuter sollten kein Gift enthalten sein. (Rig Veda Samhita vi-39- 5)

375

- Gewässer sollten von Verschmutzungen befreit werden. (Atharva Veda Samhita x-5- 24)
- Gewässer reinigen die Menschheit vom Übel der von ihnen verursachten Umweltverschmutzung. (Atharva Veda Samhita xii-2-40)
- Gewässer sind heilsam und sie stärken uns damit wir überall große Freude sehen können. (Taittiriya Samhita vii-4- 19)

Die Mahabharata sagt, wenn es auch nur einen Baum voll von Blüten und Früchten in einem Dorf gibt, dann wird dieser Ort der Verehrung und des Respekts für würdig erachtet.

„Wohl keine Religion legt so starken Nachdruck auf die Ethik von Umweltangelegenheiten wie der Hinduismus. Er glaubt an ökologische Verantwortung und sagt - ebenso wie die Ureinwohner Amerikas -, dass die Erde unsere Mutter ist. Er setzt sich für den Schutz der Tiere ein, die als Lebewesen mit einer Seele betrachtet werden und fördert den Vegetarismus. Er hat eine starke Tradition der Gewaltlosigkeit oder Ahimsa. Er glaubt daran, dass Gott in der gesamten Natur zugegen ist, sowie in den Lebewesen und in allen Menschen unabhängig von ihrem Glauben und auch wenn sie keinen Glauben haben." Dr. David Frawley

Gott Ganesha, die Heilige Kuh, die Verehrung der Berge, die Anbetung der Nagas (Schlangen), der Tulsi Pflanze und zahlreicher anderer Pflanzen und Tiere, die einen Teil der Verehrung durch den Hinduismus ausmachen, sind nichts anderes als Botschaften weiser Hindu Heiliger, die uns lehren wollen, dass wir Menschen Teil der Natur sind und nicht außerhalb von ihr oder über ihr stehen.

Das Leitkonzept des Hinduismus von Brahman, der allerhöchsten Seele, legt nahe, dass alles Beseelte und Nicht-Beseelte und alles Geborene und alles was noch geboren wird ein Teil von Brahman ist. Daher wird sich eine Disharmonie in einem einzelnen Teil auf alle anderen Teile auswirken. Das höchste Wesen wird dann eine Methode finden, diesen schadhaften Teil zu verändern.

Da Brahman in allem gegenwärtig ist, ist Veränderung leicht. Und wir Menschen mögen eine solche Veränderung das Ende oder den Tod oder die totale Vernichtung nennen. Für die höchste Seele ist es eine kleine Reparaturarbeit, durchgeführt von einem winzigen Virus.

Die Mutter Natur ist nicht von den Menschen abhängig, aber die Menschen sind von ihr abhängig. Die altehrwürdigen Seher wussten dies und daher beteten sie die Natur an.

Die modernen Menschen bezeichneten dies als Animismus, Glaube an die Allbeseeltheit der Natur, und ersetzten dies mit kultivierterer Verehrung. Und das Ergebnis einer solchen kultivierten Verehrung ...

Durch unsere Überheblichkeit und Unwissenheit haben wir die Umwelt dieses Planeten zerstört. Wir haben die Meere verseucht, wir haben die Atemluft verschmutzt, wir haben die Natur entweiht und die Tier- und Pflanzenwelt drastisch dezimiert.

Doch die Seher der Vedanta wussten, dass der Mensch nicht abseits der Natur steht, und deshalb ermahnen sie uns ständig, dass wir, während wir für unser eigenes Heil arbeiten, auch für das Wohlergehen aller Lebewesen arbeiten."

Karan Singh

Nur ein Umdenken der Menschen kann die Erde vor der Zerstörung retten. Wir sind ausgerüstet mit den weisen Lehren unserer Heiligen.

Das, was wir jetzt brauchen, ist ihre Umsetzung in die Tat.

Diese Zitate aus den Veden stammen aus den Beiträgen von
Dr. S. Kannan und Dr. Karan Singh

Original Text:

Hinduism and Nature 2009-06-24, The Guardian,

"The world is becoming more conscious of the destruction and degradation of the only home we have in the universe, planet Earth. Today the colour green is the new mantra being sung by those who behaved as though our Earth, our Dharti Mata (Mother Earth) will forgive us our misuse of her.

Nature and Hinduism are so entwined that it is quite impossible to think about one without the other. The need for an ecological balance is stressed in the Vedas and Upanishads and this message is repeated in the Ramayana, Mahabharata, Gita, Puranas and in the messages of Hindu saints. Mother Nature is worshipped in Hindu religion. But for majority of Hindus, worship is confined to temples and homes and thus they are equal contributors in global warming, pollution and emissions.

Here are a few thoughts which ancient seers of Sanatana Dharma had shared more than 5000 years ago regarding the importance of nature and majority of them are highly relevant today.

- No one should not destroy the trees. (Rig Veda Samhita vi-48-17)
- Plants are mothers and Godesses. (Rig Veda Samhita x-97-4)
- Trees are homes and mansions. (Rig Veda Samhita x-97-5)
- Sacred grass has to be protected from man's exploitation (Rig Veda Samhita vii-75-8)
- Plants and waters are treasures for generations. (Rig Veda Samhita vii-70-4)
- Earth, in which lie the sea, the river and other waters, in which food and cornfields have come to be, in which lives all that breathes and that moves, may she confer on us the finest of her yield. Earth, in which the waters, common to all, are moving on all sides, flow unfailingly, day and night, may she pour on us milk in many streams, and endow us with luster. (From the Atharva Veda - Hymn to the Earth - Bhumi-Sukta)
- May those born of thee, O Earth, be for our welfare, free from sickness and waste, wakeful through a long life, we shall become bearers of tribute to thee. Earth my mother, set me securely with bliss in full accord with heaven, O wise one, uphold me in grace and splendor. (From the Atharva Veda - Hymn to the Earth - Bhumi-Sukta)
- Earth, atmosphere, sky, sun, moon, stars, waters, plants, trees, moving creatures, swimming creatures, creeping creatures all are hailed and offered oblations. (Taittiriya Samhita i-8-13)
- One should protect the habitation. (Rig Veda Samhita vi-71-3)
- Waters as friends of man give full protection to his progenies. (Rig Veda Samhita vi-50-7)

- One shall take care of quadrupeds. (Taittiriya Samhita iv-4-10)
- One shall be compassionate with animals. (Taittiriya Samhita ii-3-14)
- One shall not find fault with animals. (Chandogya Upanishad ii-18-2)
- Waters represent splendor. (Atharva Veda Samhita iii-13-5)
- Waters bear off all defilements and cleanse people. (Vajasaneya Samhita iv-2)
- Whoever injures the essence of food or steals is a robber who sinks both himself and his offspring into destruction. (Rig Veda Samhita vii-104-10)
- Offerings (gifts, donations, contribution, help, assistance) are dedicated to waters of wells, pools, clefts, holes, lakes, morasses, ponds, tanks, marshes, rains, rime, streams, rivers and ocean. (Taittiriya Samhita vii-4-13)
- There was only water in the beginning. (Brihadaranyaka Upanishad v-5-1)
- Waters and herbs should have no poison. (Rig Veda Samhita vi-39-5)
- Waters are to be freed from defilement. (Atharva Veda Samhita x-5-24)
- Waters cleanse humanity from the evil of pollution committed by it. (Atharva Veda Samhita xii-2-40)
- Waters are healing and they strengthen one to see great joy. (Taittiriya Samhita vii-4-19)

The Mahabharata says that 'even if there is only one tree full of flowers and fruits in a village, that place becomes worthy of worship and respect.'

'No religion, perhaps, lays as much emphasis on environmental ethics as does Hinduism. It believes in ecological responsibility and says like Native Americans that the Earth is our mother. It champions protection of animals, which it considers also have souls, and promotes vegetarianism. It has a strong tradition of non-violence or ahimsa. It believes that God is present in all nature, in all creatures, and in every human being regardless of their faith or lack of it.' Dr. David Frawley

Lord Ganesha, Holy Cow, Worship of Mountains, Worship of Nagas (Snakes), Tulsi and the numerous other plants and animals that form part of Hindu worship are nothing but messages incorporated by wise Hindu Saints to teach us that we humans are part of nature and not outside it and above it.

The Hindu concept of Brahman, the Supreme Soul, suggests that all animate and inanimate and all born and yet to be born are part of Brahman. Therefore, an imbalance in a particular part will affect all other parts. The Supreme Being then finds out a method to transform that defective part. Since Brahman is present in all, it is easy to transform. And we humans might term such a transformation as the End or Death or total annihilation. For the Supreme Soul, it is a small repair work carried out by a minute virus.

Mother Nature is not dependent on Human Beings, but Human Beings are. Ancient Seers knew it and therefore they worshiped Nature. Modern Humans termed it as animism and replaced it with more refined worships. And the result of such a refined worship ...

'In our arrogance and ignorance, we have destroyed the environment of this planet. We have polluted the oceans, we have made the air unbreathable. We have desecrated nature and decimated wildlife. But the Vedantic seers knew that man was not something apart from nature, and, therefore, they constantly exhort us that, while we work for own salvation, we must also work for the welfare of all beings.' Karan Singh

Only a people's movement can save the earth from destruction. We are armed with wise teachings. So what we need is its implementation.

Quotes from Vedas as found in the articles of Dr. S. Kannan and Dr. Karan Singh

Empfehlenswerte Webseiten:

www.footprint.at
http://www.greenpeace.de
http://www.umweltbundesamt.at
https://www.bml-fuw.gv.at
https://www.utopia.de
https://www.muttererde.at/fakten-klimawandel.at
https://www.energiesparcheck.at
https://www.nachhaltig-wirtschaften.at
https://derstandard.at/r4649/NachhaltigesBauen
http://www.umwelt.uniwie.ac.at

Weiterführende Literatur:

Die verborgenen Kräfte im Menschen, Swami Maheshwarananda, Ibera Verlag

Yoga im täglichen Leben, das System, Swami Maheshwarananda, Ibera Verlag

Die Reise ins lebendige Licht, Joanna Macy, Molly Young Brown, Junfermann Verlag

Fünf Geschichten, die die Welt verändern, Joanna Macy, Junfermann Verlag

Im Einklang mit der göttlichen Matrix, Gregg Braden, Koha Verlag

Liebesbrief an die Erde, Thich Nhat Hanh, O.W.Barth Verlag

Ändere die Welt, Jean Fabre

Peace Food, Rüdiger Dahlke, Gräfe und Unzer Verlag

Der Heilungscode der Natur, Clemens G. Arvay, Kopp Verlag

Die Bhagavad Gita, Eknath Easwaran, Goldmann Verlag

Das Handbuch für den Neustart der Welt, Lewis Dartnell, Hanser Berlin

Enzyklika „Laudato si" – Über die Sorge für das gemeinsame Haus - Zentrale Aussagen der Enzyklika von Papst Franziskus, Laudato_si_M_Schaefers

Bhagavad Gita, Quelle indischer Spiritualität, Eknath Easwaran

Geheimnisse der Natur, Bertelsmann Lexikon Verlag

Leben im Jetzt, Ekart Tolle, Goldmann Verlag

Heile Dich selbst, und heile die Welt, Ulrich Emil Dupree, Schirner Verlag

Tu Was!: 77 Tipps für eine bessere Welt, GREENPEACE Media GmbH

Ulrich Fichtner: Geboren für die großen Chancen

Wo ein Wille da ein Weg, Sepp Holzer, Kneipp Verlag

Stumme Erde, Dave Goulson, Carl Hanser Verlag

Vegetarisch Leben, Vorteile einer fleischlosen Ernährung, e-Book

Rüdiger Dahlke: Vegan für Einsteiger

Ruby Roth: Warum wir keine Tiere essen

Weitere Empfehlungen:

Filme:

https://filmsfortheearth.org/
https://www.nachhaltigkeitsstrategie.de/bildung/schulpro-jekttag-klima/methoden/klima-filme

Spezielle Filme:

„Wie ernähren wir 9 Milliarden?"

„Planet Erde I", „Planet Erde II" Serie

„Die grüne Lüge", Werner Boote

„Plastic Planet", Werner Boote

„Unsere Erde" DVD

Darwins Albtraum, (Darwin's Nightmare)

We feed the world: https://www.amazon.de/We-Feed-World-Essen-global/dp/B00EQZPXUC

Plastic Fantastic:https://mindjazz-pictures.de/filme/plastic-fantastic/

Before the flood:https://www.amazon.de/Before-Flood-OV-Bill-Clinton/dp/B01M5LB0TP

Tomorrow:https://www.amazon.de/Tomorrow-Die-Welt-voller-Lösungen

2040 – Wir retten die Welt: https://www.amazon.de/2040-Wir-retten-die-Welt/dp/B08135KN9M

Videos:

„Die Erde von oben" Yuun Arthur Bertrand, 3 DVD

„Der blaue Planet"

„Tomorrow"

„Discovery World, die 100 größten Entdeckungen"

„Die Erde - die Welt unter unseren Füßen", P.M. Die Wissensedition

YouTube:

Von Wolfgang Pekny: einige Interviews

Wolfgang Pekny: " Globalverstand, ein neues Bild der Welt"

10 Milliarden: Wie werden wir alle satt

Darwins Albtraum, (Darwin's Nightmare)

Hörbuch:

„Eine neue Erde", Eckhart Tolle

„Fünf Wege zum Glück" von Tich Nhat Hanh